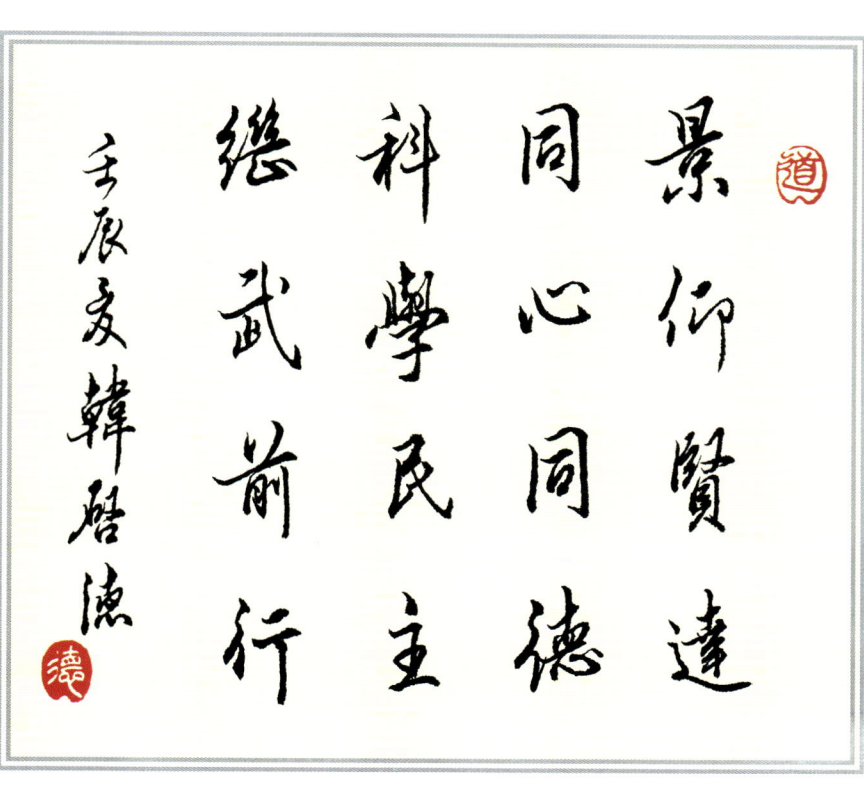

薛愚(1894—1988),我国著名药学家、现代药学教育的奠基人,九三学社北京市委第一任主委(九三学社北京市分社主任理事)。

1986年,薛愚在家中与宋之琪共谈中国药学会史的问题。(左为夫人张英侠,王广生摄影)

1984年10月18日,中国药学会、九三学社中央医药工作委员会、北京医学院在政协礼堂联合为薛愚举行纪念会,以表彰其卓越成就。前排左六为薛愚。

九三学社人物丛书

薛愚传

孔瑶竹 著

学苑出版社

图书在版编目（CIP）数据

薛愚传 / 孔瑶竹著 . —北京：学苑出版社，2017.8
（九三学社人物丛书）
ISBN 978-7-5077-5240-3

Ⅰ. ①薛… Ⅱ. ①孔… Ⅲ. ①薛愚（1894—1988）—传记 Ⅳ. ① K826.2

中国版本图书馆 CIP 数据核字（2017）第 143148 号

出 版 人：	孟　白
责任编辑：	李　耕　徐志琴
出版发行：	学苑出版社
社　　址：	北京市丰台区南方庄2号院1号楼
邮政编码：	100079
网　　址：	www.book001.com
电子信箱：	xueyuanpress@163.com
联系电话：	010-67601101（营销部）、010-67603091（总编室）
经　　销：	全国新华书店
印 刷 厂：	保定市彩虹艺雅印刷有限公司
开本尺寸：	880×1230　1/32
印　　张：	13.75
插　　页：	4
字　　数：	240千字
版　　次：	2017年8月第1版
印　　次：	2017年8月第1次印刷
定　　价：	48.00元

丛书编委会

主　　任：韩启德

副 主 任：邵　鸿

委　　员：苟红旗　穆建民

　　　　　　郭　悦　孟　白

总　序

九三学社是在中共抗日民族统一战线政策影响和感召下，于抗日战争后期成立的，她参与新中国的建立，成为在中国共产党领导下爱国统一战线中八个民主党派之一。在共和国成立以来的60多年里，九三学社始终弘扬爱国、民主、科学的传统，与中国共产党风雨同舟，共同探索中国特色社会主义政治发展道路，在国家建设、改革、发展征途上留下了闪光的足迹。在此历史进程中，九三学社发展成为拥有13万多名社员、组织比较健全、有较强参政能力和较高社会地位的政党。

九三学社走过的历程，是一部无数优秀人物引领广大同仁一往无前、执著追求的奋斗史。抗日战争时期，面对国破家亡、山河破碎，九三学社创始人或多方奔走，参与抗日，或介绍新知，宣传救国。解放战争时期，面对独裁专制、民不聊生，九三学社同仁或大声疾呼民主，反对暴政，或积极主张科学，倡导革新。新中国成立后，面对百废待兴的局面，九三学社同仁和全国人民一起殚精竭虑、奋斗不止。九三学社各个时期旗帜性人物身上体现出的崇高风范和优秀品质，是我社最宝贵的精神财富。回顾九三学社的历史，我们有勇往直前、舍生取义的革命家和社会活动家，有淡泊名利、刻苦钻研的科学家，有不畏权势、追求真理的人文学者，有忍辱负重、甘为人梯的教育工作者……他们共同铸就了九三学社一以贯之的灵魂——爱国、民主、科学，九三学社的优良传统在他们身上得到最好的诠释。

　　九三学社中央一直重视整理保存社史、发挥社史资政育人的作用，2007年又启动了以史料抢救和整理为重点、包括七个方面内容的社史工程。几年来，社史工程取得了显著成绩，《社史研究通讯》的编辑出版、社史专题片的拍摄、口述史工作的启动、社史文物收集等各个方面都有不同进展。"九三学社人物丛书"作为社史工程的一项重要内容，经过各方面辛勤的努力，也结出了丰硕的成果，第一批图书已完成了撰写、编辑，即将出版。这套丛书选取九三学社重要创始人、早期著名社员、历任社中央领导，以及在本人所从事领域里取得突出成就的旗帜性人物，力图以翔实的史料和平实的语言再现前辈先哲们曲折丰富的人生历程和绚丽夺目的光辉业绩。我相信，丛书的出版必将激发我社成员和广大读者继承他们的优良传统，体会他们忧国忧民的赤子情怀，感受他们坚毅从容的人格风范，学习他们精益求精的科学精神，为巩固、完善和发展中国共产党领导的多党合作和政治协商基本政治制度，为中华民族的伟大复兴，做出更大贡献。

是为序。

韩启德

2012年8月

序

薛愚先生是我国著名的药学家，现代药学教育的奠基人，也是九三学社北京市委的第一任主委（九三学社北京市分社主任理事）。

薛愚先生的一生体现了20世纪中国知识分子以"民主与科学"爱国救国的求索之路。

薛愚先生1930年赴法国攻读药学博士，1933年获法国巴黎大学理学博士学位后回国，长期从事药学研究和药学教育，推进我国现代药学专业建设和制药工业的发展，编撰了我国第一部药学专业教科书《实用有机药物化学》、第一部化学实验教程《普通化学定性分析实验教程》、第一部医药院校专用教材《医用有机化学》，还参与编撰了第一版《中华人民共和国药典》。

旧中国的卫生界普遍存在"重医轻药"的观念，国民政府不重视药学，当时的教育部教育条例规定，药学学科属于丙类，只能成立专科学校，学制为三年，个别院校四年制的药学专业，也因"丙类学科不能成立学院"的限制，只能称"科"，不能称为

"院""系"。有的专家甚至说:"药学不是科学而是技巧,刷瓶洗罐、数药片而已,要什么药学系?""药学是搞草根树皮的,乡下老太婆也干得了。"当时医院所用药品绝大多数来自国外。薛愚先生认为,中国人不识"轻药"是帝国主义的经济侵略手段,且习以为常,岂不知"轻药"的观念是中国卫生科学停滞不前的一个重要原因。薛愚先生一直将药品自制能力视作维护国家安全的一个重要方面。作为药学专业建设的领军人士,薛愚先生一方面提出了药学教育"三三制"办学思想(药剂生、药师、药学专家三级制人才培养;药物化学、生药学、药理学三系制学科建设;学校、药房、药厂三机构制学习场所);另一方面与"轻药"观念进行了长期斗争。1946年,薛愚先生联合一批药学专家向国民政府施压,促使国民政府教育部专门设立药学教育委员会,使药学教育窘境稍微缓解,并努力推进各大院校药学系的建设。

薛愚先生将药学院系的建设工作做到了大江南北,全国各地。他在西北农专时创建了农化系;在齐鲁大学时创建了药学系;在旧中国仅有的两所药学院校之一——国立药专受动荡时局所迫几近关门时,重建了国立药专,抗战胜利后,一力促成药专回迁南京复校。

1952年在全国高校院系调整中,薛愚先生在新成立的北京医学院负责筹建药学系。当时在学院所属各系中，药学系最为薄弱，薛愚先生在中央人民政府卫生部的支持下，广聘知名教授进入北医药学系执教，增加、升级药学系的设备和药品。药学系空间狭小，难以满足日常教学需要，当药学系选址与中央军委选址"撞车"时，薛愚先生上书毛泽东主席，历陈药学系发展面临之种种困难，言辞恳切，得到毛主席亲笔批复"宜让与北医"，北医药学系才有了在霍家花园（现海淀区花园路）的校址。

薛愚先生出身贫寒，少年失怙，在教会学校半工半读长大，因母亲在学校里做杂活还曾受到同学们的奚落和嘲笑，这使得他在感情上同情底层劳动者，在思想上接受社会主义主张，在阶级立场上坚定地支持中国共产党。

薛愚先生是思想左倾的红色教授，曾多次因支持学生运动被校方解聘。1935年因支持学生运动被河南大学解聘；1936年因支持学生运动被上海同德医学院（现上海同济大学）解聘；1938年因支持学生运动被西北农林专科学校（现西北农林科技大学）解聘；1946年因反对三青团活动被国立药专解聘。

薛愚先生不仅支持学生运动，还积极投身社会活动。1937年在西安参加西北农林专科学校"抗日救亡后援会"，成为负责人之一；1941年在成都参加西康省主席刘文辉资助的反蒋组织"唯民社"；1943年在成都根据中共地下党组织的指示，组织成立"中国西部青年科学工作者协会"，被推举为会长。

抗战初期，薛愚先生亲身参加了一段时间的军事训练，打算直接战斗在抗日战争的第一线。1938年曾主动找到西安八路军办事处，要求赴延安参加抗战，被林伯渠同志劝阻。薛愚先生亦曾积极营救落难的共产党员马适安、张昕若。

1946年底，经张雪岩先生介绍，薛愚先生在北平加入了九三学社。1947年2月，九三学社部分成员在薛愚先生家中以"家宴"形式为参加"军事调解"的中共代表团送行，徐冰同志代表叶剑英同志出席送行宴。几天后，叶剑英同志设答谢宴回请九三学社成员，叶剑英同志在致辞中说："九三学社是以高级知识分子为主体的团体，在白色恐怖下做了许多工作，值得我们钦佩。"

1949年6月，薛愚先生与许德珩、黄国璋、潘菽、笪移今等五人联合署名起草的《九三学社概要》在新政协筹备会议中通过，从此九三学社成为政协界别之一。同年9月，薛愚先生作为九三学社界别代表之一出席中国人民政治协商会议第一届全体会议，为新中国的成立做出了自己的贡献。

1950年，薛愚先生参与筹备九三学社北京市分社（现九三学社北京市委），并于1951年任第一任主任理事，连任三届。1957年被错划成"右派"，1979年获得平反，任北京医学院（现北京大学医学部）药学系终身名誉系主任。

读《薛愚传》，薛愚先生的形象栩栩如生，出身贫寒、敏而好学、科学报国、追求民主、襟怀坦荡、仗义执言、诲人不倦、桃李芬芳。书中引用他学生的回忆，薛先生讲课声音洪亮、条理清晰，他讲英语时带有法语口音——前辈可爱的形象跃然纸上，年轻人不禁赞叹一声："好酷啊！"

《薛愚传》的作者是80后九三新人孔瑶竹同志，本科学习药学专业，研究生学习中文专业，确保了本书的专业性和可读性，字里行间也融入了药学后辈对学界泰斗的敬仰之情。

作者在书中引用和挖掘了大量的珍贵史料，使我们对20世纪的中国社会有了进一步的认识和了解。比如书中对教会学校的描述客观而务实。薛愚先生自幼成长于教会学校，在教会学校中，开始接触到国外先进的自然科学知识和社会主义思潮，也是在教会学校的支持下，薛愚先生才得以进入大学继续深造。当时有不少杰出的民主学者出自教会学校。我们既要看到传教行为文化侵略的一面，也应承认有很多像薛愚先生这样家境贫寒的学生从中受益，教会学校也带来了新思想和新风气。

抗战时期，多所教会大学迁往西南腹地，教会五大学（金陵大学、齐鲁大学、金陵女子大学、燕京大学和华西协和大学）聚集在成都华西坝地区，组成了"华西坝联大"，与昆明的"西南联大"一时瑜亮。我们现在对"西南联大"耳熟能详，但对"华西坝联大"知之甚少，只因"华西坝联大"是教会学校，在正史中几近湮灭。

作者曾将"华西坝联大"有关史料发到微信群里共享，引起热议。有位九三成员感慨："我是山东医科大学毕业的，学校前身是教会学校齐鲁大学医学院。我们校史中描述抗战期间学校停办了，1946年才复校。我一直以为抗战这一段校史是空白，没想到我们学校竟然也迁到了西南地区，也为抗战做出了重大贡献。我对校史有了新的认识。"透过薛愚先生这段经历，我们知道了"华西坝联大"，重新认识教会学校的价值。有时历史真的需要"管窥"。

薛愚先生自50年代后期被错划为右派分子，其后陷入了人生低谷期，由于作者对这段历史时期许多人物和事件难以把握,故着墨不多。整部《薛愚传》,前半生写得清晰而精彩,后半生则有些模糊。毕竟,相对于历史来说,我们都显得太年轻了。

方 炎

2016 年 10 月

目 录

引言 // 1

一、坎坷少年时 // 4
    （一）少年失怙 // 4
    （二）从私塾到鸿文中学 // 12
    （三）初见哈雷彗星 // 32
    （四）图书管理员 // 34

二、意气风发 // 39
    （一）签约上大学 // 41
    （二）科学救国论 // 44
    （三）加入国民党 // 55
    （四）清华大地社 // 58
    （五）法兰西岁月 // 64

三、夹缝求存 // 78
    （一）执教河南大学 // 79
    （二）营救马适安 // 86
    （三）派系斗争 // 100
    （四）抗日救亡 // 104
    （五）愤然出走 // 110
    （六）华西坝上的药学系 // 119

（七）参与"倒汤运动" // 143

（八）药专复员南京 // 150

（九）单挑三青团 // 174

四、风雨兼程 // 184

（一）加入九三学社 // 184

（二）社会活动家 // 190

（三）宴请代表团 // 196

（四）掩护中共地下党 // 207

（五）保护古城 // 209

（六）毛主席的鼓舞 // 214

（七）筹建九三学社北京市分社 // 218

（八）快速发展期 // 221

五、主政北医药学系 // 225

（一）向当局施压 // 225

（二）扩建药学系 // 230

（三）桃李不言 // 247

六、狂风骤雨 // 269

（一）风云突变 // 269

（二）冰释前嫌 // 293

（三）学报沦陷 // 295

（四）暗中保护 // 307

（五）疾风劲草 // 311

（六）拨云见日 // 318

七、老骥伏枥 // 323

　　（一）半退休生活 // 323

　　（二）枯木又逢春 // 329

　　（三）再次见哈雷彗星 // 346

　　（四）写在病床上 // 350

　　（五）怀薛愚教授 // 359

年表 // 366

主要成就 // 372

　　1. 社会活动 // 372

　　2. 药政建议 // 379

　　3. 药学教育成就 // 381

　　4. 个人学术成就 // 389

参考文献 // 403

　　专著 // 403

　　论文 // 406

后记 // 417

引　言

　　1982年，陈超远、王玉对当时已届88岁高龄的薛愚教授进行了采访。在《访薛愚教授》一文中这样说道："只见他中等身材，着中山装，微胖，戴一副老花镜，气色很好，看上去却只有六七十岁，与普通老百姓没有两样。"①

　　薛愚学生，也是他后来的同事李仁利回忆说："薛先生讲课声音洪亮、条理清楚，他讲的英文带有法文发音的特点，比如双键，double bond，是法文发音，给我们印象非常深。"②

　　北京大学医学部党委副书记顾芸说："薛愚先生严于律己，具有高尚的人格、情操，薛愚先生为人谦虚诚恳、容忍大度、平易近人、坦荡正直，团结不同学科、

---

① 陈超远，王玉：《访薛愚教授》，襄阳县政协文史资料委员会编：《襄阳文史资料第五辑：襄阳民国人物》，湖北襄樊日报印刷厂，1990年，第134页。
② 李仁利在"纪念薛愚教授诞辰120周年座谈会"上的讲话。

不同学术观点的人，注重身边的每一个人，大家跟他特别的亲近。"①

　　薛愚，字慕回，全国政协委员，我国著名药学家、药学教育家。历任包括北京大学医学院在内的十余所大学的校长、院长、系主任、教授；创建齐鲁大学药学系；发表学术文章五十余篇，药学教育类文章四十余篇，出版药学、药学史类专著数部。其中1941年出版的《实用有机药物化学》和1951年出版的《医用有机化学》，分别从医、药两个角度对有机化学进行系统的讲解，是我国有机化学学科的重要著作。《实用有机药物化学》一书，不仅可以当作教科书，也可作为制药工业方面的参考书，对中国早期药物化学的发展起到了奠基作用；《医用有机化学》一书则是我国第一部医药院校专用的有机化学教科书，曾先后再版6次，目前的有机化学类教程仍沿用其结构框架。

　　此外，薛愚还参与编撰了新中国第一版《中华人民共和国药典》；提出了至今仍被药学院校广泛沿用的"三三制"办学思想。他为我国药学及药学教育事业的发展做出了不可磨灭的贡献，是我国药学及药学教育的重要奠基人。

---

① 顾芸在"纪念薛愚教授诞辰120周年座谈会"上的讲话。

薛愚的成长经历在中国传统知识分子中极具代表性：出身贫寒、敏而好学。薛愚少年失怙、生活困顿，幸母亲开明，兼获良师益友扶助，不仅完成了"从牧童到教授"的蜕变，并在旧中国的重重社会压力下迎难而上，为药学教育事业添砖加瓦。

薛愚一生诲人不倦、桃李芬芳，虽因"右派"问题蒙冤受屈多年，但忠于国家和人民而不改初心，晚年专注著书立说，为新中国的药学和药学教育事业的发展鞠躬尽瘁，展示了一个爱国知识分子百折不挠的坚强品格和崇高精神。

在政治追求方面，薛愚青年时代自愿加入国民党，后对国民党所作所为失望退党，改而加入九三学社及"中国民主革命同盟"（小民革）等民主党派，晚年加入中国共产党。薛愚一生坚持科学救国，其思想与九三学社爱国、民主、科学之宗旨不谋而合，其言其行，皆堪称九三人之楷模。而九三学者的爱国主义精神、民主进步思想，亦造就了他宏大的人生格局和崇高的人生境界，成为薛愚追求科学知识、发展药学事业的一盏明灯。

薛愚不论是学术造诣还是人品品格，皆令人钦佩，其形成之原因、过程，亦具有极大的探究和学习价值，这也正是在薛愚先生去世多年后，为其作传的意义所在。

一、坎坷少年时

（一）少年失怙

1894年11月24日，薛愚出生在湖北省襄阳东乡峪山镇一个贫农家庭，其父薛中兴，是义和团运动时，湖北襄阳义和团的一个小头目。薛中兴在一次到襄东的东津、峪山、黄龙一带秘密结社、开展义和团活动时，投宿在峪山街附近老集村的李克诚家。在接触中，李克诚对薛中兴十分喜欢，遂撮合自家长女李金贤与之结为夫妇。[①]1894年11月24日，在李克诚为薛中兴夫妇新建的草房里，夫妇俩有了自己的第三个孩子，取名薛泳

---

① 庞贵山口述，李运生整理：《薛愚家史及其童年》，襄阳县政协文史资料委员会编：《襄阳文史资料第五辑：襄阳民国人物》，湖北襄樊日报印刷厂，1990年，第130—132页。

山^①——这个男孩儿后来在鸿文中学读书时,由一位对他影响至深的老师董曦瞥替他改名为"薛愚",后来一直使用。

薛愚出生一年后,即失去父亲。薛愚曾听母亲说,父亲在他一岁时,因生活所迫,与一些没有饭吃的人一起到地主家讨饭——叫作"吃堆饭",被官府通缉捉拿。

实际上,薛中兴在此之前就曾与一些志同道合的农民自发结社,与地主和官府抗争,为农民争取利益——当然,这在当时显然是"非法"的。总之,不知是失去联络还是客死异乡,父亲的一去不返,使原本清贫的家庭雪上加霜。说不清究竟是因为命运还是基因,薛愚也具有这样一种革命精神,在新中国成立前他一直与社会的不公和政府的腐朽做斗争,新中国成立后他又为发展我国药学教育鞠躬尽瘁,表现出巨大的勇气与智慧。

不过在当时,薛愚一家人还是要想方设法生活下去。于是薛愚的母亲只好带着薛愚孀居在娘家。薛、李两家世代务农,家中并无什么积蓄,薛愚母子只得靠薛愚外公一人的微薄收入生活,这使本就不宽裕的外公家

---

① 马崇俊:《中国第一个药学家的爱国情结——第六届全国政协委员薛愚纪事》,《贵阳文史》,2009年第3期,第69页。
另有资料显示薛愚姓薛,乳名即唤作愚,待考。

更显捉襟见肘。薛愚上面还有两个姐姐①,因家里实在窘迫,养不起那么多孩子,女孩儿又没有什么劳动能力,自然最先被家里"放弃",于是薛愚的大姐便早早地做了别人家的童养媳。家里剩下外祖母②、母亲、二姐,加上薛愚,三代四口,依靠外祖父一个人赚钱养家,艰难过活,有时不得不靠乞讨度日。

薛愚夫人张英侠在回忆薛愚时说,薛愚童年"住的是风扫地月点灯的房子,吃的是玉米掺红薯的稀粥;见到的是萧索的荒村,听到的是鸡鸣犬吠;当过童工、割过草、放过牛、喂过猪、拾过柴、讨过饭"③。生存境况不容乐观。

---

① 此处提到的薛愚的大姐、二姐,在薛愚家史及其童年一文中提到两个时间:……薛怕暴露了自己的身份,殃及家属亲友,不两天便带着妻子、儿女,离开峪山又到薛集一带去住。1896年初,薛中兴为了要到山东长清、平原、茌平等县一带参加朱红灯领导的义和拳举旗反对外国侵略势力斗争,告别了妻子、儿女,从此一别,杳无音讯。但并未见其姐是否薛愚亲生姐姐的资料记载。参见庞贵山口述,李运生整理:《薛愚家史及其童年》,襄阳县政协文史资料委员会编:《襄阳文史资料第五辑:襄阳民国人物》,湖北襄樊日报印刷厂,1990年,第130—132页。
② 薛愚口述,王广生整理:《我走过的路》,九三学社中央研究室编:《中国科学家回忆录(第二辑)》,北京:学苑出版社,1990年,第14页。文中说,老祖母去世,是舅舅带着他去大户梅家哀求梅家帮忙安葬,故此处疑应是外祖母,疑是薛愚笔误。
③ 张英侠:《从牧童到教授——忆薛愚》,襄阳县政协文史资料委员会编:《襄阳文史资料第五辑:襄阳民国人物》,湖北襄樊日报印刷厂,1990年,第115页。

一、坎坷少年时

> 薛愚自述：我和二姐到梅家庄大地主梅家讨饭时，朱门前卧着两条恶狗，静静不动，当地主管家出来看见我们两个讨饭的叫花子时，便破口大骂，叫我们快滚开。狗仗人势，两条恶狗一齐扑来，咬伤我的左腿，鲜血直流，至今仍留有疤痕，这就是我的幼年。[①]

两个孩子狼狈地跑回家里。可是，人虽然回到了家，伤口却无法处理。薛愚一家已经穷困到乞讨度日的地步，更没有钱看病就医。结果薛愚的伤口长了几个月才愈合，落下了伤疤，一直也没有消退。薛愚说："它给我留下了深刻的印象：地主可憎，人间贫富不平等。"[②] 并不是所有的地主皆可憎，但"不平等"三个字却深深地印在了薛愚的脑海里。不仅贫富不平等，贫富带来的一系列不平等都深深地影响着这个国家的发展，亟待改变。

旧中国，医药卫生事业不够发达，令穷人的孩子生活境况更加糟糕。后来薛愚学成归国，一直致力于中国药品自制，力争摆脱药品依赖进口的现状，大力发展中

[①] 薛愚口述，王广生整理：《我走过的路》，九三学社中央研究室编：《中国科学家回忆录（第二辑）》，北京：学苑出版社，1990年，第14页。
[②] 同上。

药的研究和生产，务求让人民有药可用、有平价药可用、不受列强挟制，这多少也与童年经历有关。治疗人身体上的伤痛，依靠的是科学，想要改变社会现状，还需建立民主的社会，这也是薛愚求学读书、开阔眼界之后的一个重要认识。

在困苦的环境下勉强度过了几年，薛愚的外祖母去世了。①家里本来就贫困已极，无力安葬外祖母。迫不得已，薛愚的二舅又领着薛愚再次来到梅家大户，苦苦哀求，最后梅家终于同意薛家把人葬到了孤岗坡一块地角上。安葬完外婆，薛愚家里更加窘迫，二姐也不得不给别人家做童养媳。家中此时只剩外公带着薛愚母子相依为命了，负担少了，但劳动力也少了，除了年迈的外公，薛愚的母亲就成了家里唯一的"壮劳力"。

"穷人的孩子早当家"，薛愚深深知道家里的窘境，于是也早早地主动承担起一部分家庭劳动。能够帮母亲多分担一些劳动，帮母亲稍解忧愁，是薛愚惨淡童年中最大的欣慰。薛愚92岁高龄时，回忆起年幼时光，仍然记得那时衣不蔽体、下地干活的情景。②他说："我最

---

① 薛愚口述，王广生整理：《我走过的路》，九三学社中央研究室编：《中国科学家回忆录（第二辑）》，北京：学苑出版社，1990年，第14页。文中说是老祖母，疑是笔误。
② 薛愚：《坎坷的少儿时》，北京大学中国名人丛书编委会编：《中国名人谈少儿时代脚印》，长春：北方妇女儿童出版社，1990年，第90页。

一、坎坷少年时

喜欢割草的活儿,割了草装在篮子里,背到乡镇上卖给牛羊贩子,挣两个铜板帮助母亲买点油盐。"

说起割草的经历,1958年时,薛愚在回忆起儿时生活时,曾写过一首《卖草词》:

《卖草词(女冠子)》
卖草来也。定付我血汗钱。
不许抢。
这是禾中莠,那草怕风强。
荆棘我已斩,
灵芝谁来尝?
手持蓍草枝,
识否臧。①

这首词既是薛愚当时生活境况的真实写照,也反映了他少年时代的困惑:自己辛苦割草拿去卖,希望能赚一点点钱补贴家用。可是世道不好,穷人辛苦劳作常常不能换来应有的回报。他们历尽辛苦所收获的那一点点劳动果实却往往不是由他们自己来品尝,而是迟早会被别人掠走。古人持蓍草希望窥探命运、探究天理,但是

---

① 宋之琪:《薛愚传》,《中国现代医学家传(第二卷)》,长沙:湖南科学技术出版社,1989年,第45页。

像薛愚这样的少年,"手持着蓍草",想要的,仅仅是看到命运的转机和人生的前路,这也是薛愚奋斗之心最初的觉醒。

只有奋斗之心是不够的,还要有出路和方法。读书就是薛愚找到的出路和方法。薛愚在去地主家讨饭时,常听见地主家里传出家塾先生教地主家的孩子们读书的声音——不仅梅家大户有,贺家大户、王家大户也都有。乡镇上还有两个私塾,不过显然,能够上学读书的,也都是殷实人家的子弟。薛愚很羡慕他们有书可读,还有先生辅导,不过薛愚对这些地主大户的为富不仁痛恨殊深,连带着对所有这些富家子弟也一并看不起。他说:"可是我也听说一些'怪事':梅家大户第四个儿子不好好上学,不成器,长大后花钱买了个'秀才',叫作'捐监生',人称'梅四老爷'。镇上还有个姓梅的地主兼商人用钱捐了个'拔贡',人称'梅大老爷'。"[①]

> 薛愚自述:八九岁时,放牛、割草、拾柴,我样样能干。每当我牵着牛,经过村子里的学校时,朗朗的读书声,深深地吸引着我。我向母亲诉说想

---

① 薛愚:《坎坷的少儿时》,北京大学中国名人丛书编委会编:《中国名人谈少儿时代脚印》,长春:北方妇女儿童出版社,1990年,第90页。

上学读书的愿望,母亲爱怜又无可奈何地说:"只有地主老财家的少爷、小姐们才有福分上学,谁叫你是穷人家的孩子?"我每天看着富人家的儿女上学,心里既羡慕又不平。①

薛愚一方面觉得国家能够允许"捐"功名是件"怪事",另一方面更看不起这些有条件读书却不好好念书最后还需要"捐"秀才的子弟。薛愚自信:如果自己能够得到读书的机会,一定会比这些靠花钱"买"头衔的有钱人更勤奋,也更有出息。

薛愚所说的"怪事情",在旧中国其实也不算什么"怪事"了,薛愚也都亲身经历过一些:穷人衣不蔽体、食不果腹,想要安葬去世的亲人还要去乞求有钱人的施舍开恩;地主们宁肯粮食烂在仓库里也不愿接济穷人。穷人家的孩子渴望读书却无法支付学费,还要日夜做工,也根本无暇读书;地主家的孩子有书本、有先生,却根本无心向学。薛愚在这"普遍现象"之中看出了"不正常",他认为这样的社会现状不公平,必须要改变。也正是这些薛愚认为奇怪的事情、错误的事情刺激了他,在得到读书的机会后,他从不敢懈怠一天。

---

① 薛愚口述,王广生整理:《我走过的路》,九三学社中央研究室编:《中国科学家回忆录(第二辑)》,北京:学苑出版社,1990年,第14页。

薛愚的母亲和外公也同样认识到了读书的重要性——他们希望薛愚通过读书识字，能够离开农田，找到一条不那么辛苦的谋生道路。不管出于怎样的初衷，总之在温饱尚成问题的年代里，他们不惜一切代价供薛愚上学，给薛愚提供了探求真知和真理的宝贵机会。

（二）从私塾到鸿文中学

> 薛愚自述：稍长时，外祖父看到我们家中既无财产又无劳力，为了以后全家能过日子，才把我送到乡村私塾念书，想几年以后，能认识几个字，出去学徒，以维持生活。于是我就和表兄弟们一块读了三年"子曰""诗云"之书。①

薛愚12岁的时候，迎来了他第一个上学的机会。外公考虑：薛愚母子既无田地又无劳动力，而自己年事渐高，不可能长久地照顾他们。最终外公决定，把薛愚送到私塾里读几年书，至少认几个字，将来在店铺里做个学徒打工，即使没有土地耕种，也可以挣钱养家，不至于饿死、冻死。于是由外公出钱，薛愚开始进入王家

---

① 薛愚口述，王广生整理：《我走过的路》，九三学社中央研究室编：《中国科学家回忆录（第二辑）》，北京：学苑出版社，1990年，第14页。

寨私塾读书。薛愚对这从天而降的读书机会异常珍惜。他说:"那时,我喜欢读书。不但白天读书,晚上坐在妈妈旁边,在油灯下,她纺线我念书。读书声和纺车声交织在一起。现在想起来似乎也能感到当时的乐趣!"①

这段时间,薛愚既圆了读书梦,又获得和母亲相处的愉快时光。可惜好景不长,三年后,外公去世了。失去了外公的资助,薛愚面临失学。

这时,英国人的基督教会到薛愚的家乡来设教堂,传教、办学校。洋人传教士说,在他们那里上学不仅不要钱,还发给笔墨、纸张、书籍。还说,"教堂里有上帝保佑,不生病。""上帝保佑、无病无灾"的说辞,可能打动了许多穷人,但薛愚真正感兴趣的,是这个读书的机会,如果丢掉了这次机会,便可能再也无缘走进课堂了。薛愚进了洋学堂,学的不是"子曰诗云",而是《时务三字经》:今天下,五大洲,东与西,两半球……还有《真道入门问答》《天路历程》等新知识。②

  薛愚自述:不幸外祖父死了,恰巧那时洋人的基督教会来到峪山镇,开始传教,开始办学校,大

---

① 薛愚:《坎坷的少儿时》,北京大学中国名人丛书编委会编:《中国名人谈少儿时代脚印》,长春:北方妇女儿童出版社,1990年,第90页。
② 同上。

肆宣传说:"上学校不要钱,还发给书籍、纸张、笔墨,学校里有上帝保佑,不得传染病,不长蛾子(当时流行的白喉病)。"母亲就把我送到这个洋学堂里念书。我很用功。[1]

教会学校大多以传教为主,但也有很多教会学校确实致力于教育事业,比如薛愚后来进入的基督教鸿文中学就是以"中西合璧"为旨,"课程方面既设国文、修身、经史、古典文学之类的文史课,又有英文、算术、格致之类的数理课,还有旧约解释之类的宗教课"。[2]鸿文中学的这种课程设置是比较现实也比较科学的。它一方面降低学生因文化差异产生的疏离感,另一方面也有利于全面发展学生的能力——那时也确实有一批杰出的学者是从教会学校里走出来的。故除了薛愚早先在王家寨私塾就学过的那些"子曰诗云""孔孟之道",在鸿文中学薛愚还学习了基督教的一些布道经文,以及西方的先进知识和技术,稍稍打开了眼界。旧时中国盛极一时的"洋学堂",在薛愚的一生中发挥了重要的启蒙作用。

---

[1] 薛愚口述,王广生整理:《我走过的路》,九三学社中央研究室编:《中国科学家回忆录(第二辑)》,北京:学苑出版社,1990年,第14页。
[2] 焦英:《回忆鲁北鸿文中学地下党工作》,中共北京市委教育工作委员会编:《亲历抗战——北京教育界老同志抗战回忆录》,北京:中国广播电视出版社,2005年。参见知真《大革命时期的鸿文中学》,第30页。

一、坎坷少年时

薛愚常说,"旧社会是一个万恶的社会,稀奇古怪,迷信落后,无奇不有。我少年时就生活在这种糊里糊涂、懵懵懂懂的岁月中。"[①]他所指的迷信落后的"旧社会",是对比在教会学校接触到的西方先进科技和中国社会的贫穷落后和种种不公而生发的感叹。薛愚在旧式学堂中也学习到了很多知识,但他认为那些东西并不能够马上改变中国落后之面貌,有些甚至有禁锢思想的影响,这也成为薛愚后来十分反感旧时的孔孟之道,赞同"打孔家店"的原因。薛愚并非以所有的中国传统文化为糟粕,而是在当时积贫积弱的时代背景下,这些儒家思想确实不大具有实用性。薛愚在对当时中西两种不同的教育模式的比较中,也逐渐形成了一种"择而习之"的学习观念,这种观念也带入到他后来的教育思想之中,并常常勇于提出改革药学教育的新观点、新思路。

年终时,洋人校长下乡来视察学校情况,对学生进行了统一的考试。考试结果是以薛愚的成绩为最好。洋人校长对薛愚十分满意,于是便把薛愚带到樊城,推荐他进入了基督教鸿文中学[②]继续读书。薛愚后来上过大

[①] 薛愚口述,王广生整理:《我走过的路》,九三学社中央研究室编:《中国科学家回忆录(第二辑)》,北京:学苑出版社,1990年,第14页。
[②] 焦英:《回忆鲁北鸿文中学地下党工作》,《亲历抗战——北京教育界老同志抗战回忆录》,朱善璐主编,北京:中国广播电视出版社,2005年,第319页。鸿文中学前身为中西学馆、鸿文书院,原先设在襄城单家祠堂,后迁樊城,设在河街郑公祠内,为私塾类型的新学校。

学，留过洋，受到良好的教育，但在鸿文中学的几年，可以说是他成长最快的一个阶段。

> 薛愚自述：一年之后，洋人认为我读书还不错，就把我带到樊城（今襄樊市）基督教会办的鸿文学校去半工半读，给学校擦桌、扫地、搞卫生，管上下课摇铃，礼拜六还去教堂打扫卫生，准备做礼拜。同时洋人还叫我把母亲也接到樊城，在淑华女校当工人，做饭、洗衣、看门……[①]

鸿文中学是湖北创建最早、规模最大的教会学校，由英国基督教浸礼会于清光绪二十四年（1898年）创办，学生大多为基督教徒。1904年，该校正式定名"鸿文中学"。此后，经过五四运动及一系列反基督教运动的洗礼，到1941年以后，鸿文中学虽名义上仍为教会主办，实则已成为受控于国民党政权的一所普通中等学校。1945年夏，随着滨（县）、蒲（台）等地的解放，

---

① 薛愚口述，王广生整理：《我走过的路》，九三学社中央研究室编：《中国科学家回忆录（第二辑）》，北京：学苑出版社，1990年，第14页。

一、坎坷少年时

清末,襄阳鸿文书院的教学研讨会

鸿文中学彻底解体,不复存在。①

薛愚进入鸿文中学后,得到继续读书的机会,但教会学校并不提供学生的生活费,薛愚必须半工半读。因此校园里也常见到薛愚为学校上下课打铃、扫地、擦地板、擦窗子的瘦小身影。此外,因为是教会背景的学校,主日活动是必不可少的。故薛愚每到星期六还要打

---

① 车吉心,梁自絜,任孚先:《鸿文中学》,《齐鲁文化大辞典(教育)》,济南:山东教育出版社,1989年,第299页。另鸿文中学滨州市党史征委会《敌我相争的教育阵地》一文中说:"有部分受蒙骗的学生,在滨、浦两县解放后,随校长张思敬南迁张店,张店解放,又迁至济南。济南解放后,只好各自走散,鸿文中学就此结束。"疑《齐鲁文化大辞典》仅载鸿文中学在本地历史沿革而未关注后续。参见《滨州文史》第一辑。

扫教堂，以备礼拜日的主日活动。①

勤工俭学占去薛愚不少的时间，但薛愚并不大在意。这是因为在主日活动上，薛愚结识了自己最初的知己马适安。马适安比薛愚小七八岁，经常随父亲来教堂参加主日活动，常能碰到薛愚。薛愚后来也是通过与马适安的长期交往，了解了许多关于中国共产党、关于抗日民族统一战线方面的情况，此外，二人也都为中国的教育事业做出了重要贡献，在工作和生活上互相帮助支持，维持了多年的友谊。

马适安，字龙友、致千，樊城人，少年时代也曾求学于鸿文书院，并于1925年回到鸿文中学任教，参与了鸿文中学校监、共产党员董曦辔组织的许多进步活动。但是这种进步活动在鸿文中学也是不被许可的。马适安原本计划在鸿文中学召开"三一八"惨案追悼会，洋人校长曾向马适安打过招呼，不准他在会上讲话，否则暑假就予以辞退。然而马适安还是坚持发表了演讲。洋人校长果然没有"食言"，马适安在那个暑假即被学校辞退了。

1926年，马适安与老师董曦辔、进步学生高如

---

① 薛愚：《坎坷的少儿时》，北京大学中国名人丛书编委会编：《中国名人谈少儿时代脚印》，长春：北方妇女儿童出版社，1990年，第90页。

一、坎坷少年时

松①一起加入了中国共产党。后经党的安排,马适安又加入了国民党。汪精卫叛变革命后,他转入地下活动。②1933年2月,马适安经河北省委安排,在北平担任华北救亡会党团书记,公开进行抗日救亡活动,被捕。③他被关押在南京中央军人监狱数年,最终还是少年时代的好友薛愚出面,请冯玉祥作保才得以出狱。1948年12月,马适安到北平接管教育工作,中华人民共和国成立后,历任中共中央华北局宣传部秘书长、副部长,后调任北京农业大学副校长。1956年7月,他调任北京大学副校长,10月兼任党委第二书记,后兼任第三书记。④(此时薛愚正在北医执教,但由于1950年北

---

① 高如松:1923年考入鸿文中学,1924年、1925年襄樊学生运动、五卅运动的领导人之一,是鄂北党的创始人之一,也是谷城党的创始人之一。

② 一说马适安是1926年先加入国民党,后经董振国、高如松介绍才加入共产党,参见孙久全《矫矫惟有松与柏——记马适安烈士》,《北京党史研究》,1900年第5期(总第64期),第29页。

③ 孙久全:《自古志士多才子丹心一片照汗青——马适安烈士传略》,襄阳县政协文史资料委员会编:《襄阳文史资料第五辑:襄阳民国人物》,湖北襄樊日报印刷厂,1990年,第84页。另有文献记载马适安担任华北救亡会党团书记时间为1932年9月(见李道南编撰《襄阳人物志》"马适安"条目,第100页)疑与马适安在"教联"的工作时间混同,故以《襄阳文史资料》所载为准。

④ 孙久全:《自古志士多才子丹心一片照汗青——马适安烈士传略》,襄阳县政协文史资料委员会编:《襄阳文史资料第五辑:襄阳民国人物》,湖北襄樊日报印刷厂,1990年,第91页。

京大学医学院已从北京大学调整出来独立建院,①此时薛愚与马适安工作中的接触并不多。)

从薛愚与马适安的交往也可以看出,薛愚对于朋友的选择,是有自己的标准的。当时鸿文中学里,除了像薛愚这样的贫苦少年之外,也有一些家境比较富裕的学生,这两种学生一般很难融入彼此的圈子,而马适安这样的少年,出身与薛愚相似,又有共同的理想和认识,因此更容易互相理解。

1911年,辛亥革命爆发,鸿文中学被迫关闭。再次"无书可念"的薛愚为了维持生活,经人介绍进入军队做起了"小侠子",②直至1915年鸿文中学重新开放,薛愚才又回到学校继续上学。

> 薛愚自述:1911年爆发了辛亥革命,鸿文学校停办。北伐军开进樊城。当时由于生活没有着落,经我私塾老师介绍,我到军队里去当"小侠子",

---

① 《全国高等院校介绍》编辑小组编:《全国高等院校介绍(医药院校)》,北京:科学普及出版社,1983年,第13页。但王广生言,应该是1952年全国高校院系调整,北大医学院脱离北大独立建院,他们这些学生是1953年开始戴"北京医学院"校徽的,故疑时间有误。
② 陈超远、王玉:《访薛愚教授》,襄阳县政协文史资料委员会编:《襄阳文史资料第五辑:襄阳民国人物》,湖北襄樊日报印刷厂,1990年,第135页。

侍候长官们,端茶、送饭、送信等无所不做。①

关于鸿文中学的关闭,《齐鲁文化大辞典》载,由于1914年"一战"爆发,英国财政困难,对国外教会的投资大幅削减,故鸿文中学学校经费不足,无以维持而关闭,至1922年复课,改为三年制初中,附设小学。② 管文娟在《从鸿文中学看教会学校在襄樊的历史发展》一文中提道,"1914年底,鸿文中学高等小学有了10名正式毕业生,加上7名原来未领文凭的毕业生,举行了第一次小学正式毕业典礼。1915年底,中学有2名正式毕业生,于是举行了第一次中学正式毕业典礼。此后鸿文中学的中学毕业生逐年增多,1917年2人,1918年9人,1919年16人,1920年14人。到1927年'4·12'政变以后,鸿文中学被迫停办。"③

若如《齐鲁文化大辞典》所说,1922年复课后改为三年制初中,则薛愚不可能在1919年毕业并于1920年升入齐鲁大学,1915—1920年之间也不可能有学生从鸿文中学毕业。薛愚自述中还曾提到,1915年袁世

---

① 薛愚口述,王广生整理:《我走过的路》,九三学社中央研究室编:《中国科学家回忆录(第二辑)》,北京:学苑出版社,1990年,第15页。
② 车吉心,梁自絜,任孚先:《鸿文中学》,《齐鲁文化大辞典(教育)》,济南:山东教育出版社,1989年,第299页。
③ 管文娟:《从鸿文中学看教会学校在襄樊的历史发展》,《襄樊学院学报》,2005年第6期,第90页。

凯复辟称帝，鸿文中学董曦辔老师曾领导学生反对袁世凯称帝，反对袁世凯与日本帝国主义签订丧权辱国的"二十一条"。① 因此可以推断，至少在1915年时鸿文中学还是开放状态，故疑《齐鲁文化大辞典》记载有误。

> 薛愚自述：不久，鸿文学校复课，我又回到学校继续读书。我母亲在樊城洋学堂淑华女中当工人，在旧社会俗称"老妈子"，是下等人，所以我受到人们的歧视，说我是"老妈子"的儿子，事事处处低人一等，但我人穷志不穷，我不去高攀那些有钱有势的子弟，而每天刻苦读书。②

鸿文中学复课后不久，洋人把薛愚的母亲也带到樊城来，让她在淑华女中干些做饭、洗衣、看门的工作。虽然母子得以团聚，但并不能像薛愚初入私塾时与母亲灯下读书时那样愉快。在这里，薛愚与母亲终日各自做工维持生计，并且，因为母亲在学校里做杂活，薛愚还要忍受来自同学们的奚落和嘲笑。

---

① 陈超远，王玉：《访薛愚教授》，《襄阳文史资料第五辑：襄阳民国人物》，湖北襄樊日报印刷厂，1990年，第138页。《我走过的路》说是由于"北伐军开进樊城"，但北伐战争1926年才正式开始，疑是笔误。
② 薛愚口述，王广生整理：《我走过的路》，九三学社中央研究室编：《中国科学家回忆录（第二辑）》，北京：学苑出版社，1990年，第15页。

一、坎坷少年时

据薛愚自己回忆,当时他可以算是学校里最穷的那一类学生,年龄也比许多同学都大,母亲又是"老妈子",因此受到许多人嘲笑,这使薛愚受到了不小的伤害。

作为教会学校,鸿文中学也收留了不少孤儿和像薛愚这样半工半读的学生。董曦耆在《鸿文书院二十年史略》中说,"中国少年,有钱者,始能读书。西国少年,有手者皆可读书。痛乎哉!中国多数之少年既无钱,而更无手也。西国学生,以服役做工而易学资者,往往多是,此在中国则视为贱务,而不屑矣。有为之者,人且从而轻视之类。此真谬见也。本书院欲培人自助之志,增人求学之机。使学生执校役以代学费。一千九百一十三年一人,一千九百一十四年二人。一千九百一十五、六年三人。区区用意,盖欲开此风气,俾无数少年,有手可用者,皆有书可读也。"[①]

这是鸿文风气的先进之处。然而鸿文所收学生,除了"有手无钱"者,也有"有钱无手"者,他们自然地形成了两个"阶级",生活在两个"世界"。有钱者多骄傲跋扈,无钱者多被欺负,这也正是董曦耆所说的"社会风气"。

---

① 董华祖:《鸿文书院二十年史略》,中国人民政治协商会议湖北省襄樊市委员会文史工作组:《襄阳文史资料(第二辑)》,1984年,湖北:政协襄樊市委员会,第46页。

薛愚自述：旧社会是一个万恶的社会，稀奇古怪、迷信落后、无奇不有，我少年时就生活在这种稀里糊涂、懵懵懂懂的岁月中，当时人们流传说，中国是世界中心，是最大最文明的国家，其他万国都是野蛮民族，属于中国管辖，年年进贡，岁岁来朝。又说中国有四根梅花桩，外国人进不来，但以后又进来了洋枪、洋炮、兵舰等，向中国进攻。清朝皇帝既不抵抗也抵抗不了，后来皇帝被撵走了，今天赔款，明天割地，我们反而派留学生向外国学习，这些都使我想不通。①

受到的歧视和嘲笑无处发泄，努力读书就成了薛愚最有力的"报复手段"，他说，要"出一出我内心的悲恨"②，"把知识从有钱人、地主老财们那里夺过来，不让他们霸占"。于是薛愚利用一切机会和空闲时间学习，既不愿，也无暇与同学们说笑、玩耍。结果同学们更加嘲笑他说，"薛儿性孤俏，落落与人不相合"。③

薛愚与这些"有钱无手"者除了阶级鸿沟，在心理

---

① 薛愚口述，王广生整理：《我走过的路》，九三学社中央研究室编：《中国科学家回忆录（第二辑）》，北京：学苑出版社，1990年，第15页。
② 薛愚：《坎坷的少儿时》，北京大学中国名人丛书编委会编：《中国名人谈少儿时代脚印》，长春：北方妇女儿童出版社，1990年，第90页。
③ 宋之琪：《薛愚传》，《中国现代医学家传（第二卷）》，长沙：湖南科学技术出版社，1989年，第46页。

层面，他们也不大愿意承认自己读书的能力还不如一个半工半读的放牛娃，因此薛愚越努力读书就越"惹人讨厌"。但薛愚敏锐地感觉到了这些学生自卑的心理，故反而使自己从自卑和愤怒中走了出来，更加自信和专注。"战斗"的激情和经验往往是从"战斗"中获得的，青少年之间的"敌对"磨炼了薛愚顽强自信的品格，伴随了他一生。

还有一次与同学们"敌对"的经历，就不仅仅是青少年之间的敌意和矛盾了，这也是薛愚记忆中最为深刻的。那时鸿文的学生们因吃饭问题与学校发生摩擦，纷纷罢课离校回家。薛愚的情况和他们不同，如果罢课离校便"无家可归"了；并且，学校不能上课就意味着薛愚减少了很多工作量，他也可以有更多的时间自己读书。权衡之下，薛愚便选择了躲在学校里读书。

谁知那些同学得知后，便又酸溜溜地说："学校老妈子的孩子还能罢课反对他妈吗？"[①] 这种讥讽只是泄愤，但在薛愚听起来就显得格外刺耳。母亲努力工作养活一家人，却被看作是下等人；自己不能和同学们一起罢课回家便被当作是唯利是图没有原则的人，这是十分幼稚而没有道理的。

---

① 薛愚：《坎坷的少儿时》，北京大学中国名人丛书编委会编：《中国名人谈少儿时代脚印》，长春：北方妇女儿童出版社，1990年，第90页。

薛愚自述：贫苦的生活和低下的社会地位，时刻激励着我要刻苦学习，改变自己低下的社会地位，出一出我内心的悲恨，同时，这种环境也滋长了我追求真理，追求进步的思想。①

在不断的摩擦和反思中，暑假来了。同学们纷纷回家去了，薛愚依然没有地方可去，加上成绩一贯出色，于是薛愚便被学校派到农村乡镇上的基督教学校里去协助教学工作。薛愚说记得大概连续去了三四个暑假，最大的收获就是"读书"。"除了正式功课之外，还看了不少小说，白天看、晚上看，有时躺在床上看，一暑假看了10本，很快成了近视眼。"②眼睛虽然弄坏了，但是薛愚还颇为得意，觉得自己非常幸运。旧中国，读书是奢侈之事，对薛愚来说，仅仅是几年前，他还因为家里穷困连进入学堂的资格都没有，而现在，他有各类书籍可以翻阅，并且是比学堂私塾里的书开明得多的书。从这一角度来看，教会学校的兴起，确实使薛愚这样的孩子获益，他们中不少人都获得了改变自己命运的机会，更有一些后来甚至也多少改变了整个国家的命运。书打开

---

① 薛愚口述，王广生整理：《我走过的路》，九三学社中央研究室编：《中国科学家回忆录（第二辑）》，北京：学苑出版社，1990年，第15页。
② 薛愚：《坎坷的少儿时》，北京大学中国名人丛书编委会编：《中国名人谈少儿时代脚印》，长春：北方妇女儿童出版社，1990年，第91页。

了薛愚的眼界，让他对世界充满了好奇，也对未来产生了希望。在那个特殊的年代，如薛愚一般被生活桎梏、压抑的少年不知有多少，大部分可能都被生活所打倒，湮灭了志气和希望。而薛愚紧紧抓住读书的机会，并且在良师益友的支持下，逆流而上。

薛愚在鸿文中学除了知己马适安带来朋友兄弟的安慰，还有一位"精神导师"董曦辔给他带来父亲一般的关怀。

董曦辔是襄阳城最早的共产党员之一，他带领薛愚、马适安等学生参加了许多进步活动，使薛愚早早地树立了正确的世界观、人生观，并最终走上追求民主科学的道路，所以薛愚在回忆中常提起董曦辔，认为他是对自己至关重要的恩人。

董曦辔8岁时，父母相继去世，留下他们兄妹四人被教会学校收养长大，但是董并未信教受洗，而是走上了共产主义道路——从这段经历来看，薛愚就像是"翻版"的董曦辔——这大概也是董曦辔格外爱护、关照薛愚的原因，因为遭遇相似的人总是更容易互相理解。也正是有了董曦辔的关心，惨淡的童年遭遇才并未给薛愚造成性格上的重大缺陷，反而使他在逆境中变得更加乐观勇敢、不屈不挠。这些品质，使薛愚在后来经历人生的大起大落时，能够坚强地挺过去，并且在逆境中不断前进。

董曦锷 1908 年始在鸿文中学教书，1913 年兼任校监。1919 年，五四运动消息传入樊城，董曦锷等爱国志士组织召开万人大会，要求"内惩国贼，外抗强权"，废除"二十一条"，在樊城掀起反帝救国热潮。而在此之前，鸿文中学是绝对不允许学生参加政治运动的。随着董曦锷等人积极开展进步活动，鸿文中学后来甚至发展成为襄阳城里共产党的一个重要宣传阵地，薛愚政治上的活跃，很大程度上也是受董曦锷的影响。

1924 年春，后来曾参与创建九三学社的孟宪章[①]大学毕业回到襄樊，拜望董曦锷，并介绍共产党员萧楚女[②]给董认识，三人当即结为知己。萧、孟二人还经常赠送董曦锷《向导》《共产主义 ABC》《建国方略》《建国

---

① 孟宪章：号永之，字立言。湖北均州城关人，1895 年出生。1926 年，任国民革命军第九师政治部主任；次年 3 月，任冯玉祥随从秘书、内政处副处长、宣传处处长兼《革命军人朝报》《新中华日报》总编等职。1935 年，主编《世界情报半月刊》，揭露日本侵华野心。"七七"事变后，在武汉主编《民族战线》周刊，宣传民族统一战线。"重庆谈判"期间，参与创建九三学社，并任中央委员。新中国成立后，任九三学社中央常委兼宣传委员、湖北省人民政府委员。1953 年 1 月 1 日，在北京逝世。
② 萧楚女：原名树烈，又名萧秋，学名楚汝，1891 年出生于湖北省汉阳县鹦鹉洲。中国共产党早期青年运动领导人之一，中国共产党优秀理论家。曾参与主编《中国青年》，在广州协助毛泽东编辑《政治周报》，曾任广州农民运动讲习所专职教员、黄埔军校政治教官。参加过武昌起义、五四运动。1927 年 4 月 22 日在南京石头城监狱被杀害。

大纲》等进步书刊。在这样的思想涤荡下，董曦睯充满了救国热情，他为鸿文中学撰写《毕业歌》，"晨曦初出在东方，正气歌声浩荡，滚如黄河与长江……多难的中华，振兴的责任，落在我们青年的肩上……"，鼓励青年挑起变革社会的重担，奋发前进。

1925年五卅运动前后，董曦睯同进步学生马适安等人，在鸿文中学发起反教会教育运动。在省立二师和省立第十中学的支持下，董曦睯组织学生罢课、游行——这立即引起校方的不满，遂开除了十名参与罢课的学生。董曦睯为了声援被开除的学生，也毅然辞去在鸿文中学的职务，与十名被开除的学生一起离校，赴省立第十中学。董在十中任教期间，结识了当时的校监谢远定。1926年，正是由谢远定做介绍人，发展董曦睯光荣加入了中国共产党。1928年1月，董曦睯被杀害于公安县南坪西门外，时年42岁。①

反教会教育运动是反基督教运动的其中一个部分，一方面是为收回教育权、反文化入侵，另一方面也是反对教会对国家主权的破坏。那时，确实有很多教会怀着各种各样的目的进入中国，如1818年8月，沙俄政府各布道团曾下达训令说："今后的主要任务不是宗教活

---

① 杨阳，田琳：《董曦睯》，中华人民共和国民政部编：《中华著名烈士》(第五卷)，北京：中央文献出版社，2000年，第563-566页。

动，而是对中国的经济和文化进行全面研究，并应及时向俄国外交部报告中国政治生活中的重大事件。"在1823年俄国外交副大臣给宗教事务和教育部的信中说："布道团神职人员应当从事中国人的农村经济、他们的家庭生活、农业等的情报收集工作。"1854年又重申："布道团的主要目的，在于通过新派到北京去的布道团监护官搜集有关中国及其领土的可靠情报。"[①] 但有一些教会学校也确实给薛愚这样的孩子带来了改变命运的机会，而像薛愚这样在教会学校成长起来但最终没有选择教会的，也大有人在。

薛愚1919年从鸿文中学毕业，为支持董曦皞发起的反教会教育运动，于1925年重回鸿文中学参加学生运动，此后直到董曦皞牺牲，薛愚再未见过董曦皞。但他一直将董曦皞引为人生重要的导师。在忆及董曦皞时，薛愚说："董曦皞老师又是学监（校监），学问好、中西兼通，本人也是穷人出身，是教会学校把他培养大的。他喜欢好学生，很同情穷学生，他对我很好。我初入鸿文学校时叫薛泳山。有一次我请董老师给我改个单名（当时有一股改单名风），他考虑片刻后说：孔子有个学生名叫颜回，是个穷学生，居陋巷，箪食瓢饮，人

---

① 李时岳：《近代中国反洋教运动》，北京：人民出版社，1958年，第47—48页。

一、坎坷少年时

不堪其忧，回也不改其乐，孔子说'回也不愚'，你就改名为薛愚，字慕回吧。从此，此名一直沿用至今。"①

颜回受得了清贫，耐得住寂寞，似"愚"而非"愚"；薛愚敏而好学，志在千里，名"愚"实不"愚"。智者常将"愚"字挂在嘴边，就是为了时时警醒自己不要自作聪明，要保持谦逊。同样地，"愚"字在薛愚的一生中也时时提醒他：永远追求真知、真理，绝不懈怠，否则便会真的沦为"愚"者。表字"慕回"，则是为了提醒薛愚，为人当像颜回那样，不向世俗的智愚观念妥协，坚持追求真理才是真正的智慧。

关于薛愚的名字，还有一件趣事。1953年，薛愚在参加世界卫生和平大会时，遇到一位对中国文化很感兴趣的南美代表。这位代表问与会的中国代表林巧稚②："你的名字是什么意思？"林说："没什么意思。"薛愚接话道："不对，她的名字有意思，意思是：She is a clever girl。"那位代表便又问薛愚："那你的名字是不是也有意思？"薛愚说："我的名字也有意思，意思

---

① 薛愚：《坎坷的少儿时》，北京大学中国名人丛书编委会编：《中国名人谈少儿时代脚印》，长春：北方妇女儿童出版社，1990年，第91页。另有文献指出薛愚乳名为愚，参见《薛愚家史及其童年——庞贵山口述》。
② 林巧稚：医学家。在胎儿宫内呼吸，女性盆腔疾病、妇科肿瘤、新生儿溶血症等方面的研究做出了卓越贡献，是中国妇产科学的主要开拓者、奠基人之一。

是：I am a foolish man, called Foolish Xue。"[1] 顿时引得整个会场哄堂大笑。薛愚的自嘲应时应景，不仅不"foolish"，反而令人觉得他思维敏捷。只不过因生逢乱世、心系国家，生活并没有留给薛愚多少像这样轻松玩笑的回忆，更多的是忍辱负重和艰苦奋斗。

（三）初见哈雷彗星

在鸿文中学读书时，还有一件事令薛愚印象尤为深刻。陈新谦[2]在回忆与薛愚的谈话时也曾特意提到，薛愚曾告诉他，1910年在樊城鸿文中学时，第一次见到了哈雷彗星——薛愚晚年又有幸见到第二次，他深感激动。[3]

哈雷彗星每隔76年行经地球一次，是一种正常的天文现象。然而在蒙昧的旧社会，哈雷彗星被认为是"扫把星"，是"凶兆"。故当同学们对这颗"扫把星"议论纷纷的时候，鸿文中学当时的校长、美国人宋克敬站出来对学生们讲："这颗星不是异星，天文学家们认为它定期出现，每隔76年出现一次，它叫哈雷彗星。

---

[1] 薛愚口述，王广生整理：《我走过的路》，九三学社中央研究室编：《中国科学家回忆录（第二辑）》，北京：学苑出版社，1990年，第62页。
[2] 陈新谦：我国第一位药学编辑家，曾与薛愚共事多年，薛愚被错划成右派时其曾被迫参与批判薛愚，晚年与薛愚保持了长久的友谊。
[3] 陈新谦：《我所知道的薛愚教授》，《民主与科学》，1996年第5期。

一、坎坷少年时

过些日子它就要离开我们,大家要安心读书,要相信科学,不要迷信。"①校长的这番话是一次比较客观的科普,但是对薛愚来说造成了很大的震动。中国人迷信的"扫把星"在西方天文学的解释下,原来竟如此稀松平常。这种在科学认识上的巨大落差,刺激薛愚形成了最初的科学观。

> 薛愚自述:1910年我在鸿文学校上学时,天空出现了一颗形如扫帚的星体,人们称说扫帚星,并且传说天下要大乱,人心惶惶,学校大有解散之势。洋人校长宋克敬(美国人)出来解释说:"这颗星不是异星,天文学家们认为它定期出现,每隔76年出现一次,它叫哈雷彗星。过些日子它就要离开我们,大家要安心读书,要相信科学,不要迷信。"这是我初步接触到科学,并对之发生了兴趣,从而遇到科学问题,我就比较注意。②

如果说少年薛愚曾手持蓍草窥探命运的话,那么经过彗星"洗礼"的薛愚已经完全不相信、更不依赖所谓

---

① 薛愚:《坎坷的少儿时》,北京大学中国名人丛书编委会编:《中国名人谈少儿时代脚印》,长春:北方妇女儿童出版社,1990年,第90页。
② 薛愚口述,王广生整理:《我走过的路》,九三学社中央研究室编:《中国科学家回忆录(第二辑)》,北京:学苑出版社,1990年,第14页。

的"命运"了。

(四) 图书管理员

由改名一事可以看出，薛愚对这位董曦辔老师是十分尊敬和爱戴的，董曦辔也确实是一位十分懂得该如何教导、指引青少年的老师。有一次，薛愚问了董曦辔一个他一直想不通的问题，他说："中国是个文明大国，其他各国是野蛮人，向中国年年进贡、岁岁来朝，还听说中国有四个梅花桩顶着，外国人打不进来，为什么现在进来了？不但不进贡、来朝，反而要中国割地赔款？"

董曦辔说："你提的问题很好，读书要思考，要发现问题，可惜我不能一一答复，即使答复了，恐怕你一时也不能懂，最好去读更多的书，从书中找答案吧。"①

不久，学校里设立了图书室，董立即想到，可以派薛愚去做管理员，薛愚知道后也十分兴奋。图书室每天开放两小时，于是薛愚即使在工作时间里也可以读书。

薛愚在管理学校图书室的几年里，从未有一天怠惰，每天都沉浸在获取知识的巨大喜悦之中，他得意

---

① 薛愚：《坎坷的少儿时》，北京大学中国名人丛书编委会编：《中国名人谈少儿时代脚印》，长春：北方妇女儿童出版社，1990年，第91页。

一、坎坷少年时

地说:"我成了'不出门能知天下事的秀才'。"图书室的藏书包罗万象,有四书五经、历代史书、医书、小说、宗教书籍以及科学丛书和名人传略等;还订有各种报纸、杂志,如《申报》《时报》《东方杂志》《中华杂志》《科学杂志》《少年中国》《少年世界》等等,应有尽有。一开始,薛愚什么都看,历史、时事、科学,无所不包。而在科学方面,尤以生物学、生命等方向的书,是薛愚最感兴趣的——这也显示出薛愚在医药方面的潜力和天赋。在科学方面找到了自己的兴趣点,在思想方面,薛愚也开始结合着自己长期想不通、与董老师讨论过的那些问题,专门去找一些书来读,比如梁启超的《饮冰室文集》和《中国魂》等书。这些进步书籍解答了许多一直困扰薛愚的疑惑,指出了一些青年应关心的社会问题,也树立了薛愚最初的救国信念——后来薛愚自己还专门去买了这两本书。[①]

通过大量的阅读和思考——特别是对辛亥革命及五四运动前后许多事件和人物的思考,薛愚以前模模糊糊觉得很"怪"的事情渐渐变得清晰。他渐渐了解了中国的历史和现实、"西洋"和"东洋"的现状,也渐渐明确了一个青年人的责任:"我自己感到我一天天地成

[①] 薛愚:《坎坷的少儿时》,北京大学中国名人丛书编委会编:《中国名人谈少儿时代脚印》,长春:北方妇女儿童出版社,1990年,第91页。

熟起来。我为中国古代的文明自豪,为清朝的腐败无能而愤怒,也为历代志士仁人为国为民的精神而振奋。我出生成长的时代正是清朝腐朽没落而日本发展扩张侵略的时代。在仇恨清朝和日本的同时,也常思索比较这两个国家兴衰的原因。清末曾派严复等人到英国求学,同时日本派出伊藤博文去英国。严复学习成绩更好。但伊藤博文为明治天皇任用使日本得到中兴。由于严复是汉人不得清朝重用怀才不遇,有才也不能救国。到五四运动时,提出'民主(德先生)'和'科学(赛先生)',当时我认为这两条是中国的出路,也成了自己的人生道路。也就是要爱国、救国争取民主,同时要掌握科学知识,传播科学知识,应用科学知识,这就是所谓'科学救国论'。"[①]

"科学救国论"的提法,很有可能是薛愚回忆当时的经历时归纳的,但他"科学救国"的思想,确实形成于那一时期。薛愚有一种比较冷静的历史观:既不妄自尊大,也不妄自菲薄。他认为,旧中国的腐朽并不是一贯的,而是自清朝政府闭关锁国,跟不上世界发展的步伐开始的。因此薛愚认为,青年人当务之急,便是想方设法赶上东洋、西洋的脚步。这是薛愚"科学救国"思

[①] 薛愚:《坎坷的少儿时》,北京大学中国名人丛书编委会编:《中国名人谈少儿时代脚印》,长春:北方妇女儿童出版社,1990年,第92页。

想最初的雏形,当时可能还没有形成完整的理论和想法,但这一想法确与许多同时代的进步学者不谋而合。当薛愚在参加进步活动时,偶然听了黄炎培先生的救国论后,更是醍醐灌顶,印证了自己通过读书和思考得来的救国方向。

>薛愚自述:1919年,我中学毕业时,巴斯德的病原微生物学说在科学界产生极大的影响,我在董曦辇(董子佩)老师的指导下,发表了《人生与微生物论战》的演讲论文,博得好评。我对科学逐渐爱好,相信科学,并走上科学救国的道路。[①]

董曦辇对薛愚的教育是"立体"的,不仅在思想路线上给薛愚指出了方向,他也是带领薛愚进入科学殿堂的引路者。在董老师的指导下,薛愚也阅读了很多微生物方面的书,特别是当时问世不久的巴斯德[②]病毒学说。

---

① 薛愚口述,王广生整理:《我走过的路》,九三学社中央研究室编:《中国科学家回忆录(第二辑)》,北京:学苑出版社,1990年,第14—15页。
② 路易·巴斯德:1822年12月27日—1895年9月25日,法国微生物学家、化学家,近代微生物学的奠基人。1856年至1860年,他提出了以微生物代谢活动为基础的发酵本质新理论,1857年发表的《关于乳酸发酵的记录》是微生物学界公认的经典论文,薛愚所读的应该就是巴斯德这一时期的著作,然当时科学发展仍较缓慢,且传入中国亦晚,故薛愚说是"问世不久"。且虽然1882年巴斯德制成狂犬病(病毒)疫苗,但尚未提出病毒概念,且后文也提到他的毕业演讲以微生物为例,故疑此处为薛愚误记,应是"巴斯德细菌学说",或"巴斯德微生物学说"。

巴斯德开辟了微生物领域，创立了一整套独特的微生物学基本研究方法，开始用"实践—理论—实践"的方法进行研究，薛愚所发展的教育思想也是以注重实践为特点，应也是受到巴斯德的启发和影响。

在读微生物方面的书籍时，薛愚不仅了解了微生物方面的研究前沿，更从书中获得了不少人生的体悟。在1919年鸿文中学的毕业典礼上，薛愚发表了题为《人生与微生物论战》的演讲，大意是说：人类与微生物在不断地进行着斗争，人不消灭它，它就会反过来消灭人，而这场战斗的胜败关系着人生命的安危——这就像旧中国所有腐朽的制度和侵略者的暴行给人民带来的苦难一样，人民如果不奋起消灭他们，就终将被他们剥削得失去生存的权利。此外，一切的困难和阻挠，在薛愚看来，也都尽如微生物一样，它们会不断地滋生、繁殖，我们则要不断地和它们战斗才有可能取得成绩。

二、意气风发

1919年,薛愚以一篇题为《人生与微生物论战》的文章为自己的少年时代做出总结,也发出了自己立志救国的第一声呐喊。在毕业时,薛愚在河南、湖北、湖南三省信义会设立的教会中学联合毕业会考中取得第一名,为少年时代画下完美句号。

> 薛愚自述:1919年的夏天,即将毕业的时候反帝反封建的爱国运动席卷全国,"五四"爱国主义和新文化启蒙思潮冲击着我,我掩耐不住内心的兴奋,投入到伟大的爱国运动中,扛着大旗走向街头,游行示威,高喊锄奸、救国的口号。就在这一年,我中学毕业了,参加河南、湖北、湖南三省信义会举行的教会中学联合毕业会考时,我获得了第一名。①

---

① 薛愚口述,王广生整理:《我走过的路》,九三学社中央研究室编:《中国科学家回忆录(第二辑)》,北京:学苑出版社,1990年,第16页。

而 1919 年注定是不平凡的一年。反帝反封建的浪潮席卷全国，"五四"爱国主义和新文化启蒙思潮袭入樊城。犹如一束阳光直射入黑暗了许久的牢笼里。薛愚积极上街游行、发表演说，并在董曦曧的支持下，被鸿文中学推选为学生代表，与襄阳省立二师、鹿门中学、县立高小等学校的学生代表组成"襄樊学生联合会"，与驻樊城的军阀赵荣华[①]谈判，要求其拿起武器，"锄奸、救国"。[②] 这时的薛愚意气风发，指点江山，激昂一时无两。

1920 年 5 月 9 日，为了纪念"国耻日"[③]，已经从鸿文中学毕业的薛愚再次回到樊城，参加了董曦曧等人在鸿文中学大操场上组织召开的纪念大会，并再度登台做了慷慨激昂的演讲。这些积极而进步的社会活动开启了薛愚为民主而战的篇章，在后来的数十年中，薛愚从未间断过参加争取民主、提倡科学的运动，为旧中国药学教育"夹缝中求生存"创造了条件；新中国成立后，薛

---

① 赵荣华：民国将领，原为姜桂题部属，任陆军第九师旅长。后又转为吴佩孚部，任陆军第八混成旅旅长兼荆州镇守使，驻军湖北樊城。1922 年在湖北宜昌被川军击败后，被撤职。北洋军阀失败后闲居天津。
② 陈超远，王玉：《访薛愚教授》，《襄阳文史资料第五辑：襄阳民国人物》，湖北襄樊日报印刷厂，1990 年，第 134 页。
③ 此处指"五九国耻日"，1915 年 1 月 18 日，日本公使向中华民国总统袁世凯直接提出二十一条要求，最终袁世凯政府在 5 月 9 日晚上十一时接受二十一条中一至四号的要求。五月九日被全国教育联合会定为国耻日，称"五九国耻日"。

二、意气风发

愚更将科学、民主之精神引入整个药学教育的体制改革当中，为新中国药学工作者环境的改善做出了重要努力。

(一) 签约上大学

学生运动的浪潮还未退去，薛愚自身面临着另一场重要蜕变。1920 年，从鸿文中学毕业的薛愚，为生活计，在太平店教了一年小学[①]贴补学费，以备继续升学。鸿文中学的大门再次向薛愚敞开。是时，鸿文中学师资短缺，美籍校长钱德立选中薛愚及另一名学生签订合约，垫付学费让他们二人上大学，条件是二人必须学习理科专业，并且毕业后必须回到鸿文中学教书，以工资逐年还清学费。这份合约条件并不十分优厚，但确实解了薛愚的燃眉之急，成绩优异的薛愚顺利进入齐鲁大学理学院。

> 薛愚自述：1920 年，中学毕业后，我到淑华女中做教师，准备积蓄点钱，投考大学（继续读书）。正巧，1920 年鸿文学校因缺乏师资，校长钱德立（美国人）要选拔两名毕业生上大学，条件是每年

---

① 《访薛愚教授》中称是太平店小学，薛愚自述《我走过的路》中称：1920 年，中学毕业后，我到淑华女中做教师。疑为薛愚记错，待考。

借贷 110 元，毕业后回母校任教，并逐年还清借贷。我当时被选中了，并签订了合同，带着合同去投考大学。当时还规定，若考取北京师范大学，则必须专修历史和地理；若考取齐鲁大学则专修物理和化学。①

鸿文中学提供的可供选择的学校全部都是教会学校——也因为鸿文中学本身也是教会学校，这些大学才愿意提供一些便利，因此薛愚选择的齐鲁大学自然也是教会学校。齐鲁大学的历史可上溯至 1864 年，齐鲁大学档案载："本校之创设，实发初于山东登州之文会馆。中华民国纪元前四十七年，美国长老狄考文博士创立该馆。授学子以理化天算等科。"②

齐鲁大学由 14 个基督教会联合举办，一度被称为"华北第一学府"，与燕京大学有"南齐北燕"美誉。像所有教会学校一样，齐鲁大学侧重理工学科或者是宗教神学方向，对"子曰""诗云"则稍废。不过，这恰好也是符合薛愚所签的合约规定的，也比较符合薛愚自己"科学救国"的想法。

---

① 薛愚口述，王广生整理：《我走过的路》，九三学社中央研究室编：《中国科学家回忆录（第二辑）》，北京：学苑出版社，1990 年，第 16 页。
② 山东省档案馆：私立齐鲁大学档案：J109-01-101.教育部立案：私立大学一览。

二、意气风发

薛愚自述：由于北京考期已过，我就报考了齐鲁大学，并考取了理学院。理学院分预科（2年）与正科（3年）。正科有物理系、化学系、生物系和天文数学系（简称天算系）等。①

不过，新文化运动以后，"非基督教运动"与"收回教育权运动"的兴起，不仅在鸿文中学掀起浪潮，对齐鲁大学也产生了巨大影响。实际上，"收回教育权"并不表示国民政府对教育的重视，但这种运动对将洋人的影响力从学校里削弱是卓有成效的，这更多的是一种政治手段。1917年至1927年间，国民政府先后六次专门就外国人在中国所设学校颁布立案规则，1929年以后，齐鲁大学始由中国人担任校长。②薛愚进入齐鲁大学之时，正值齐鲁大学运动不断、风云变幻之际，薛愚的大学生活也注定不会平静。

---

① 薛愚口述、王广生整理：《我走过的路》，九三学社中央研究室编：《中国科学家回忆录（第二辑）》，北京：学苑出版社，1990年，第16页。
② 大学院编：《近代中国史料丛刊续辑》，《大学院公报》，台北：台湾文海出版社，1928年，第655、656页。

齐鲁大学化学楼（1924年）

（二）科学救国论

薛愚最初选择化学专业的原因，主要是为了信守约定。

薛愚自述：在预科时，我的历史成绩最好，因而当我入正科时，历史系主任奚尔思（美国人）劝我说："薛愚你入历史系吧，历史系是用英文授课，英文学好了容易找工作，而且钱挣得多。化学系是小孩子耍把戏，没意思……"我没听他的，而选修了化学专业。因为我和鸿文学校签过合同，有言在

二、意气风发

先,考入齐鲁就得攻读物理或化学。①

奚尔思为薛愚打算得十分周全,但是他对化学的认识却是轻率的。他的这种"轻视"也代表了当时社会对化学学科的普遍误解——据目前的发展和认识来看,不管是化学还是药学,显然都是重要的学科,不是"小孩子耍把戏"。不过,薛愚当初为了履约而放弃了看起来更好的机会,走上了这条荆棘小路,却在数十年后,将我国的药学教育带往了一条康庄大道。

继续参加进步活动也依然是薛愚在大学里的一项重要"任务"。如果说在鸿文中学薛愚是学生运动和社会活动的积极参与者,那么在齐鲁大学,薛愚已经开始显露他在组织社会活动方面的激情与才华。课业之余,薛愚不仅担任学生助教,并且在老师的帮助下,组织了一个旨在提高学生理科学习积极性的读书会,薛愚自己还被推选为第一届主持人。

薛愚自述:在理学院学习时,五个系的学生联合起来,在老师的指导下成立了理科学生读书会,我被推选为第一任主持人。读书会每一两周做一次科学报

---

① 薛愚口述,王广生整理:《我走过的路》,九三学社中央研究室编:《中国科学家回忆录(第二辑)》,北京:学苑出版社,1990年,第16页。

告，除请校内外的专家、教授外，学生也轮流演讲。听讲人不限理科师生，全校师生都可自由参加。①

这个读书会，并不是一个形式主义的空架子。在薛愚的倡导和组织下，读书会经常邀请专家、教授作学术报告，同学们也在读书会中交流学习经验，宣读自己的学习论文。

> 薛愚自述：记得在一次参观济南火柴厂后，我利用带回来的一些有关材料和样品，做了《火柴制造的手续和化学》的报告。受到听众的好评。我还做过《第一次大战中的化学毒气》（或称战气·War Gas）的报告，并在齐大校刊——《齐大心声》上发表。②

一战中德国使用的毒气主要是芥子气，芥子气是由硫二甘醇与二氯亚砜作用而得，学名二氯二乙硫醚，是一种散发有害气体的液体毒剂，属化学武器中的糜烂性毒剂，中毒后无特效药。一战中双方使用的毒气还有氯气、光气、路易氏气等——光气和路易氏气一般混合使

---

① 薛愚口述，王广生整理：《我走过的路》，九三学社中央研究室编：《中国科学家回忆录（第二辑）》，北京：学苑出版社，1990年，第16页。
② 同上。

用以增加杀伤力和延长作用时间。关于战争中化学武器使用方面的研究报告,既发挥了薛愚的化学专业特长,又体现出薛愚对时局的关注。不论是化学还是药学,在战场上的威力都是不容忽视的。即使是在和平年代,化学、药学也与工业生产、医疗卫生息息相关,故薛愚在后来对新中国药学发展方向的相关建言中,也常提到化学同民族工业发展、同战局之间的重要关系,大约也是那时由一战战局受到的启发。

这个读书会还经常组织校外调研、实践活动,如参观陶瓷制造、造纸等工业生产,《齐大心声》也刊登了薛愚调研实践的相关调研报告。[①]其实许多工业生产都是化学发挥作用的重要领域,可惜当时的教育机构,甚至很多研究者自己,都没有看到化学的真正价值。关于中国工业发展滞后之原因,薛愚曾写过一篇题为《春假旅行淄川博山铁山参观工业见闻》的参观笔记,文中说:"我最感受刺激的:1.中国人保守性过重,私心过大,几百年前的旧法,死守不变。他人告以改良方法,则视如敝屣。自己的旧法多保秘密,不愿告知他人。哎!中国工业怎么能进步呢! 2.日人虽强横无理,然他们治事能力,叫人赞服不止。前者胶济路何等整齐,

---

① 张英侠:《从牧童到教授——忆薛愚》,《襄阳文史资料第五辑:襄阳民国人物》,湖北襄樊日报印刷厂,1990年,第115页。

安适便利,今者我不忍言,言之适足伤心,增加中国人的耻辱!哎!中国人!哎!中国人!"①他认为中国实业发展滞后是因守旧太过和私心太重,而日本人虽然是仇敌,但比我们尚有可取之处。

> 薛愚自述:读书会有时利用假期组织参观学习。记得一年春假到山东工业区淄川、博山(现在是石油产区)参观该地的陶瓷制造业,当我第一次看到这些陶瓷器后,非常惊叹,感到中国人异常聪慧,艰苦勤劳,我们的祖先在几千年之前就能制造出花样品色繁多的陶瓷品,并传至国外,受到世界人民的称赞。作为一个中国人真是自豪。然而我拿那时的瓷器相对比,似乎差别不大,甚至有些产品还不如古代的,于是我又感慨中国的工业落后,就写了一篇参观纪实的文章,1923年在《科学》上发表了。②

薛愚还积极旁听社会上的各种进步会议和讲座,

---

① 薛愚:《春假旅行淄川博山铁山参观工业见闻》,《科学》,1923年第12期,第1332页。
② 薛愚口述,王广生整理:《我走过的路》,九三学社中央研究室编:《中国科学家回忆录(第二辑)》,北京:学苑出版社,1990年,第16页。

二、意气风发

尤以黄炎培[①]先生的"实业教育救国"思想对他冲击最大。黄炎培曾说,"吾辈宜十分信仰教育为救国唯一方法,而以全力注重之。"[②]而不论是"教育救国",还是"实业救国",看似救国方式的两种不同主张,实际上是存在诸多共同之处的。这两股力量在互相激荡、互相融合,不但丰富了中国近代教育思想,更推动了近代教育发展。

"实业救国"思想形成的原因在于:其一,实业是国民赖以生存的前提,是国家得以存立的基础。"夫实业者,国民资赖以生之物,而国家之血液营养也。实业之兴衰,原为国民生计之舒渗所系,亦为国政隆污之所系,且即国命延促之所系。"[③]其二,实业是挽回利权的关键,是国家富强的根本。"图富强之策,首重工商,非振兴实业,不能收效果而挽利权。"[④]其三,实业是救国的唯一要图。中国之患在于弱,弱之因又在贫,贫之因又在实业不振;要救国,就得先救贫弱,救贫弱只能

---

① 黄炎培:1878年10月1日—1965年12月21日,号楚南,字任之,教育家。1939年曾力促国共合作,1949年6月,黄炎培作为民建代表出席新政协筹备会,被推为负责草拟中央人民政府组织法小组副组长(组长董必武)。黄炎培主张"教育救国",疑为薛愚误记。
② 黄炎培:《黄炎培教育论著选》,北京:人民教育出版社,1993年,第126页。
③ 胜英:《实业救国悬谈》,《东方杂志》,1910年第6期。
④ 天津市档案馆:《天津商会档案汇编(1903—1911)》上册,天津:天津人民出版社,1989年,第1252页。

靠实业。所以，振兴实业也即救国。①"吾国贫弱极矣，推其原因，则贫由于弱，欲求挽救，则富而后强，实业为救贫唯一之道。"②大概当时的一些进步人士，如黄炎培，已经清醒地意识到，国家间的竞争，实为实业间的竞争；而实业之竞争，实为科学技术间的竞争。"世界今日之竞争，农工商之竞争也，农工商之竞争，学问之竞争也。"③

薛愚之所以认为是黄炎培的救国论给了他启发，也正是因为看到了科学与实业之间这种至为密切的关系——发展实业，需要掌握科学的人才来实现，而掌握科学技术知识的人才，唯有通过教育才可产生，故"教育救国"与"实业救国"是密不可分的。

> 薛愚自述：当时黄炎培先生领导的实业教育救国组织曾在济南召开一次年会，除会务讨论外，一切学术报告都采取公开形式，我参加了几次旁听，思想中有了"实业救国"的种子。④

---

① 李忠：《近代中国"教育救国"与"实业救国"的互动》，《西南大学学报（社会科学版）》，2011年第37卷，第4期，第143页。
② 陆费逵：《中华实业界宣言书》，《中华实业界》，上海：中华书局，1914年第1期。
③ 张謇：《张季子九录·自治》卷4，上海：中华书局，1931年，第18页。
④ 薛愚口述，王广生整理：《我走过的路》，九三学社中央研究室编：《中国科学家回忆录（第二辑）》，北京：学苑出版社，1990年，第17页。

二、意气风发

薛愚从在鸿文中学起,便朦朦胧胧生发出"科学救国"之想法,但并未形成完整的思想。而在接触到黄炎培的救国论时,他也并没有人云亦云,而是以"实业教育救国"作为思想启蒙,为完善他自己的救国思想提供了理论基础。

受到了启发的薛愚,坚定了自己"科学救国"的信念,很快开始着手在齐鲁大学组织"自然科学研究会",即"科学会"。

> 薛愚自述:在齐鲁大学学习期间,除了在化学专业上获得了一定的知识外,我还参加过一些政治活动和社会实践。在思想认识方面有两点很重要的收获,就是"读书为了救国,救国不忘读书","科学是民主的,没有民主,就没有科学"。这种思想影响着我终身的活动。①

1922年秋天,薛愚与化学教员吴克明②谈及齐大科学现状,薛愚说:"(齐大)科学既素驰名国内,且有窦

---

① 薛愚口述,王广生整理:《我走过的路》,九三学社中央研究室编:《中国科学家回忆录(第二辑)》,北京:学苑出版社,1990年,第17页。
② 吴克明:化学家教育家,1919年毕业于济南齐鲁大学,五四运动期间,任齐鲁大学文理学院学生会主席,积极组织同学进行爱国活动。1920年春至1922年冬,留校在化学系任教。

维廉[①]、王泽普等科学健将，何不立一学会，发行刊物，以扬校光，以导社会。"——这正是"科学会"较"读书会"先进之处："读书会"旨在提高大家学习的积极性，是纯学术性质的组织；而"科学会"则已开始承担社会责任，除砥砺学术外，更以发表文章对公众进行科学普及和思想引导。吴克明听了薛愚的想法后，十分赞同，表示窦维廉教授也早有此意，只是苦于未遇到恰当的时机。

窦维廉是齐鲁大学化学系主任，他将西方工业思想引入教学，对薛愚影响颇深。薛愚参加过的化学系学生旅行参观淄川工厂就是窦维廉组织的。薛愚亲身了解中国工业发展与世界的差距，就此次旅行写了《春假旅行淄川博山铁山参观工业见闻》，文中，薛愚对几个工厂的设备、资本、管理、制造工艺都进行了记录，并对参观中发现的漏洞进行了全面的分析，如原因、对策，以及西方先进经验等，具有实用价值，并特别提到是受到窦维廉教授[②]的教学思想的启发。

薛愚见组织科学会的想法与几位老师不谋而合，受到了极大的鼓舞，便开始为此事奔走。1923年春天，恰

[①] 窦维廉：William H. Adolph，美国营养化学家，美北长老会教士，1915年至1950年间在中国任教长达30余年。
[②] 参见《齐大心声》科学版第八卷，1928年第12期，第1332-1344页。

二、意气风发

逢薛愚同学郭金南毕业、大家送贺之机,薛愚再对大家提及此事,得到了同学们的普遍赞同。是年双十节前一星期,窦维廉宴请同仁,顺势重提"科学会"之事,一唱百诺。席间即举定马九达、王伯训、孝启道、吴振钟、薛愚等5人组成起草委员会,草创简章。数星期后,章草就,于11月20日当众宣读,选举职员,科学研究会成立。1924年1月,"科学会"正式开会,薛愚在"科学会"自办报刊任编辑主任,在对民主科学的宣传方面发挥了积极作用,也为薛愚积累了宝贵的办报、办刊经验,后来薛愚主办过一些优秀的学术刊物,都是由此发端。

齐鲁大学学生合影(1924年)

在齐鲁大学的学业将要完成时，薛愚因成绩、实践能力俱佳，接到了多所学校的邀请。如时任清华大学化学系主任的杨梦赉教授，他对薛愚在齐鲁大学的表现十分满意，力邀薛愚赴清华任教；东北大学的庄长恭教授，邀请薛愚毕业后去他们的院系任教；时任湖北省教育厅厅长的刘树杞先生，邀请薛愚回湖北老家任职襄阳区教育局长——但薛愚都为履约之故婉拒了。①

  薛愚自述：1924年暑假，全国科学教育工作者，在清华学校举办全国科学教育工作者进修班。学员绝大多数是各大学从事科学教育的助教、讲师和一些名教授，另外还有著名的中学理科教师。进修班的化学组是我的老师窦威廉先生（美国人）任组长，主持化学课的讲授和讨论。当时我尚未毕业，被选去做实验助教。一个暑假的忙碌，对自己的学习大有裨益和收获，同时还认识了不少知名的科学家，如庄长恭、杨石先、丁绪贤、刘树杞、钱崇澍、张资珙、蔡镏生、裘家奎、戴安邦等，他们对我的学习都给予不少帮助。清华大学化学系主任教授杨梦赉先生对我的工作很满意，对我说："毕业之后聘你

---

① 薛愚口述，王广生整理：《我走过的路》，九三学社中央研究室编：《中国科学家回忆录（第二辑）》，北京：学苑出版社，1990年，第17页。

二、意气风发

到清华任助教。"庄长恭教授劝我到东北大学任教；刘树杞先生当时任湖北省教育厅厅长，让我回湖北老家，任襄阳区教育局局长……。但我都婉言谢绝了，因为我是带着合同上大学的呀！①

1924年，齐鲁大学学生为巴慕德校长送行

（三）加入国民党

1924年1月，中国国民党第一次全国代表大会在广州召开。国民党一大的召开，标志着国民党改组的完成

---

① 薛愚口述，王广生整理：《我走过的路》，九三学社中央研究室编：《中国科学家回忆录（第二辑）》，北京：学苑出版社，1990年，第17页。

和国共合作的正式确立，轰轰烈烈的大革命拉开序幕。大会通过了《宣言》，孙中山就《宣言》的宗旨作了演说，提出"联俄、联共、扶助农工"的三大政策，重新解释了三民主义即民族主义、民权主义、民生主义。国共合作的确立，使得国民党和整个中国似乎都进入了一个崭新的阶段，给人民带来了新的希望，也带给薛愚无限的希望。

是年9月3日，国民党中央政治会议召开第七次会议，孙中山发表北伐宣言，以"反对帝国主义""反对北方军阀"为号召进行北伐，大革命的烽火几乎燃遍中国每一寸土地。教会学校纷纷关闭，樊城的鸿文中学亦不例外。校长钱德立仓皇返美，五年前同薛愚订立的那份合约，也就不了了之了，薛愚恢复了"自由身"。

1925年3月12日，孙中山先生去世。7月1日，广州国民政府成立，汪精卫任主席，北伐在即。在追悼孙中山先生的大会上，心潮澎湃的薛愚签名参加了国民党。同时，薛愚也从齐鲁大学毕业，获理学学士学位。

已无约在身的薛愚，最终应邀进入清华学校[①]（现清华大学）任助教、讲师，并承担起了一部分系务工作。

[①] 薛愚在《我走过的路》中称"清华学校是美国用庚子赔款所办，专门培养留美学生，属于外交部而不属于教育部，亦称留美预备学校，1925年改为国立清华大学"。应为清政府依托美国退还的"庚子赔款"筹建，1925年设大学部，1928年改称"国立清华大学"，疑为薛愚笔误。

二、意气风发

在清华大学期间,除了日常教学,薛愚醉心学术研究,撰写了《桑叶及蚕茧之分析》《北京人头发中的氨氢酸》等文章发表在《科学杂志》上,并撰写了《化学元素史》等文章。①

1924年泰戈尔访清华大学。一排左起:王文显、张歆海、徐志摩、张彭春;二排左起:辜鸿铭、泰戈尔;三排右为清华大学校长曹云祥

薛愚自述:我"自由"了,所以暑假以后,就应聘到清华大学任教。开始了我的教学生涯。清华学校是美国用庚子赔款办的,专门培养留美学生,属于外交部而不属于教育部,称之为留美预备

---

① 张英侠:《从牧童到教授——忆薛愚》,《襄阳文史资料第五辑:襄阳民国人物》,湖北襄樊日报印刷厂,1990年,第116页。

学校。1925年开始筹办大学,改为国立,称清华大学。我是国立清华大学开始设立化学系的第一批助教之一。带学生实验时,我重视培养学生的操作技能。某教授因病或因事请假时,有时我也代理教课,讲课时我总是注重实际效果。除教学以外,我还负责管理化学系有关系务工作。记得1929年清华大学举行的全国赴美留学生化学考试的实际具体工作,几乎是由我一人代做的。①

(四)清华大地社

薛愚在清华大学的身份虽然是老师,但他平时最乐意与学生交往,不仅常与他们谈心,也经常参加他们的活动。这些学生中,颇有一些进步学生,甚至是地下党员。这些学生也十分喜欢像薛愚这样思维活跃又平易近人的师长,对他的加入都十分欢迎。

> 薛愚自述:在教学之余,我乐意接近学生,其中有一些是进步学生,有的是地下党员,如李乐光、苏开明、魏明华、冯仲云、李景清等。他们和

---

① 薛愚口述,王广生整理:《我走过的路》,九三学社中央研究室编:《中国科学家回忆录(第二辑)》,北京:学苑出版社,1990年,第18页。

二、意气风发

我一起讨论国家和学校的大事,并给我一些进步书籍看,特别是魏明华,他把我带到图书馆(因为他每天要在图书馆工作两小时)的一间小屋里,阅读《共产党宣言》等。李景清有时到我房间里,给我讲共产党的性质、任务等,并鼓励我也参加共产党。这时期,我积极参加各种社会活动。①

"打孔家店"的口号,是在1921年6月16日,胡适在《〈吴虞文录〉序》一文中,以幽默的口气介绍吴虞其人时首次提出,他说:"我给各位中国少年介绍这位'四川省只手打孔家店'的老英雄——吴又陵先生!"②故"打孔家店"最初并非正式的檄文,但被引用甚广。

> 薛愚自述:1926年,我参加了清华的进步团体组织——大地社,并在该社出版的杂志《现代青年》上发表了《再打孔家店》的文章。《现代青年》被

---

① 薛愚口述,王广生整理:《我走过的路》,九三学社中央研究室编:《中国科学家回忆录(第二辑)》,北京:学苑出版社,1990年,第18页。
② 马克锋:《打"孔家店"与"打倒孔家店"辨析》,《中国人民大学学报》,2011年第2期,第143页。
胡适提出"打孔家店"是在1926年,"打倒孔家店"则是经过20世纪三四十年代陈伯达等人加工改造产生的,并开始被曲解夸大为"五四"新文化运动的纲领性口号。

查封后，我又在《现代中学生》上连续发表了有关反对资产阶级学校方面的两篇文章。当时清华化学系闹学潮，化学系的教授几乎全体停教离校。教授只剩下高崇熙一人，而化学系的系务全由我代理。负有盛名的沈镇南教授离开清华时，约我同去广西工作，但我见到清华大学化学系几乎处于瘫痪状态，不愿离去，坚持留在学校里。①

"打孔家店"提出的时代背景是：在国内，虽中国资产阶级发动的辛亥革命推翻了绵延两千多年的封建帝制，建立了共和制的中华民国，然盘踞在故宫里的小皇帝却远未退出政治舞台，且中国先后发生了张勋复辟和袁世凯窃国两大闹剧。在国际社会，中国作为一战的战胜国，在巴黎和会上竟然保护不了自己的主权，收回山东半岛主权的要求遭到拒绝，废除"二十一条"不平等条约的要求也被以不再讨论范围的名义置之不理。于是中国的知识分子振臂一呼，要求拒绝在巴黎和会的协议上签字，要求拒绝日本提出的"二十一条"。他们认识到，中国政治积弱的根本原因在于缺乏民主与科学——也就是"德先生"和"赛先生"。而造成中国缺乏民主

---

① 薛愚口述，王广生整理：《我走过的路》，九三学社中央研究室编：《中国科学家回忆录（第二辑）》，北京：学苑出版社，1990年，第19页。

二、意气风发

与科学的思想原因和制度原因，就是两千多年顽固统治着人们思想和维护着封建统治的孔孟之道。是时，"孔学"一定程度上已经成为造成封建制度死而不僵的保护伞，使人们"伸着脖子看革命者被杀却麻木不仁"。故而这些革命者把批判的矛头指向了"孔家店"。薛愚在1937年所写的一篇题为《秀才造反》的文章中，再申"秀才造反，三年不成"："总之，秀才辈包含着知识分子、士大夫阶级、自由主义者……秀才造反三年不成是秀才的劣根性太多，秀才辈最大的努力也不过是摇旗呐喊而已，甚至会阻止革命甚至反革命。"[1]（1937年11月10日于北大）而秀才的"劣根性"从何而来？多半是从孔孟之道、程朱理学而来，故薛愚认为"打孔家店"是时代的命题。

薛愚在"大地社"积极活动，与学生们探讨救亡之道，甚至想要将"大地社"发展成为共产党的外围组织。但薛愚的好友、共产党员马适安提出了反对意见。他认为，"大地社"是否有能力参加地下党的活动，还有待考验；并且"大地社"成员多是学生，参加共产党的活动也过于危险。故出于对中共组织和进步学生双方安全的考虑，建议"大地社"仍然只是作为进步组织活

---

[1] 薛愚：《秀才造反》，《中建》，1938年第9期，第9页。

动,而不作为党的外围组织开展工作[1]。

> 薛愚自述:1929年,适安同志到北京,住在襄阳会馆,我和他常常来往。他的共产党身份,从来没对我隐瞒过。那时,清华大学有少数进步师生组织了一个"大地社"。我个人曾和马适安同志商量,是否可作为党的外围组织。他说:"作为你,我是了解的,其他人我不了解。作为个进步组织可以,作为党的外围组织怎么行呢?"未成。[2]

虽然未能促使"大地社"发展成为共产党的外围组织,但积极参加"大地社"的活动,并积极向共产党靠拢,也表明薛愚此时已经对国民党、国民政府渐渐地失去了信任——国家危亡之际,国民党内部的派系斗争给抗击外侮带来的阻碍,使薛愚不得不在政治立场上做出取舍。

1927年7月15日,以汪精卫为首的武汉国民政

---

[1] 陈超远,王玉:《访薛愚教授》,《襄阳文史资料第五辑:襄阳民国人物》,湖北襄樊日报印刷厂,1990年,第137页。
[2] 薛愚口述,王广生整理:《我走过的路》,九三学社中央研究室编:《中国科学家回忆录(第二辑)》,北京:学苑出版社,1990年,第19页。

二、意气风发

府^①宣布正式与共产党决裂,制造"七一五"政变,彻底背叛了孙中山制定的国共合作政策和反帝反封建的革命纲领,第一次国共合作宣告破裂。薛愚最初就是因为赞同孙中山的革命纲领而加入国民党,而不论是蒋介石的"四一二"政变还是汪精卫的"七一五"政变,都已经违背了孙中山先生的理念,故薛愚大失所望,于1929年退出国民党。

薛愚虽然积极参加进步活动,仍清醒地看到,"科学救国"过程中,追求科学的重要性并不亚于追求民主。当时清华大学学潮涌动,化学系教授几乎全体停教离校,沈振南教授曾约薛愚一同出走广西参加活动,但薛愚因不忍见化学系停摆而拒绝同行。②薛愚认为,若要救国,"民主"与"科学"同样重要,并不可偏废——只追求学术上的造诣而不顾大局显然是无用的,但只有政治上的正确却不能培养科学人才同样是救不了中国的。

---

① 武汉国民政府:1926年10月,北伐军占领武昌,国民革命重心由珠江流域转移到长江流域,同年12月,一批国民党中央执行委员和国民政府委员到汉。为了不致使中央党部和国民政府权力中断,到汉的委员成立"国民党中央执行委员、国民政府委员临时联席会议",行使中央最高职权。联席会议的成立,标志国民政府由广州迁都武汉。以武昌、汉口、汉阳三域为一大区域作为"京兆区",定名武汉。又组织管理京兆区委员会,以财政、外交、交通等部长,汉口、武昌二市市长以及防军司令等九人为委员,管理京兆区。
② 薛愚口述,王广生整理:《我走过的路》,九三学社中央研究室编:《中国科学家回忆录(第二辑)》,北京:学苑出版社,1990年,第19页。

薛愚自述：教学任务和社会活动虽然占去了我绝大部分时间，但我还挤出时间做科研工作，并撰写文章，如《煤球的成分和粘合剂对煤球火力的影响》（未发表），《桑叶及蚕茧之分析》(《科学》1931年)，《北方人头发中的氨基酸》(《科学》1932年)。同时还编写了一本《化学元素史》，托张子高教授代设法出版，遗憾原稿已佚。①

（五）法兰西岁月

1930年，薛愚故交、中共党员马适安欲发展薛愚加入中国共产党，薛愚亦有意加入，但当时薛愚正准备赴法留学，在入党一事上产生了犹豫，80年代薛愚申请入党时，在入党申请书中写道："1930年我中小学同学马适安（马游，地下党员）告诉我说：'××同学牺牲了，××老师也牺牲了，共产党是穷人的党，是救中国的党，你这个穷光蛋出生的，前进一点吧！参加共产党吧！'虽然我自己不甘落后，但终究还是名利思想浓厚的人，当时我有一个机会出国进修，就说：'留洋进修的机会是

---

① 薛愚口述，王广生整理：《我走过的路》，九三学社中央研究室编：《中国科学家回忆录（第二辑）》，北京：学苑出版社，1990年，第19页。

难得的,入党的机会还是比较多的.'因而未果。"①

薛愚自述:我惆怅、徘徊,我回顾了自己成长的过程,一个放牛娃登上了大学讲台,我要摆脱自己过去受人鄙视的地位,再看看我们国家的现状,贫穷落后,政权腐化,民不聊生,千疮百孔,我自己的前途是什么?国家的出路在哪里?"救国不忘读书,读书为了救国",科学救国的思想驱使我决心选择出国学习之路。②

薛愚此次赴法留学,是清华大学为所有讲师提供的进修学习机会。按规定,凡执教满5年且工作卓有成效者,学校都发给一年薪俸、提供补助,帮助教师进修、研究。③但学校提供的资费还是相当紧张的,故薛愚如想要留学,几年之内都将没有收入来源,并且还需自行筹措一部分学费,这对于家境贫寒的薛愚来说需要极大的决心和勇气。

---

① 薛愚:《入党申请书》,1984年10月5日,薛愚档案,北大医学部档案室藏。
② 薛愚口述,王广生整理:《我走过的路》,九三学社中央研究室编:《中国科学家回忆录(第二辑)》,北京:学苑出版社,1990年,第19页。
③ 《申报》1925年6月25日的报道《清华今夏无官费出洋》中提到:"卡德路九十五号寰球中国学生会消息云,北京清华大学本年不派遣官费留学生,惟暑期期间自费出洋,已请得留学证书及护照者,计法国六人、德国二人、美国三人。"其中就有薛愚。

关于薛愚为何下定决心赴法留学，陈新谦忆薛愚时说，薛愚"目睹旧中国贫穷落后，千疮百孔。国家的出路在哪里？他惆怅，徘徊。科学救国的思想驱使他远离祖国，到法国留学"①。

薛愚自己却说："清华大学等级森严，薪水收入差别很大，而且政治待遇亦很悬殊。同时留洋回国的博士、教授，还因不同的国籍而异，赴德、英、美、法、日的留学生回国后待遇都不同，就是国内大学毕业的学生，由于所毕业的学校不同，待遇也有差别。于是我也患了'留洋梦'，想到外国去进修，喝点洋墨水，取得个博士学位，身价也就提高了。"②

这一番"大实话"出自薛愚自述，与好友陈新谦的纪念文章大相径庭。陈新谦的说法"格调"要比薛愚自己的说法高多了。但陈的说法也并不是单纯地"美化"薛愚，它实际上也是薛愚真实考虑过的问题。

> 薛愚自述：1930年，我已经在清华任教满五年，我很想出国留学。当时化学系教授萨本铁动员我到协和医学院生化科去进修，一年后再返校，和

---

① 宋之琪：《薛愚传》，《中国现代医学家传（第二卷）》，黄家驷主编，长沙：湖南科学技术出版社，1985年，第48页。
② 薛愚口述，王广生整理：《我走过的路》，九三学社中央研究室编：《中国科学家回忆录（第二辑）》，北京：学苑出版社，1990年，第19页。

二、意气风发

他一起搞生物化学。他说:"如果出国学习,一两年回不来,要知道清华大学教师一职是个'肥缺',让别人抢去,再想回清华可不那么容易了。"①

如果仅从个人利益出发,出国留学实际上并不那么"划算",还是有一定"风险"的。当时化学系教授萨本铁②曾善意地提醒薛愚:教师一职竞争也是十分激烈的,离开清华,再想回来就不那么容易了,不如就近选个国内的大学进修,不用"丢掉饭碗"。薛愚则认为,自己不能再回到清华教书倒是小事,救国的初衷却不能改。须承认,当时西方国家的科学发展确实领先我国。学,就要学最先进、最实用的,否则永远也不可能赶上世界的脚步。打定这样的主意,薛愚便毅然赴法——并不像薛愚自己调侃的那样,是出于对未来在清华的待遇的计较。但薛愚为人直率幽默,时常自嘲,故在自传中只说了自己赴法原因中"市侩"的那一层意思;③而陈新谦出于对薛愚的欣赏和钦佩,故在忆及薛愚往事时,只说其

---

① 薛愚口述,王广生整理:《我走过的路》,九三学社中央研究室编:《中国科学家回忆录(第二辑)》,北京:学苑出版社,1990年,第19页。
② 萨本铁:1900年—1987年,中国有机化学家、生理学家、药物学家,发表论文数远居同时代中国科学家之首,有数篇在21世纪仍被引用。
③ 薛愚在《我走过的路》中还说,自己之所以选择法国而非美国,亦是出于费用考虑,法国低于美国许多,且去法国还可学习法语,对科学研究也有利。第20页。

中"崇高"的那一层意思，两种表述相映成趣。

> 薛愚自述：清华大学的讲助人员一般是去美国留学，而我却选择了法国；因我缺乏生财之道，在美国生活水准高，一年的薪水最多一年就花完了，而法国的生活费用较低，一年的工资可以维持一年半或两年，加上平时的一点积蓄和借贷一些，就可以维持三年。其次，有个正在法国学习化学的朋友梁其奎，以及从法国学习化学后回国的在中法大学化学研究所工作的周发歧、刘为涛等说法国是化学科学的诞生地，现在也是先进的，特别是生物化学在世界上是首屈一指的，鼓励我到法国去。我还想，到法国去还能学会法语，多学一种文字等于多长了两只眼睛，对科学研究有利。后来，见到中法大学校长李圣章先生，他向我介绍了法国化学研究情况，也鼓励我去法国，并表示如有困难愿意协助，同时给了一封他写给法国巴斯德研究院的白尔壮（G. Bertrand）教授的介绍信，从而坚定了我去法国学习的决心。[1]

---

[1] 薛愚口述，王广生整理：《我走过的路》，九三学社中央研究室编：《中国科学家回忆录（第二辑）》，北京：学苑出版社，1990年，第20页。

二、意气风发

如果说进入齐鲁大学的机会为薛愚打开了化学殿堂的大门,这一次赴法经历则是结下了他与药学的不解之缘。

事出偶然,初到巴黎,薛愚原计划跟随的巴斯德研究院的白尔壮教授所在的研究院进修名额已满,无法再接收薛愚。故白尔壮教授介绍薛愚进入法国自然科学史博物馆的研究院,随布礼德(M. Bridel)教授学习。布礼德教授是巴黎药学院教授、区立医院药房主任,曾获骑士荣誉,是一位受人尊敬的药学教授,也是由于跟随着这位教授学习的缘故,使得薛愚的研究方向开始由化学向药学转变。①

> 薛愚自述:1930年夏天的一个早晨,我起程去巴黎。到了巴黎之后,赴巴斯德研究院,见到白尔壮教授,他见到介绍信后表示十分欢迎,让我过两天再去。可是过了几天再见到他时,他很抱歉地说:"研究院内已经安排满了进修人员,实在没有名额。"于是介绍我到法国自然科学史博物馆的植物化学药物化学研究所去进修,并说:"那里的主任教授是布礼德(M. Bridel),他是该所的负责人、

---

① 宋之琪:《薛愚传》,《中国现代医学家传(第二卷)》,黄家驷主编,长沙:湖南科学技术出版社,1985年,第49页。

药学院教授、医院药房主任,曾获骑士荣誉,是造诣颇深的化学家、药师。"我当时想,科学救国、实业救国,发展我国化学工业对改变祖国贫穷落后面貌固然起重要作用,然而中国落后的原因是贫病交加,外国人不是诬蔑我国人民是东亚病夫吗?要改变祖国的面貌和人民的健康水平,药学科学更需要,更为迫切。况且中药有着几千年的历史,对中国人民的健康曾起了很大作用,不幸由于帝国主义的侵略,封建主义的统治,中国药学现在落后了,需要整理和复兴,所以我欣然同意师从布礼德教授深造,研究药学。①

进入布礼德教授的实验室之前,薛愚也接受了一系列以实验设计和操作为主的"入门测验"——不过得益于薛愚一贯从实际出发的治学态度,这些都难不倒他,很快薛愚便顺利通过考试,并接受了导师交给他的"醉鱼草的化学研究"的研究课题。

不料研究进行到一半,布礼德教授罹患癌症去世,薛愚即使依靠自己的能力完成研究课题,也有可能面临没有导师而无法顺利毕业的窘境。所幸白尔壮教授及薛

---

① 薛愚口述,王广生整理:《我走过的路》,九三学社中央研究室编:《中国科学家回忆录(第二辑)》,北京:学苑出版社,1990年,第20–22页。

二、意气风发

愚所在研究室副主任及时提供了帮助,加上薛愚的不懈努力,研究并没有因导师的去世而中断,薛愚得以顺利完成课题而毕业。

薛愚自述:第二天我到了布礼德教授的实验室去谒谈,他表示愿意接纳,并让助理教授拉巴克(Rabak)负责安排,按他们的规矩是完成预实验后才能进行正式的科研题目。他请助理教授交给我一份该实验室"入门测验"的实验单,共有15个题目,只有题目和参考文献,实验方法完全靠自己查阅文献后确定。之后,我每日埋头于图书馆、实验室中,废寝忘食,好在实验室是24小时都开放,节假日也不休息。经过一个月的努力完成了实验。当布礼德教授拿到实验报告后连声说:"好,好……"接着又给了我一瓶未知的溶液,让我检查其中是否有生物碱、甙类或其他的成分,这又是一次考试。我认真仔细地研究、试验,结果什么都没有,空空如也,我如实向他报告了实验的结果,他笑着说:"你的实验结果是正确的。这两关考试通过了,于是就给了我一个正式的研究课题'醉鱼草的化学研究'"。

当时在布礼德教授研究室进行深造的有7—8

个人，来自法国、西班牙、立陶宛、中国等。我刚到研究室不久，就遇上了新闻记者来采访一个刚结束论文答辩的研究生，他发现了一种比蔗糖甜度强数百倍的新物质。还有一位研究生毕业后回到巴黎药学院，数年之后升为教授。1953年我访问捷克时，在捷克药学杂志上发表了谈话和照片，他见到后还曾给我来信，讨论科学研究，特别是黄碱甙类问题。

我的研究工作进行到一半时，布礼德教授患癌症去世了，于是我的研究由白尔壮教授间接指导，研究室的副主任予以协助。经过两年半的努力，这期间我整天忙于图书馆、实验室中，没有节假日，过着俭朴而单调的生活，美丽的巴黎风光、新奇的影剧对我都没有吸引力。1932年12月，我完成了论文，由巴黎大学组成考试委员会，进行答辩考试。考试委员会的成员有主任白尔壮教授（法国科学院院士、法国医学科学院院士、法国农业科学院院士、巴黎大学理学院化学系有机化学委员），拉马鲁卡夫人（Mone Ramart-Lucas，巴黎大学理学院化学系有机化学教授），康柏（R. Combes，巴黎大学植物生理学教授）。考试的题目，第一个考试主题为"醉鱼草的化学研究"，第二个考题为"植

二、意气风发

物甙类成分之形成与变化"。我通过了答辩，博士论文于1933年发表于法国《生物化学杂志》上。[①]

在法国，薛愚除了刻苦攻读之外，也参加了包括法国生物化学学会在内的许多社会组织和活动，获益良多，为归国后参加、组织一系列的社会组织和运动奠定了基础。

> 薛愚自述：现在回忆起来，有些事还是记忆犹新，饶有趣味的。1932年的一天，经布礼德教授介绍，我荣幸地参加了法兰西学院（College de France）400周年纪念大会。学院门前有卫士站岗，他们穿着一色的制服，手执红缨长枪，腰间佩挂着腰刀，头上戴着用羽翎装饰的高帽。参加会议的有年长的，也有年纪稍轻的，大都是权威人士，社会贤达名流，功臣勋爵，科学界各领域的专家，发明创造家，教授学者，男男女女，身着各式各样奇特的服装，头上戴着五颜六色鲜艳夺目的帽子……情景十分壮观，我置身其中，感到仿佛步入了另一个科学的世界之中。过了两天，我参观了法兰西学

[①] 薛愚口述，王广生整理：《我走过的路》，九三学社中央研究室编：《中国科学家回忆录（第二辑）》，北京：学苑出版社，1990年，第20—22页。

院。带领参观的是一位著名的科学家,也是一位药师,他和我进行了愉快的交谈。

我曾经到法国农村去住过一段时间,法国乡下人也是闭塞得很,不少人根本不知道世界上有个地大物博、人口众多的中国。那里的交通不很发达,隔一段时间,城里的商人用汽车运去一些日常用的百货、食品,在那里做买卖,很像我国农村的集市。农村里有教堂,除供教徒星期日做礼拜之外,也是举行婚丧礼仪的场所。那里有些小手工业,除了面包厂外,很少见到其他工厂。我的房东的女儿是当地的小学教师,大学毕业生。学校的教师一般都是大学毕业生,说明当时法国的教育还较普及发达。农村人民基本上是富裕的,虽有贫富不均现象,但没有乞丐。

1932年12月,圣诞节刚过,我有机会去了英国伦敦参观学习。先参观了伦敦大学理学院,在化学研究室里遇到了中国学生林兆倧博士,较深入地了解了他们关于化学研究的情况。后参观了令人向往的世界著名的魏氏研究所(Wellcome Research Institute),当时是由《植物生物碱》(Tte Plant Alkaloids)的著者亨利(Henry)教授亲自带领我参观,讲解介绍。他们的研究室设备齐全,可以说应有尽有,展览室也是十分壮观的。在合成药物展览室中,除了本所研究的产品外,还收集了世界各国新生产的药品。①

1933年,薛愚获巴黎大学药学院理学博士学位。获得理学学位而非药学学位,实际上并不完全符合薛愚的研究方向,但反而为薛愚回国后找工作提供了便利。实际上,在今天的中国,药学专业学生毕业仍获得理学学士学位,药学专业并不授予药学学士学位,这也是药学学科在中国尚未获得应有重视的一个旁证。

在博士论文报告会上,薛愚宣读了自己的博士论文《醉鱼草的成分研究》,并报告了《植物体中甙类成分的形成与变化》。② 醉鱼草(Buddleja Lindleyana Fortune)见于《普济方》等中药方剂著作,其花和叶含醉鱼草甙(Buddleo-glucoside)、柳穿鱼甙(Linarin)、刺槐素(Acacetin)等多种黄酮类成分。花、叶及根供药用,有祛风除湿、止咳化痰、散瘀之功效,全株可用作农药,专杀小麦吸浆虫、螟虫及灭孑孓等。甙类即苷类,是由糖或糖衍生物的端基碳原子与另一类非糖物

---

① 薛愚口述,王广生整理:《我走过的路》,九三学社中央研究室编:《中国科学家回忆录(第二辑)》,北京:学苑出版社,1990年,第22—23页。
② 薛愚在《我走过的路》中说,这一时期还编写了一部《化学元素史》,托张子高教授代设法出版,遗憾原稿已佚。

质（称为苷元、配基或甙元）连接形成的化合物，是中草药重要有效成分之一，它能降低液体表面张力而产生泡沫，内服后能刺激消化道粘膜，反射地促进呼吸道和消化道粘液腺的分泌而达到祛痰止咳的作用，它也是醉鱼草止咳化痰的主要成分。以甙类为主要有效成分的代表药物有：桔梗、远志、紫菀等祛痰药；桑寄生、接骨木等祛风湿药；人参皂苷等具强壮、大补元气作用，并对某些病理状态的机体起双向调节作用或称适应原样作用①的药物。不少皂苷还有降胆固醇、抗炎、抑菌、免疫调节、兴奋或抑制中枢神经、抑制胃液分泌等作用。薛愚由对醉鱼草的成分研究的成果，扩展至对甙类的研究，这也为薛愚后来进行抗生素类药物仿制、自制的相关研究，促进发展中国自己的制药工业奠定了基础。

薛愚的这篇《植物体中苷类成分的形成与变化》，是我国学者以化学方法对中药成分进行研究的较早的成果，也是薛愚进行中药化学研究的开端，为回国后在中药领域进行系统性研究打开局面。

中药化学，是结合中医药基本理论和临床用药经验，同时运用化学的理论和方法，通过把化学成分从药材中提取出来，经过初步分离纯化及进一步分离得到达

---

① 适应原样作用：能加强机体的适应性，增强机体对物理、化学和生物等各种有害刺激与损伤的非特异性抵抗力，使紊乱的功能恢复正常。

二、意气风发

到一定纯度的单体成分然后进行结构鉴定的研究方法。故通过这种对中药进行有效成分的研究,不仅可以明确中药产生功效的本体究竟是什么这一核心问题,也为探索中药防治疾病的原理提供了物质基础,促进了中药药理学的发展。

而在薛愚所处的时代,整个中国的医药卫生领域都未获得当局应有的重视。即使是在医药系统内部,也存在严重的"重医轻药"现象,中药一度面临被废止的境地。薛愚等一些有远见的药学家,将化学研究方法引入中药研究,为中药的药效研究和用法用量研究提供了可靠的科学依据,对中药的继续生存确实提供了一定的帮助。而今天我们所进行的一切中药方面的研究,不论是中草药成分的鉴定与测定,还是中成药国家标准的制定,以及毒理、药理研究,都是建立在中药化学这种基础性研究方法之上。也是仰赖薛愚这样的学者不懈努力,中药行业才得以"苟延残喘",挺立到了新中国成立,并最终迎来了发展的时机。

三、夹缝求存

巴黎大学药学院毕业后,薛愚在法国收到了许多工作邀请。但历次的选择证明,薛愚在"为自己作打算"这件事上,并不是一个"聪明人",他做出了一个当时看来难以理解的决定:回国。

薛愚自述:1933年获得了理科博士学位后,准备回国从事教育事业,因为我认为科学救国也好,实业救国也好,教育是最根本的,没有教育就不可能有科学,也不可能有实业。我是个教育救国论者。回国前夕我对法国的药学事业、药学教育做了粗浅的调查了解。当时法国约有20所药学院校。考取了药学院校的学生,先在有关的药学机构中实习一年,然后入学受正式教育。学习普通基础课如数理化等和专业课程,也学有关医学知识,共四年。毕业后再经过一定时间实习,考试及格后为药师,便可以正式执行业务。也有毕业后专门从事研究工作,获得博士学位后,升为教授。当然药师也从事研究工作,做博士论文。医院药房主任绝大多数是博士或教授,并得兼任其他有关研究所(室)主任、教授。所指导的研究生也不一定是药科学校毕业的,如我的导师布礼德所指导的学生十有七八是药学院毕业的,也有两三个是非药科毕业的。①

留在国外,不仅生活更加优渥,研究环境也更加理想,对于科学家本身来说,也更容易做出科研成绩。反观那时的中国,药学事业之落后还是十分触目惊心的,政局的动荡更是常常令科学工作者的处境雪上加霜,很有可能学术生涯就此中断。但这些都没能阻止薛愚的报国之路,他"颠沛流离"的执教生涯也由此开启了。

(一)执教河南大学

> 薛愚自述:虽然对国外(主要是法国)有关药学情况略知点滴,但在我离开中国之前,对中国药学特别是药学教育方面仅知道军医学校有个药科,

---

① 薛愚口述,王广生整理:《我走过的路》,九三学社中央研究室编:《中国科学家回忆录(第二辑)》,北京:学苑出版社,1990年,第23页。

浙江有个医药专科学校和中法大学在上海有个药科。因而回国之后首先须要进行了解。

上海方面。首先参观上海医学院，由朱恒璧教授介绍了上海医学院药理学研究和他从事的中药药理研究情况。其次见到上海中法大学药科负责人宋梧生先生，他说：中法大学药科，原来名称是中法大学药学院，蔡元培先生是董事长，褚民谊先生是院长，他也是教育部大学教育委员会成员之一。起初，大学教育委员会同意称"中法大学药学院"，不料药学院章程拟定之后，送呈教育部时被大学教育委员会予以否决，认为只能称"药科"，不能称"学院"（开会时褚民谊先生未参加），褚民谊先生知道后，大为愤怒，多方争辩，但未能挽回，始终称"药科"。听说当时上海有位名中医陆仲安，专给重要人物治病，曾给段祺瑞治过病，我特去专门访问，讨论中药研究问题。陆仲安说，段祺瑞因不采纳他的意见而中西杂投，既服中药又服西药，结果致死。谈到中药研究时，他说："中药研究很简单，将方子上的药用药罐熬一熬，把水倒出来，花几分钟化验一下就成，用不上什么设备。"这是当时对中药研究的一种很有代表性的认识。我还到上海中央研究院见到纪育沣先生，他从事有机化学方面工作，杨树勋先生正在进行抗梅毒药物六〇六、九一四等研究。上海自然科学研究所是日本人设立的，中尾万三是负责人，曾广方先生带领我参观了那里，设备较好，中尾万三研究中药及其历史，曾先生专从事黄碱甙类的研究。上海还有一个英国人设立的研究机构雷氏研究所（Lester Institute），研究方向是偏于医学。还见到了侯祥川先生，他从事食疗本草方面研究。制药工业方面，参观了五洲大药房，由张辅忠先生介绍，并参观了主要部分，该药房主要生产品是肥皂，副产品甘油产量很大，每年售给国家几十吨。

南京方面。主要参观了南京卫生署，是由中央卫生设施的鉴验处改建而成，下设十个系，化学药物系是其中之一。化学药物系又设有药物研究室、化学实验室、药品试制室等。化学实验室主任是孟目的，该室的主要任务是药品及成药的化学分析，药物研究室是刘绍光主持，主要任务是药物特别是中药药理研究，药品试制室主持人是冯志东，试制化学药品。另外还见到梁其奎，他专搞有机化学。由于各系、室设立不久，规模较小，成绩还不显著，当时尚缺少具体规划。

北平方面。参观了北平研究院药物研究所，北平研究院是由李石曾负责。北平药物研究所当时与中法大学合在一起，负责人是赵承嘏（石民）。工作人员不多，研究人员有梅斌夫、张咏泉和朱任宏，其他助理人员有傅蕴栅等四人。当时主要工作，研究部主要从事中药有效成分的化学分离，制造部主要生产麻黄素、大枫子油等，产品一般不外售，专供国内有关医院试用。北平协和医学院药房曾设立药科，收高中毕业生，学制两年，毕业后专任药房工作。

经过一番对药学事业的参观学习以后，我仍很模糊，到底怎样去开展药学教育？疑难重重，莫名所以。"游泳是在水中学会的"，虽然我想找个"下水"学习办药学教育的机会，但在黑暗的旧社会中，没有后台，没有关系，不要说攀龙附凤，就是寻个"饭碗"的机会也难找到。①

满腔报国热情，也为生活计，薛愚决定修书求助时任河南大学校长的好友张仲鲁，希望进入河南大学理学院执教——虽然与校长张仲鲁有一些交往，但薛愚进入河南大学还是几经周折。

---

① 薛愚口述，王广生整理：《我走过的路》，九三学社中央研究室编：《中国科学家回忆录（第二辑）》，北京：学苑出版社，1990年，第23-25页。

三、夹缝求存

河南大学旧照,1933年张仲鲁第二次出任河南大学校长

薛愚自述:为了免于成一个失业的知识分子,1933年暑假前,我知道从前的一个朋友张仲鲁是河南大学的校长,就毛遂自荐,给他写了一封求职信。暑假临近,一直不见回信,就请另一位朋友葛春霖(后来在轻工业部任轻工业研究院副院长)为我去催问,张先生说:"不记得薛愚在法国获得什么学位?"葛春霖说:"薛某送了你一篇博士论文收到了吗?他获得理科博士。"不久我就接到了聘书,使我恍然大悟"博士"还真不是一张废纸哩!①

---

① 薛愚口述,王广生整理:《我走过的路》,九三学社中央研究室编:《中国科学家回忆录(第二辑)》,北京:学苑出版社,1990年,第23-25页。

葛春霖是薛愚赴清华任教后第一届学生，与薛愚熟识。而故交张仲鲁也并非"不记得"薛愚取得的是什么学位，而是委婉地指出，薛愚取得的大概是药学学位，并没有什么价值，"废纸"一张，算不得数。后来听说薛愚取得的是理学博士学位，才认可了薛愚的学术水平，遂接受了薛愚的自荐。虽只是一段插曲，然亦可见，当时中国，不仅是社会上，即使是学界，对药学也存在着相当的歧视。薛愚在博士阶段的研究成果是中草药方面的分析研究，在仅看研究课题的情况下，张仲鲁竟未予以重视。而在后来葛春霖提到，薛愚获得的是"理学博士"时，张这时才放心聘用薛愚。不过，"好事多磨"的"好事"，指的也并不仅仅是受聘河南大学一事，还有一件事，那就是通过在河南大学与葛春霖的这一段交往，使薛愚结识了后来陪伴他走过数十年风雨沉浮的妻子——张英侠。

葛春霖的夫人段超人[①]，是张英侠的中学老师，张英侠曾出走投奔河南段超人处，即葛春霖替薛愚奔走之际。张英侠家境很好，受过良好教育，颇有主见，对许

---

① 段超人：1923年毕业于江苏省省立苏州女子师范学校，1927年加入中国共产党，对农村妇女开放裹脚、读书识字、打倒军阀、打倒列强进行启蒙教育。曾协助葛春霖撰写《科学的哲学》一书，这本书被邹韬奋评价为"这是中国人所写的第一本马列主义的哲学思想与中国科学技术相结合的优秀哲学著作"，75岁时应邀参加了《大英百科全书》的审稿工作。

三、夹缝求存

多时事都有自己的观点和立场。1933年,还在上海私立乐华女中读高一的张英侠,因不满校长蛮横、亲日等行为,不愿在原校继续读书,遂赴开封投奔曾经的老师段超人。但当时河南的绝大多数中学已经完成招考工作,不能接收张英侠,只有一家天主教中学还在招生,张英侠便进入了天主教学校学习。

虽就读天主教学校,但张英侠同薛愚一样,不肯轻易改换信仰投身教会,故毕业后,学校也不管她的工作去留事宜,张英侠一时找不到工作,生活也一度陷入困顿。张英侠在与老师段超人来往中,便结识了当时同在河南的薛愚,并最终与他在抗战时期组成了美满家庭。[①]

> 薛愚自述:河南大学原名河南留美预备学校,校址在开封,设有五六个学院,但没有药学院。我被调到理学院化学系任教,讲授分析化学。在教学期间,我编写了一本有机分析化学教材,其中包括药物分析,并开始《实用有机药物化学》的编写工作。河南大学虽不大,但派系却不少,十分复杂。我在该校任教两年就换了四个校长。1934年暑

---

① 徐光荣:《一代宗师化学家——张大煜传》,北京:科学出版社,2007年,第95页。

假前，我接到南京陆军医学校一封信，聘我去任药科"教官"。我真是喜出望外，立即到了南京，但一进校门就见到一些标语、传单、小册子，都是打倒"卯金刀"，正闹风潮。"卯金刀"原来就是"劉"（刘）字，指的是刘瑞恒。陆军医学校原在北京，刘瑞恒任卫生署长时，把它迁到南京。当时医学界分为"德日派"与"英美派"。最初陆军医学校是袁世凯办的，是德日系统，而刘瑞恒是"英美派"。打倒"卯金刀"是两大派系之争。见到这种情况，我马上就回开封去了。不料1935年暑假，教育部派刘季洪出任河南大学校长，刘说："薛愚是不安定分子，思想有问题，是嫌疑分子。"于是把我解聘了。①

至此，薛愚在河南大学执教仅仅两年。
然而，这只是他颠沛流离的执教生涯的一个开始。

（二）营救马适安

一个偶然的机会，薛愚获悉，少年时代的好友马适安（曾在薛愚赴法求学前介绍薛愚加入共产党）被捕。

---

① 薛愚口述，王广生整理：《我走过的路》，九三学社中央研究室编：《中国科学家回忆录（第二辑）》，北京：学苑出版社，1990年，第25页。

三、夹缝求存

事缘 1933 年 1 月，马适安遵省委要求，在天安门召开集会，但效果并不理想，同时还获悉在大革命时曾和自己在襄阳共过事的廖化平已被捕叛变的噩耗。马适安当即向上级反映此事，但未获重视，结果当年 5 月 18 日，马适安在西城阴凉胡同 7 号院被捕，被叛徒张文勋指证，接着于荣洲也叛变，指证马适安。

刑讯之后，北平公安局将马适安转至蒋孝先的宪兵三团，后解往南京。到南京后，马适安先被押往南京卫戍司令部，被判刑十二年，投入南京中央陆军监狱。①

> 薛愚自述：我在樊城鸿文中学念书时，便和马适安同志认识了。适安同志是樊城西竹条人，比我小七八岁。他的祖父在樊城后沟开了个商店，卖油盐。他的叔父马名伟也在鸿文学校念过书，我们比较熟悉。后两年适安也在鸿文学校念书，他念书是很聪明的。②

薛愚与马适安是同乡，相识于五四运动以前，二人

---

① 孙久全：《矫矫惟有松与柏——记马适安烈士》，《北京党史》，1990 年第 5 期（总第 64 期），第 32、33 页。
② 薛愚口述，王广生整理：《我走过的路》，九三学社中央研究室编：《中国科学家回忆录（第二辑）》，北京：学苑出版社，1990 年，第 27 页。当时鸿文学校已改为鸿文中学，但薛愚自述中习惯称为鸿文学校，下同。

虽在主日活动上相识，但都信仰民主科学而不信上帝，交流之后大感志同道合，于是保持了多年的情谊。20世纪90年代初，薛愚在接受采访，谈到五四运动时，未谈及自己先谈马适安，滔滔不绝。"1915年袁世凯复辟称帝，襄樊一街两巷挂起了五色旗。鸿文董曦辔老师领导我们反对袁世凯称帝，反对袁世凯与日本帝国主义签订丧权辱国的'二十一条'。我们到处撒传单，进行反帝反袁宣传。"①薛、马二人皆以袁世凯为卖国贼，对其行径深恶痛绝，遂在董曦辔老师的带领下，走上街头，组织参加各种形式的活动，呼吁有识之士起来反抗。

  薛愚自述：鸿文学校是美国基督教办的，每个礼拜天做礼拜，要上主日课，我和适安在一个小组，虽然年龄有点差别，但我们性格合得来，是很要好的朋友。五四运动爆发后，襄阳学界受到很大影响，掀起了反帝爱国运动，我们在董子佩②老师的领导下，编戏演讲，举行游行示威。在鸿文期间，我作为鸿文中学的学生会代表，参加了襄阳省立二师、县高小、鹿门中学及其他教会学校联合会。我们一起去见驻军司令赵荣华，他也支持这个行动。

---

① 陈超远，王玉：《访薛愚教授》，《襄阳文史资料第五辑：襄阳民国人物》，湖北襄樊日报印刷厂，1990年，第138页。
② 即董曦辔。

三、夹缝求存

1919年秋,我中学毕业,先在樊城淑华女校教了半年书,后在太平店教了半年小学。1920年5月7日,为了纪念"国耻日",我回到樊城,并参加了在樊城鸿文中学大操场召开的大会。演讲者甚多,我也作了演讲。纪念会还演了戏。当时,董子佩老师写了一个剧本叫《红孩儿》,适安饰剧中的主角红孩儿,演得有声有色,激动人心。那时候,我就看出了适安很进步。因为没有深厚的感情是演不出那样感人的剧情的。

1920年,我被鸿文学校派到山东济南齐鲁大学读书。1921年暑假我回襄樊,见到他一次。1922年,他被派到武昌高等师范读书,毕业后回到襄樊。1925年我母亲去世时,我又回到襄樊,到他家里去,见到了适安。

1930年,他曾劝我参加中国共产党。我当时正筹备到法国留学,这件事就放下了。我出国后,听说他就被捕了。[①]

由此亦可见,薛愚并不是一个天性孤僻冷漠的人,只是对待那些没有理想、麻木不仁者比较冷漠、不屑与

[①] 薛愚口述,王广生整理:《我走过的路》,九三学社中央研究室编:《中国科学家回忆录(第二辑)》,北京:学苑出版社,1990年,第27页。

之接触，而对待志同道合的朋友，他是十分热情，甚至不惜插肋相助的。

薛愚一听说马适安的境况，心急如焚，当即亲身赶赴南京进行探视，了解情况以备营救。

马适安是第二次被捕，第一次是在1930年，后设法逃出，第二次是在1933年，就是薛愚得知的这一次，这一次马适安在狱中境况也更加糟糕因为不肯招供和提供"转变"声明，他受到监狱方面的种种刁难，不仅受到严刑拷打，生活用度也极度匮乏。当时监狱规定"无关人员"不许探视，薛愚便谎称是马的"表哥"才得以探监。薛愚问马适安需要些什么，马适安说"要几根缝衣针"——缝衣针是"违禁品"，带不进监狱，与马适安商量之后，薛愚把针插在鸡蛋里才得以送了进去。

薛愚自述：1930年，阎锡山、冯玉祥反对蒋介石。蒋介石拉拢张学良，对付冯、阎。张学良进关，北京监狱炸狱，狱中人一起跑了，适安这次也跑了出来。

1933年，我从法国回到北京，听说适安同志在北京一个教会中学教书，我就到那里去看望，在校门口问到一个看门的老头。他听我问到马适安，神色有点紧张，悄声说："快走！快走！马适安被捕了，押到

三、夹缝求存

南京陆军监狱去了。"随后,我就回到襄樊,找到马适安同志的父亲,证实他被捕了。他父亲说,他知道适安关在陆军监狱,要我去看看他。并说适安在武昌师范时有个同学叫吴泳夫,在南京工作,并把吴泳夫的住址告诉了我,要去看,可以找吴。

同年,我到南京见到了吴泳夫。他说,你要与适安有关系才能见到,光说是同学关系不行。我到监狱,讲我是他表哥。我在监狱外等有半个钟头,看他带有脚镣手铐,哗啦哗啦地走到栅栏内,与我见面。我见到他那副情景,心中十分不安,一方面对敌人愤恨,一方面见到朋友受酷刑,不觉掉下泪来。适安却昂然自如,若无其事,真是一个无产阶级革命者。我告诉他,我在哪个学校教书,在樊城见到了他的父母。我问他要什么?他讲,别的什么都不要,要我给他几根针,缝补衣服用。我问怎么个送法?他说,把针插进煮熟的鸡蛋里送进来,我便照办了。以后,我到河南大学、上海暨南大学,经常给他寄些钱、物,并买些他想看的外文小说送给他,有机会到南京就去看看他。对一个革命同志,又是要好的同乡同学,我心中没有忘记,总在想方设法搭救马适安出狱。[①]

[①] 薛愚口述,王广生整理:《我走过的路》,九三学社中央研究室编:《中国科学家回忆录(第二辑)》,北京:学苑出版社,1990年,第27页。

马适安是共产党,属于"政治犯""要犯"一类,薛愚一时也找不到门路进行营救。而且这期间,薛愚应付自己学校的事务也是焦头烂额、狼狈不堪。但他从未忘记狱中的马适安,时常送些衣物书籍给他,更兼多方联系,设法营救。

1935年底,离开河南大学的薛愚,转赴上海暨南大学任教,讲授分析化学和生物化学,同时兼任同德医学院化学教授,讲授有机化学。在这里,薛愚结识了药学界的一些专家,如张辅忠[①]、曾广方[②]、周梦白[③]等教授,"于互相砥砺学术中,较多地了解了药学教育、科学研究与药品生产等方面的情况,这对他是大有帮助的"[④]。

[①] 张辅忠:留德药物化学博士,在著名化学家曼尼希(Mannich)指导下,协作取得曼尼希氏反应新成果。新中国成立后,曾任华东军政委员会卫生部药政处处长,兼华东药品检验所所长、上海医学院药学院院长,被评为一级教授。1953年调任华东药学院(今南京药学院)院长。被选为中国药学会上海分会、南京分会理事长,同时当选为中国人民政治协商会议第二届全国委员会委员。

[②] 曾广方:天然药物化学家。长期致力于天然药物的化学研究,是中国从事中药黄酮类成分研究较早的科学家之一。中国药学会早期刊物《中华药学杂志》(后改名《药学学报》)的创刊人之一,并长期担任主编,为中国药学事业做出了突出贡献。

[③] 周梦白:号锡庚,日本北里研究所药物化学研究员,抗战胜利后任第三区制药工业同业公会理事,上海市新药商业同业公会理事,上海市药师公会理事,卫生署药政设计委员会委员,中国特效药研究所监事,上海急救时疫医院第二院院长,中法药房厂务经理兼制药厂厂长,中法血清菌苗厂厂务董事,中法油脂制造厂厂务董事,兼中革制药公司人丹厂厂长。

[④] 张英侠:《从牧童到教授——忆薛愚》,《襄阳文史资料第五辑:襄阳民国人物》,湖北襄樊日报印刷厂,1990年,第116页。

三、夹缝求存

他们不仅在学术上多有交流，对药学与制药工业的关联性也有所关注，故这些交流显得格外有价值。但是显然，薛愚丝毫未从被河南大学解聘一事中得到任何"教训"，在同德医学院，薛愚仍然积极参加各种运动。时值"一二·九"运动，薛愚甚至参加了赴南京请愿团，但在上海闸北车站，被时任上海市市长的蒋介石亲信吴铁城[①]，凭"三寸不烂之舌"劝阻而未能成行。

吴铁城是国民党右派，外交才能突出，张学良易帜便是吴铁城的杰作。1931年12月，上海市市长张群（张岳军）因学生反日运动高涨，被迫辞职。蒋介石命吴铁城接任上海市市长兼淞沪警备司令。吴铁城果然"不负所托"，用他的"铁嘴铜牙"将薛愚等人劝回了学校。

但此事也影响了薛愚在同德医学院的工作，适逢西北农专的王子元邀请薛愚，于是1936年，薛愚进入西北农专执教。

---

① 吴铁城：号子增，早年追随孙中山先生，参加过辛亥革命、护国、护法斗争。历任国民党中央海外部部长、国民党中央秘书长、立法院副院长、行政院副院长兼外交部部长等职，蒋介石用以平衡二陈与朱家骅等国民党内部的党争。吴铁城长期负责国民党的海外任务工作。曾劝说张学良易帜，是国民党右派，反对国共合作。

西北农林专科学校

薛愚自述：1935年秋天，我到了上海。上海虽是十里洋场，是人口众多而复杂的城市，但也是药学集中的城市。我到上海后任教于暨南大学，讲授分析化学和生物化学，同时兼任同德医学院化学教授。这期间结识了药学界的张辅忠、曾广方、周梦白、伍裕万、沈仲谋及潘经等，了解了更多的药学教育、科研与药品生产等情况。同时还认识了一些进步人士，如郑振铎、柳亚子、束星北、程寰西、李健吾，陈麟瑞等，对我的政治立场和思想影响很大。当时正赶上"一二·九"运动。我参加了赴南京请愿团，但到了上海闸北车站被上海市市长吴铁

三、夹缝求存

城阻拦而未能成行。[1]

几年间,薛愚一直设法营救马适安,但苦于没有门路。进入西北农专后,薛愚偶然闻听,冯玉祥将军当时下榻在南京中山陵、旧部韩复榘的家,想起王子元[2]曾是冯玉祥旧部,若请他出面求冯将军救人,想必还有几分把握,遂请王子元出面,一道驱车拜访冯将军。

王子元1924年赴北京借读北京大学时,曾借住北京检阅使冯玉祥将军处,后应冯玉祥之约参与推翻曹锟政府、驱逐溥仪出宫的北京政变。事变后,冯玉祥左迁西北边防督办,命王子元为华亭县长。王在任期间,曾支持了冯玉祥、于右任"五原誓师"东进讨伐北洋军阀的义举,解西安围困。故冯玉祥对王子元是比较信任和倚重的,薛愚请王子元出面请求冯将军救人是再合适不过了。

---

[1] 薛愚口述,王广生整理:《我走过的路》,九三学社中央研究室编:《中国科学家回忆录(第二辑)》,北京:学苑出版社,1990年,第26页。
[2] 王子元:1932年经于右任推荐,王子元出任西北农林专科学校(西北农业大学前身)筹备处主任,并代理校长之职。1936年建校基本完成,在正式任命校长时,戴季陶因前嫌,排挤王子元而任命他人为校长,王子元离校。

薛愚传

薛愚自述：1936年，我赴陕西武功农林专科学校教书，[①]该校负责人王子元是冯玉祥的旧部，曾给冯当过秘书。我听说并在报上见到冯玉祥将军热心搭救爱国青年的事。我认为这是营救马适安的好机会，就问王是否可见冯，以营救我的一个爱国抗日的同学。王说："当然可以。"当时是五六月间，大学还没有放暑假，我们商量一块到南京去见冯玉祥。冯在南京是住在中山陵韩复榘家里（韩是冯的老部下）。我们驱车到韩复榘家打算见冯玉祥。不料，守卫士兵说："冯将军到城外晓庄师范学校去参观听课去了。"于是我和王子元就到晓庄去找冯，幸运地见到他。冯、王和我三人同车进城时，我就把马适安同志如何爱国，如何反日的斗争情况向冯讲了一遍，甚得冯的同情。他说："像马适安这样的爱国青年，不知有多少受迫害，受冤屈，打在监狱里。请你把马适安由于爱国抗日被捕的情况具体地写点材料交给我，设法营救。"于是，我和吴泳夫商议，写好了材料后，又去找在齐鲁大学时的一个同学陈崇寿。陈是齐鲁大学医学院毕业的，是个医生，当时是南京下关医院的大夫，同时又是冯玉

[①] 薛愚于1936年被同德医学院解聘，同年受聘于西北农林专科学校。

祥将军的个人医生。我们把写好的材料交给陈大夫，并把吴泳夫介绍给他，希望他们在南京共同商议，请冯玉祥营救马适安，我就回学校去了。①

　　王子元自己也是教育界人士，久仰薛愚大名，力邀薛愚赴西北农专执教，此次受薛愚之托，王子元立即答应相助。于是二人便一路舟车劳顿，来到韩复榘居所。不料韩的士兵说："冯将军到城外晓庄师范听课去了。"二人一刻也不敢耽搁，又马不停蹄地转道晓庄师范学校，终于见到冯玉祥，向冯玉祥面陈了马适安的爱国事迹和窘迫处境。冯玉祥将军一方面照顾王子元的面子，一方面也欣赏马适安的义举，于是答应致信请陆军监狱放人。但奇怪的是，许多天过去了，冯将军的信却如泥牛入海，未见任何反应。

　　迟迟得不到答复，薛愚这一边心急如焚，担心是否王子元"面子不够大"，冯将军只是一时敷衍过去，并未尽力，但也不便挑明。王子元这一边也十分不解，但也不方便一再叨扰冯将军。

　　恰好薛愚以化学专家的身份，受邀参加国民党政府关于"防空防毒"方面的会议。于是借开会的机会，薛

---

① 薛愚口述，王广生整理：《我走过的路》，九三学社中央研究室编：《中国科学家回忆录（第二辑）》，北京：学苑出版社，1990年，第27页。

愚又找到旧时同学陈崇寿医生[①]。陈崇寿是冯玉祥的保健医生，也是深受冯玉祥信任之人。薛愚拜托陈崇寿，本意只是想通过陈向冯将军证实是否确实已经致信陆军监狱，而陈见薛愚救人心切，便又通过许多其他渠道帮忙打听。

不久，陈崇寿果然打听出了马适安未获释放的原因：并非冯将军敷衍，而是马适安为人耿直，因看不惯国民党的行事，将狱警送去让他学习、批注的一本《三民主义》当场投入火中烧毁，不屑一读。监狱方面大怒，认为马"无悔改之意"，因此，在冯将军来信时，便借机驳了冯将军的面子，拒不放人。薛愚见事已至此，也不得不硬着头皮再次请冯将军出面了，遂二赴南京请冯将军务必再伸援手。冯对陆军监狱竟敢驳自己的面子，亦颇有微词，故写了第二封亲笔信，措辞也强硬了许多，向陆军监狱施压，方才成功将马适安营救出来。

薛愚自述：大概是1936年10月中国化学会和国民党政府军政部组织了一个全国各大学部分化学教师讨论会，专门研究和讨论"防空防毒"问题。

---

① 陈崇寿：薛愚在齐鲁大学的同学，是冯玉祥的私人保健医生，由于与冯玉祥身材相貌相似，冯玉祥在反蒋后期出逃时曾计划变装为陈崇寿，后觉计划太过冒险而作罢。

三、夹缝求存

我作为学校（西北农专）的代表到南京参加了这个讨论会。借机又去找了陈崇寿大夫。陈说："冯已写信给了马适安被关的监狱——水西外陆军监狱，但人没有放，为什么？"第二天，我就去找到监狱的监狱官说："冯玉祥将军给你们写的信，叫你们释放马适安，为什么未放呢？"监狱官说："不能放，不能放，他在这里关了三四年。当初进狱时，我们给了一本《三民主义》，叫他阅读并圈点……当冯玉祥将军来信后，我们去问他阅读《三民主义》的情况，他竟然说：'我没有看，早就把它烧掉了。'像这样的一个犯人，关了三四年，毫无悔改之意，我们能放他出去吗？"于是我和陈崇寿第二次去见冯玉祥将军，汇报未放马适安的情况。冯听了后，似乎有点不满意的样子，他说："好，没放，我再给你们写封信拿去试试。"他又亲笔写了一封信交给我。我和陈崇寿一路又跑到监狱去，把信交给了监狱官，监狱官一看是冯玉祥的亲笔信，没敢说啥，叫我们等几天再说。过了两天马适安同志被放出来了。[1]

---

[1] 薛愚口述，王广生整理：《我走过的路》，九三学社中央研究室编：《中国科学家回忆录（第二辑）》，北京：学苑出版社，1990年，第27—30页。

有赖于薛愚方法得当，否则马适安很有可能困在监狱被酷刑折磨致死。冯将军为人正直仁厚，但也未必肯两次出面救一个自己素昧平生、毫不了解的年轻人。是靠着薛愚多方奔走，"厚着脸皮"、冒了被冯将军反感的风险才营救成功。王子元、陈崇寿都非共产党员，与马适安并非同一阵营，虽与冯将军有些交情，可以请得动冯将军，但本无义务救助马适安，皆因薛愚出面相求，故才出手相助。薛愚托王、陈二人从侧面协助营救，是十分聪明的做法。

薛愚对营救马适安如此上心，固然有旧日情谊在其中，但薛愚心里十分清楚，马适安以及中国共产党所做的事情，是为解放劳苦大众而努力，这与薛愚追求"民主"的信念也是相通的，故营救马适安也是民族大义，义不容辞。营救马适安一事，也再次证明了薛愚对共产党及共产党人的厚望。

（三）派系斗争

虽然名义上是西北农专的校长，但实际上，王子元也是在聘请薛愚前不久才掌管西北农林专科学校（现西北农学院）的。随着于右任掌权教育部，于右任一派的王子元也准备大展拳脚。于右任本身是教育家，由他首倡提出的"筹备建设西北专门教育初期计划议案",于1932年秋在国民党中央政治会议通过,并随即成立了"筹备建设西北专门教育委员会",于右任、张继、戴季陶、邵力子、杨虎城等为筹备委员。1934年3月,筹委会公推于右任为西北农林专科学校①校长,可以说西北农林专科学校系于右任一手创办。

于右任虽然是国民党高层,但一贯主张一致对外。抗战刚爆发时,时四川省岳池县中学校长周逸、教师詹正圣等人,积极组织学生宣传抗日,被国民党岳池县党部分别免职、解聘。1938年底,詹正圣致信于右任,请求在岳池县另办一所学校,请于任董事长。于右任欣然答应,中学改名为新三中学,于右任还出资3500元作为办学经费。学校1939年秋开学,学习氛围很好,政治空气浓厚,抗日活动十分高涨。谁知不久,国民党岳池党部指控新三中学教职员工都是共产党,要逮捕詹正圣、周逸等人,后受到于右任的怒斥,学校教学秩序得以正常维持。

王子元也是教育界砥柱,在于右任看来,由王子元做西北农专的校长是再合适不过的,只差一纸委任状。

---

① 西北农林专科学校:1939年,经国民政府行政院通过,取名"国立西北农学院",同年4月,筹建工作结束,学院正式成立,面向社会招收四年制本科生和两年制专科生。现发展为西北农林科技大学,为全国重点院校之一。

而王子元还未及正式出任西北农专校长,便以西北农专欲创建农化系为由,力邀薛愚任西北农专教授,教授有机化学并兼任农化系主任。

接到邀请时,薛愚曾有些犹豫,但当时身在南京的于右任专门见了薛愚以表诚意。薛愚便当面对于右任表示了自己的顾虑,认为自己是学药化的,教农化恐不适宜。于右任委婉地说:"我最爱中医中药,西北荒地较多,可种植各类药草,陕甘宁地区又盛产草药,你到那里可以设实验室,可以开药厂,提炼中草药……"①

于的这一席话,打中了薛愚的"七寸"。并且他也根据薛愚的顾虑调整了计划,虽然还是要求薛愚管理农化系,但也同意薛愚同时进行一些中药学的研究和院系建设,便打消了薛愚的顾虑,于是薛愚同意赴任。

薛愚自述:1936年春假左右,陕西武功的西北农专负责人王子元先生经人介绍专程到上海拟聘我到该校去任教,并说他路经南京时,于右任先生一再强调要见我面谈。于是我到南京,并得知西北农专是国民党的三个元老——于右任、戴季陶和张继主持的,学校初办,缺教授,特邀我去主持农化系。

---

① 张英侠:《从牧童到教授——忆薛愚》,《襄阳文史资料第五辑:襄阳民国人物》,湖北襄樊日报印刷厂,1990年,第117页。

三、夹缝求存

见到于右任先生后,我对他说:"我是学习药物化学的,到农专任教不适宜。"他说:"我最爱中医中药,西北荒地较多,最适宜种植草药,陕甘宁地区还盛产中草药。"又说:"农药也是药物化学嘛!你到农专后,可以设专门实验室进行研究,可以建药厂提炼中草药……"我听了之后,有几分欣喜,觉得在武功可能有我薛愚用武之地了,于是离开了暨南大学,而到西北农专去任教。开学后,讨论筹办农化系时,我转达了于右任先生的意见,但当时的校长、秘书长和教务长三人一致地说:"西北农专目前要'吃饭',不是要'吃药',于老虽是陕西本地人,但他却不了解情况……山区地少人稀,土匪多,那里很危险,不能去采药。"这一席话,像一盆冷水,把我的欣喜和计划冲得无影无踪了。①

西北农专虽然是于右任一手创办的,可惜没多久,于右任便在与戴季陶的斗争中败下阵来。戴季陶是中国马克思主义最早的研究者之一,也为中共的创建做了不少前期准备工作,但由于世界观的不同,最终没有参加中共。在中共一大召开的三年之后,戴季陶成了国民党

---

① 薛愚口述,王广生整理:《我走过的路》,九三学社中央研究室编:《中国科学家回忆录(第二辑)》,北京:学苑出版社,1990年,第29页。

右派的旗帜性人物,并被蒋介石称为"文胆"。

戴季陶1926年任国立中山大学校长,及后司中华民国考试院长达二十年(1928年10月—1948年6月)。1927年,戴季陶参与策划"四一二"反革命政变,但也有人指出,"四一二"政变中,被屠杀的国民党反而比共产党更多,可以说是戴季陶亲手摧毁了国民党的基层组织。

1935年前后,戴季陶接替于右任入主教育部,没有多久西北农专也就随即"失守",王子元甚至未能真正拿到委任状,即被以"另有重用"的借口随便"打发"走了。新校长不知是出于对于右任一派的"无差别打击",还是对中医中药领域确实无知,总之对于右任承诺薛愚的一系列计划概不支持,薛愚在西北农专的这些建设性想法几乎都以流产告终。薛愚又做了一回派系斗争的牺牲品,中国自然科学工作者在夹缝中求生存的窘迫状态亦可见一斑。

(四)抗日救亡

1937年,卢沟桥事变后,抗日战争爆发。薛愚在学校组织的团体,承担的社会责任也越来越突出,由最初的纯学术性质的读书会,发展到学术与政治兼顾的科学

三、夹缝求存

会，及至此时，更发展至西北农专以抗日为目的的"抗日救亡后援会"，薛愚为负责人之一。

> 薛愚自述：1937年卢沟桥事变发生，日寇大举进行侵略中国的战争，国内形势急剧变化。我到上海去接家属，正值"八一三"战争，上海火车站几小时即被占。我和爱人张英侠只带了一只小箱子，从苏嘉路逃到南京。"八一四"日机轰炸杭州笕桥。"八一五"日机又轰炸南京，迫使我们返回西北农专。卢沟桥的烽火，引起了全中国人民的愤慨，抗日战争爆发，个个爱国志士争赴前线抗日救国。西北农专师生尤为激烈，弃学而参加抗日战争的，陆续不绝。校内，在地下党领导下，发起成立了西北农专抗日救国后援委员会，我也是发起人之一。①

后援会最初是让薛愚执笔，写一本有关"防空防毒"的小册子，组织中学化学老师进行防空防毒训练，为抗战做准备。而薛愚不仅认真编写防空防毒小册子，还在后援会中积极发表演说，募集资金，用以支援前线。当时怀揣一腔报国热血的薛愚甚至亲身参加了一

---

① 薛愚口述，王广生整理：《我走过的路》，九三学社中央研究室编：《中国科学家回忆录（第二辑）》，北京：学苑出版社，1990年，第30页。

段时间的军事训练,打算直接战斗在抗日战争的一线。同时,薛愚的夫人张英侠也参加了许多抗日救国工作,如募捐、组织各种宣传活动等等,与薛愚夫唱妇随。

> 薛愚自述:这时期抗日后援会要我写了《防空防毒》的小册子,进行抗日防护宣传,并两次到西安组织各中学化学教师进行实习,以便敌人轰炸时,进行防护,减少损失;我也参加了军事训练班,打算参加游击战争。抗日后援会开展大规模的抗募活动,我爱人以家属委员会的名义也参加了抗日救国后援委员会,做妇女工作,发动教职员工的家属进行募捐活动和抗日救国的宣传活动,她还曾和贺绿汀到武功县组织歌咏宣传队。后来抗日后援会开会讨论如何处理募捐的财物时,大家争论不休,我陈辞极力主张将募捐财物送给生活最艰苦,作战最有力,战功最大的军队。当时正值平型关大战告捷,募捐的物资由后援委员会送西安八路军办事处点收。①

---

① 薛愚口述,王广生整理:《我走过的路》,九三学社中央研究室编:《中国科学家回忆录(第二辑)》,北京:学苑出版社,1990年,第30页。

三、夹缝求存

没过多久，后援会便募集到了一定数量的资金。在讨论如何处理筹得的资金时，薛愚极力主张将财务送给条件最苦、作战最力、战功最大的部队，[1]这个提议也得到了大家的认可。

是时，中国共产党领导的八路军在平型关大战告捷，此役打破了日本军队不可战胜的神话，振奋人心，加强了全国人民抗战必胜的信念，具有重要意义。于是薛愚说服众人，将所募资金亲自交给了时任西安中共八路军办事处负责人的林伯渠[2]。后来薛愚又邀请林赴学校作抗日情况的报告，林当时便说："我去讲抗日形势是可以的，唯恐对你们以后工作不利，我以为不去为宜。"[3]

林伯渠是经验丰富的老革命家，看问题非常冷静。林的共产党身份是十分明确的，他一去学校演讲，国民党就会怀疑学校里还有共产党，或者甚至有共产党的外围组织。那么国民党即使不对学生予以拘捕，日后也会在学生活动中多番刁难。林心里爱惜这些爱国学者和进

---

[1] 张英侠：《从牧童到教授——忆薛愚》，《襄阳文史资料第五辑：襄阳民国人物》，湖北襄樊日报印刷厂，1990年，第124页。
[2] 林伯渠：原名林祖涵，字邃园，号伯渠，早年加入同盟会，1921年加入中国共产党。曾任陕甘宁边区政府主席。新中国成立后，任中央人民政府委员会秘书长，全国人民代表大会常务委员会第一、二届副委员长。是著名的无产阶级革命家、教育家。是党和国家重要领导人之一，与董必武、徐特立、谢觉哉、吴玉章并称"延安五老"。
[3] 张英侠：《从牧童到教授——忆薛愚》，《襄阳文史资料第五辑：襄阳民国人物》，湖北襄樊日报印刷厂，1990年，第124页。

步学生,不愿他们受到不必要的"关注",故婉拒薛愚。

但薛愚一腔热情,还是一心想要奔赴抗日第一线,1938年正式申请亲赴延安参加抗日,被林伯渠劝阻。林伯渠说:"延安工作当然重要,但后方工作同样重要。后方的广大群众对国共合作共同抗日的方针政策不完全了解,还需要进行大量的宣传工作。你们这样的知识分子在后方有广大的群众基础,做一些抗日民族统一战线的宣传工作大有可为,可能比我们共产党做方便些。"[1]

在与林伯渠交流之后,薛愚内心也进行了一番挣扎,但他很快明白:抗日救亡有很多条路线,在后方也有许多工作可以做、必须做。这也是他第一次对"爱国统一战线"产生更加清晰的认识。

薛愚自述:1938年春天,我去西安八路军办事处,找革命前辈林伯渠同志,我向他提出两点请求:(一)了解抗日战争的实际情况,请他到农专去做一次时事报告。他说:"作时事报告,讲讲抗日战争的形势,我个人没有什么不可,唯考虑到作时事报告后,对你们以后做工作恐怕不利,还是不去为宜。"(二)请他介绍我和我爱人去延安参加

---

[1] 张英侠:《从牧童到教授——忆薛愚》,《襄阳文史资料第五辑:襄阳民国人物》,湖北襄樊日报印刷厂,1990年,第124页。

三、夹缝求存

直接抗日工作，……于是，我听了林老的指示就回农专，安心于在后方工作，除了努力完成本职任务外，还做一些抗日民族统一战线的工作。不料此事被校长知道了，把我视为赤色危险人物，于1938年暑假将我和另一位教授李道煊同时解聘了。①

果然不出林伯渠所料，后来薛愚等进步教授还是因与共产党的多番接触而受到了牵连：由于和李道煊等人一道，积极参加抗日爱国活动，薛愚又被学校认定是"危险分子"而遭辞聘。但薛愚本人对此倒并不感到十分遗憾："这与胜利完成地下党交付的任务相比较，是微不足道的。总的说来，1936—1938年西北农学院②的民主革命活动在教职员工方面是热烈的、成功的，斗争是胜利的。"③薛愚未提及在1936年到1938年之间究竟帮助地下党完成了什么任务，但冷静果敢的气度，已经初具革命者风范。

在西北农专任教时间虽短，但薛愚学术上也颇有成绩。他编著的《普通化学定性分析实验教程》，由成都

---

① 薛愚口述，王广生整理：《我走过的路》，九三学社中央研究室编：《中国科学家回忆录（第二辑）》，北京：学苑出版社，1990年，第31页。
② 此时应为西北农专，1939年定名为西北农学院。
③ 薛愚：《回忆在西北农学院任教时的民主革命生活》，西北农林科技大学档案馆编：《西北农林大学民主革命回忆文集》，咸阳：西北农林科技大学出版社，2005年，第81页。

正中出版社出版（后再版数次）。该教程旨在帮助学生进一步理解理论知识，丰富基础化学的感性认识，掌握定性分析的基本知识和化学实验的基本方法和技能，培养正确的实验习惯和实事求是的科研态度，提高分析问题和解决问题的能力。内容上除了基本实验操作，还收录一些验证性实验和常识。

这份实验教程的编写，符合薛愚一贯注重实际效果的教育理念。薛愚希望学生能够亲自验证实验甚至设计实验，因为理论研究的最终目的是投入生产，不能够在实验中生产的药品在工厂中更加不可能获得。而定性、定量实验，又是所有以生产为目的的实验的基础，故而更加重要。在今天的药学课程设置中，实验课所占有的学时与理论课基本相当，避免理论研究脱离实际生产而成为"纸上谈兵"，很大程度上得益于这种对实际操作的强调。

（五）愤然出走

1938年，被西北农专辞聘的薛愚携家眷赴重庆，遇国立药学专科学校（现中国药科大学）校长孟目的教授。孟是我国著名药学家，新中国成立后同薛愚一起受邀参与编撰《中华人民共和国药典》，张英侠回忆中亦称

三、夹缝求存

孟是"开拓中国药学教育的先驱者"。当时,孟创办药专刚一年,抗日战争爆发,于是整个药专开始"长征"。

> 薛愚自述:1938年夏天,我携家眷到重庆,在一次参加中国化学会年会时,遇见了国立药专(南京药学院前身)的校长孟目的先生和王鑫教授,知道药专成立不到一年,因抗日战争爆发,学校先迁到汉口,又迁到重庆。学生陆续到了重庆,但既缺教学设备又缺教师,药专在磁器口教育学院和沙坪坝重庆大学上课。准备下学期租赁民房正式开学。因缺少教师,孟校长邀我到该校任教。我认为国立药专是全国唯一的独立的药科学校,目前虽然困难很多,但前途是大有可为的,就欣然受聘了。开学时,校舍是租赁磁器口的民房,学生有一、二、三年级,除教务长陈思义、训导长刘宝善、总务长王鑫等人外,其他有生药学教授刘宝光,分析化学教授张泽尧(兼任),孟校长讲授制剂、调剂学,陈思义讲授无机化学,还有一位张大夫讲授生理与药理学,我讲授有机化学和药物化学。[①]

---

① 薛愚口述,王广生整理:《我走过的路》,九三学社中央研究室编:《中国科学家回忆录(第二辑)》,北京:学苑出版社,1990年,第31页。

国立药专由孟目的于1936年8月创建于南京，1937年日军侵略战火烧至上海，很快殃及南京，9月2日孟目的上书教育部申请迁校武昌："窃因国难严重，军事紧急，首都为全国重心，自抗战以来无日不为敌机袭击。因之本校新生考试，旧生续学均受影响，长此以往则我国与国防至关重要之药学教育将无由发展，兹为各学子免除失学计，拟恳钧座准予暂迁武昌定期开学，谋救国之分工作长期之抵抗。"并于9月28日正式迁校。于10月在汉口临时开课，后因战事突变，教育部于12月25日给孟目的发出电令："以敌军深入，势将危机武汉，着即日迁渝开学，以免学业中辍，并着令陆军卫生材料厂合作利用川省土产制备急需药品以利长期抗战。"

1937年七七事变后，中日战争全面爆发，7月17日，蒋介石发表了著名的"最后关头"演说，即庐山谈话，南京国民政府开始抵抗日本侵略者的进攻。8月14日，国民政府发表《自卫抗战声明书》，激励中国军民奋起抗战。11月，国民政府决定迁都重庆，政府机构先后移往武汉、重庆。1938年1月12日，国立药专西迁重庆，当年2月12日正式复课。[①]

---

① 刘浩浩：《在炮火中创办，国立药专成首个药学高校，新校园刚刚动工便被迫西迁》，《江南时报》，2014年12月2日A4版。

三、夹缝求存

国立药专学生合影

从南京到武昌再到重庆，孟呕心沥血近两年，在战火中将药专建设得初具规模，但1939年，国民政府教育部以药专"庇护共产党"为由，将孟目的辞聘，薛愚每每忆及此事还深深为其不平。

薛愚这一方面，欣然接受邀请，于1938年夏天进入国立药专任教授，教授有机化学、药物化学，工作颇有成绩，随后更兼教务长一职。不料当年辞退薛愚的那位河南大学校长刘季洪，此时已升任教育部督学，于1939年春赴国立药专视察工作时，看到名册上薛愚的名字，当即约谈。不久，时任教育部长的陈立夫①又来视察，并对学生训话："你们要好好学习，不要搞坏事，学习四五年后，试看能比得上你们的祖母吗？她们在房前屋后能找出十种八种药材，给你们治病，你们能吗？"②

> 薛愚自述：我听了之后真是哭笑不得，国家每年花了这么多钱，办学校，培养出来的学生还比不上一个老大的村妇，办药学的目的是什么呢？身为一个教育部长对药学教育竟是如此认识，药学教育的前途不问而知了！③

陈氏所说的"搞坏事"，自然是指参加共产党组织的一些民主进步活动，陈氏是国民党高层，有此思想不足为怪，但陈氏身为教育部长，竟认为中药是"房前屋

---

① 陈立夫：名祖燕，字立夫，中国国民党政治家，曾历任蒋介石机要秘书、国民党秘书长、教育部长、立法院副院长等各项要职。与其兄陈果夫成立了中央俱乐部（即CC）。晚年竭力推动海峡两岸的交流。提出"中国文化统一论"，当选"海峡两岸和平统一促进会"的名誉会长。一说CC派非二陈创立而是李寿雍、汪宝煊二人，但他二人确与二陈关系密切。参见王奇生：《党员、党权与党争》，北京：华文出版社，2010年11月第1版，第271-277页。
② 薛愚口述，王广生整理：《我走过的路》，九三学社中央研究室编：《中国科学家回忆录（第二辑）》，北京：学苑出版社，1990年，第32页。
③ 同上。

后"就能解决的事情,也就不难想象药学在旧中国之处境了。并且,我国旧时之教育,一向不注重专才的培养,对学科之间的划分亦是十分模糊的,药学更常被认为是医学的"附属品"。薛愚说:"自西医东传,外国人借行医施药之名,行传教麻痹中国人民、文化侵略之实。医院所用之药品绝大多数来自国外,把药品作为对中国经济侵略的工具之一,因而形成了重医轻药的思想。而当时中国人不识'轻药'是帝国主义的经济侵略手段,且习以为常,岂不知轻药的观点是中国卫生科学停滞不前的一个重要原因。"①

薛愚成长于教会学校,也是在教会学校中开始接触到国外先进的自然科学和共产主义理想,还是在教会学校的支持下,薛愚得以进入大学继续深造,此外,也有一批杰出的民主学者出自教会学校,故并不能认为外国人传教、行医之行为只有不利影响。而薛愚关于"有医无药"或"有药无医"之严重后果的看法,是从国家安全的角度出发,具有战略高度。当时,蒋介石政府也意识到了旧中国与西方的差距,有意整顿医务,但方法不

---

① 薛愚口述,王广生整理:《我走过的路》,九三学社中央研究室编:《中国科学家回忆录(第二辑)》,北京:学苑出版社,1990年,第32页。

当，竟通过了余云岫①"废除旧医以扫除医事卫生之障碍"的提案，致使西医未成功引进、中医却遭废止的尴尬处境，陈氏应也是受此思想影响。

除了药专的"亲共"态度，陈立夫视察后没多久，因故约见孟目的校长，孟因有事未去，更加令陈氏不满，不久，以"药专包庇共产党"为由将孟辞聘。

> 薛愚自述：有一天接到教育部的指令，要校长到部里面谈，由于孟校长有事不能分身，由我代表。当时教育部医学教育委员会主任庞京周接见我。他怒目而问："为什么校长不来？"我说："校长有事无法分身，我是教务长全权代理，有事我回校传达。"他问道："你们学校有共产党员吗？有共产党的组织吗？"我说："不知道。"他说："药专不是有抗日救亡歌唱团，到处宣传抗日吗？"我说："这是有的，是公开活动的，领导人名叫汤一坤，是教育部派去的会计主任，是中央政治学校毕业的，歌唱团绝对不是也不能是共产党的外围组

---

① 余云岫：字岩，号百之，1916年大阪医科大学毕业回国后，任公立上海医院医务长，兼任上海商务印书馆编辑。曾任中国医药研究所所长，上海市医师公会第一任会长，《中华医学杂志》主编等职。1929年，提出"废医存药"废止中医案，获汪精卫支持，在民国第一届中央卫生委员会议上通过该案。

织。"他无言以对,而厉声地说:"回去对学校的情况要严格仔细地检查,并定时向部里报告……"我心中又一疑惑,教育部是全国主管教育的机构还是检查控制学生思想的机构?人们说:蒋介石名为抗日,实则反共,于此可见矣!①

陈立夫、陈果夫两兄弟掌管党务时,有"蒋家天下陈家党"之称,二陈在中国近代高层官员中被公认个人品行修养良好,也被认为在中国近代历史上影响力极大。但陈氏将"党务"与"校务"相提并论是十分不明智的,党务应纯粹严明,但学校若无民主之风,科学精神也必然得不到弘扬。张英侠在回忆薛愚的文章中说,薛愚因为孟校长被解聘而对教育部大失所望,遂追随孟一起离开药专。②也有说薛愚是在被刘季洪约谈之后,刘即已打定主意不予留用,总之至1939年,薛愚与孟目的均离开了他们付出了诸多艰辛努力的国立药专,至此,薛愚在国立药专任教仅一年。

薛愚自述:我在药专讲授有机化学和药物化

---

① 薛愚口述,王广生整理:《我走过的路》,九三学社中央研究室编:《中国科学家回忆录(第二辑)》,北京:学苑出版社,1990年,第32页。
② 张英侠:《从牧童到教授——忆薛愚》,《襄阳文史资料第五辑:襄阳民国人物》,湖北襄樊日报印刷厂,1990年,第117页。

学，药物化学是我新开的课程，要付出一定时间备课。陈思义走后，留下的无机化学课也要我代教，同时还负责教务长的工作。虽然工作繁重，条件艰苦，但一想到为了药学教育，还是鼓足干劲，在孟校长的领导下，坚持将工作做好。国立药专是孟校长于1936年奉中国药学会之命，亲自向教育部长王世杰陈请而成立的，他不辞辛苦，呕心沥血，使药专的建设初具规模。不久抗战烽火燃起，他不得不将学校一迁再迁至重庆。孟校长是学识渊博，经验丰富的药学家，是开拓药学教育的前辈，但当时的教育部蛮横无理地撤掉他校长职务。在这种困境下，我仍执行招生工作，购买图书、仪器，为了提高教学质量还聘请了刚从美国回国的雷兴翰教授和甘肃制药工程所的王继泽教授与生药专家管光地教授等。但心中时时义愤不平，遂于1939年秋也离开了国立药专。①

在同友人谈及国民政府对教育的态度时，薛愚曾对国民政府把学府当作政治投资的资本"送来送去"，导致学者专家掣肘于政治斗争而无法专心教学的乱象深表

---

① 薛愚口述，王广生整理：《我走过的路》，九三学社中央研究室编：《中国科学家回忆录（第二辑）》，北京：学苑出版社，1990年，第33页。

三、夹缝求存

不满。薛愚接触过的许多人，从王子元到孟目的，甚至后来及至薛愚自己，无不被政治斗争左右，屡屡中断教学，辗转于各个院校。如河南大学两年更换四任校长，王子元未及上任便被调离，孟目的无故被辞聘，薛愚一次又一次地被以参加政治活动之故辞聘，亦可知政治掣肘教育，乃国民政府一大弊政。

离开国立药专的同年冬天，薛愚进入齐鲁大学任教授，化学系、药学系主任及理学院院长。[1]诚如张英侠所言，这是薛愚"从事药学教育的重要阶段"，薛愚在齐鲁大学做出了许多重要成绩。

（六）华西坝上的药学系

1937年底南京失陷，国民政府移驻重庆。一时间，机关学校、文化科研院所、社团商会，以及颠沛流离的民众，纷纷涌向西南腹地，趋避巴蜀。[2]齐鲁大学迁校也是由于1937年抗日战争爆发之故，服从"迁校抗战"政策，除部分员工留守外，大部分师生及主要教育教学设备迁往成都。

---

[1] 齐鲁大学校友会：《齐鲁大学八十八年》，北京：中国出版集团现代教育出版社，2010年，第69页。
[2] 王世铎：《九三学社史话》，北京：社会科学文献出版社，2015年，第14页。

薛愚自述:1939年到1944年我在成都齐鲁大学任教,是我从事药学教育的重要阶段。齐鲁大学是基督教会在中国建立的最早的大学之一。在济南时有理、文、医三个学院,1937年日本发动大规模的侵华战争,不久侵占了济南,齐鲁大学的师生四处逃散,大部分逃到成都的华西坝,在华西大学借读或联合上课。①

1938年秋天,齐鲁大学由济南迁校基本完成,在成都借用华西协和大学的部分校舍复校开课。拥有一流校舍、教学设备及临床医院的华西协和大学医学院,先后接纳了西迁的中央大学医学院和齐鲁大学医学院。三大医学院联办医院,优势互补,成为战时中国的医学教育和临床中心。随后,南京的金陵大学与金陵女子文理学院也迁至华西大学,②(迁校后薛愚同时也在金陵大学授课③)组成"教会联大",也称"华西坝五大学"。

---

① 薛愚口述,王广生整理:《我走过的路》,九三学社中央研究室编:《中国科学家回忆录(第二辑)》,北京:学苑出版社,1990年,第33页。
② 岱峻,严友良:《华西坝上的另一所"西南联大"》,《四川党的建设(城市版)》,2013年第9期,第66页。文中提到最早迁来华西坝的学校为金陵大学和金陵女子大学,时间为1937年11月,次年3月1日于华西坝开课。
③ 顾颉刚:《顾颉刚日记·第四卷》,1938—1942,联经出版事业股份有限公司,2007年。

三、夹缝求存

薛愚自述：当时华西大学，与先后迁去的南京金陵大学、金陵女子文理学院、齐鲁大学、燕京大学，共五个大学联合一起在华西坝开学，人们称之为"教会联大"。1938年，齐鲁大学医学院的师生已到成都，与华西大学医学院、中央大学医学院联合开课。1939年，齐大的文学院和理学院部分师生和校长也到了成都，是赤手空拳去的，既无仪器设备，又无图书资料，更缺少教师。文、理学院的院长由校长兼任。理学院有生物、物理、化学和数学四个系，除生物系外，各系都没有负责人。校长首先任命我为化学系负责人，准备恢复重建化学系。①

薛愚次子薛钟灵回忆说："我印象中就是在漂泊，去了很多的地方。因为当时抗战刚开始，他就到了成都，先是到的华西大学②，父亲带着我们就在四川漂泊，当时工作也不是很稳定，工作也没有什么特别的作为，就是结识了一些进步的教授。"③

是时，汇聚后方的文教中心，除了昆明（西南联

---

① 薛愚口述，王广生整理：《我走过的路》，九三学社中央研究室编：《中国科学家回忆录（第二辑）》，北京：学苑出版社，1990年，第33页。
② 华西大学：1910年美国、英国、加拿大等5个国家的教会组织在成都华西坝创办的私立华西协和大学（West China Union University），是中国最早的医学综合性大学。
③ 薛钟灵在"纪念薛愚教授诞辰120周年座谈会"上的讲话。

大)之外,尚有"三坝"——即汉中的古路坝、重庆的沙坪坝和成都的华西坝。

蒋经国曾忆及1941年4月29日的见闻,"我们看到华西坝的坚固和管理心里感到非常难过:华西坝是外国人经营的,那里非常清洁整齐,我们参观了华西大学,再反过来看一看成都,好像是隔了两个世纪。在成都街上,有所谓鸟市、虫市,那里买鸟的、提鸟笼的都是些无业青年……"[1]英国生物化学家和科技史学家李约瑟笔下,则称:"该大学(华西协和大学)令人称羡的是校园里中西合璧式的建筑,它是当今'自由中国'所有大学中最好的,该校友好地接纳了另外四所疏散于此的其他大学……"[2]

> 薛愚自述:由于五个大学都集于华西坝,基督教会支持出资添建了两座楼房,即办公楼和化学楼,化学楼由五个大学理学院的化学系分占。齐鲁大学理学院化学系只占用一小部分,仅有一个小的办公室和两个较大的实验室。后又逐渐购置了仪器设备,聘请了教师。除无机、有机、分析、理论化

---

[1] 曾景忠、梁之彦选编:《蒋经国自述》,北京:团结出版社,2005年1月。
[2] 李约瑟、李大斐编著:《李约瑟游记》,贵阳:贵阳人民出版社,1999年,第106页。

三、夹缝求存

学等之外,全部借教于金大和华大。当时我教有机化学,也是几个学校联合听课,约有100多学生,教学工作逐渐完善。①

华西坝五大学校长合影(1940年)

其时,华西坝名家汇聚,除当时各校校长(金大陈裕光、金陵女大吴贻芳、齐鲁刘世传、燕京梅贻宝、华大张凌高)外,人文学方面有陈寅恪、吴宓、萧公权、李方桂、顾颉刚、钱穆、蒙文通、吕叔湘、常燕生等,

---

① 薛愚口述,王广生整理:《我走过的路》,九三学社中央研究室编:《中国科学家回忆录(第二辑)》,北京:学苑出版社,1990年,第33—34页。

理工科有生物学家刘承钊，地理学家刘恩兰，数学家赖朴吾、魏时珍，天文学家李晓舫等，都在此执教。

除固定授课之学者，联大也广邀世界知名学者来演讲、交流。1941年春末，美国作家海明威也曾在华西坝体育馆进行演讲；1943年，著有《中国科学技术史》的英国专家李约瑟[①]更曾在教会联大进行过超过20天共计12场的演讲，观者如潮。[②]另有记载还有许寿裳、张东荪、周太玄、孙伏园等名家也曾在教会联大授课。[③]

除在华西坝联大授课，薛愚也曾在西南联大授课，开数门课，当时亦有人以为不妥，讽刺薛愚是"通才"，但薛愚不以为意，他认为，旧中国教育的落后是全面的，故大学里学生需要什么科目，就应该开设什么科目，教授要做到"哪里需要哪里搬"——薛愚一生讲授过有机化学、生物化学、分析化学、普通化学、法医化学、药剂学、调剂学、药学概论等数门课程，确实做到了"哪里需要哪里搬"。

[①] 李约瑟（Joseph Needham）：1900年—1993年，英国科学家、科学史家、汉学家，1941年当选英国皇家学会会员（FRS），1971年被选为英国学术院院士（FBA），1992年英国女王伊丽莎白二世授予他"御前顾问"勋章，他也是当时唯一一个在世时就同时拥有这三个头衔的人，1994年被选为中国科学院首批外籍院士。
[②] 岱峻，严友良：《华西坝上的另一所"西南联大"》，《四川党的建设（城市版）》，2013年第9期，第66页。
[③] 马嘶：《紫骝斋日记》，深圳：海天出版社，2013年，第218页。

三、夹缝求存

  李约瑟在华西坝联大参观演讲期间，曾特别提到，在齐鲁大学，对薛愚教授对抗疟疾药物的作用机理的相关研究颇感兴趣。[①]也足证薛愚的学术实力，可惜后来薛愚忙于教育事业和行政事务，又受到各种运动的冲击，在个人学术方面成果并不突出。

  除了师资力量突出外，五大学之教学体制也是十分先进的。蒋梦麟在早年的回忆录中提到，中国近代以来，凡是主要以西方模式为基本运作规律的机构，一般都很有效率，比如海关、银行、税务、盐政、出版、教育、新闻、医院等。这些机构的人才多数来自教会大学。教会大学引进欧美教育制度，与教会所在国的一些名校有着教学、科研和师资等方面的联系，例如金大与美国康奈尔大学，金陵女子文理学院与美国密歇根大学，燕京大学与美国哈佛大学，华西协和大学与加拿大多伦多大学等都有密切的校际合作关系。[②]"教会联大"的性质属于"教育共同体"，5所大学人员达3000余人，共有文、法、理、医、农5个学院，近70个学系，可以说是战时我国规模最大、学科设置最完整的"大学"。以最具盛名的"西南联大"做参照：西南联大由国立北

---

① 王钱国忠，钟守华：《李约瑟大典》（下），北京：中国科学技术出版社，2012年，第785页。
② 岱峻：《风过华西坝》"自序"，南京：江苏文艺出版社，2013年，第3页。

京大学、国立清华大学和私立南开大学并组,同是5个学院,学生也在3000左右,但只有26个系科、2个专修科,在学科多样性上,较"教会联大"还有一定差距。

华西坝五大学风气开放,在中国文化研究和女学教育方面建树尤其突出。著名学者陈寅恪、钱穆、胡厚宣、张维华、李小缘、商承祚、沈祖棻等人,都在此完成了一些重要著作。齐鲁国学研究院与金陵大学、华西协和大学的中国文化研究所,培养了严耕望、汤定宇、李为衡等研究生。五大学联办的《中国文化研究汇刊》,自1941年至1951年共出版10卷,每卷约12万字,可以一窥五大学中国文化研究的水准。

华西坝联大学生去上课(1943年)

三、夹缝求存

在女学教育方面,是由金陵女子文理学院开风气之先。校长吴贻芳以"培养为国家社会服务的高层次妇女人才"为办学理想,培育出广受赞誉的"999朵玫瑰",其中不乏女院士、女科学家、女将军、女指挥家、女歌唱家、女教育家等,为国家做出了巨大贡献。

坝上自由与开放之风气,还体现于各种讲座、团契组织、课外活动。五大学校长虽反对校园政治,但并不实际干预,师生中左、中、右都有,各种思想冲突最终会通过民主协商的办法解决。因此这批人兼具传统中国文人和西方现代知识分子的特质,学生抱朴守拙,教师敝屣功名。不少学生系出名门,如:金陵大学有凌鸿勋的女儿凌崇英、张澜的女儿张茂延;金陵女子文理学院有居正的女儿居瀛棣、黄炎培的女儿黄学潮、张治中的女儿张素我;齐鲁大学有袁世凯的孙女袁家芝。在物价飞涨,空袭警报频传的困境中,这些名门贵子与寒门子弟同窗共读,开展抗日宣传、边疆调研及社会服务,对世相民意的体恤,对草根底层的同情,对公平正义的求索,皆令人钦佩;还有一部分人走向了革命与社会主义,在耶稣像前读《新华日报》,团契活动讨论《新民主主义论》《赤都心史》,在传教士文幼章的别墅中策动群众集会和火炬游行。[1]

1952年全国院系调整，全国的教会大学被关停并转，如齐鲁大学理学院这样的强势系科，被并入南京大学；物理、化学、生物、天算等系科与文科部分系科并入山东师范学院；医学院与山东省立医学院合并，组成山东医学院，并于20世纪70年代迁往泰安，至此，华西坝五大学全部退出历史舞台。

毕业于金陵大学的宋子文曾说："了解教会大学在中国现代化事业中发挥的重要作用的人太少了，金陵大学应属这些最前列的学校之一。"——从中亦可见，对教会办校的一味批评是片面的，有很多学生从中受益，除了传教行为文化侵略的一面，还应承认教会带来的新思想和新风气。胡适1947年任北大校长时曾感叹道："假如国立大学不努力，在学术上没有成就，很可能是几个教会大学取而代之。"胡适的紧迫感，也印证了坝上五大学在战时维持高等教育方面的厥功甚伟。[2]

那时，组成"教会联大"的5所教会大学采取统一安排、分别开课的办法，允许教师跨校讲学，学生自由选课，学校间互相承认学分，这种体制极大地利用了有

---

[1] 岱峻：《风过华西坝》"自序"，南京：江苏文艺出版社，2013年，第3页。
[2] 岱峻：《风过华西坝》"自序"，南京：江苏文艺出版社，2013年，第4页。

限的教育资源。此外，5所大学各种讲座、团契组织、课外活动亦十分丰富。① 但齐鲁大学毕竟远道而来，与南京迁来的两所学校相比，规模和师资都更受战乱的影响。齐鲁大学自山东中西部，向西南大后方移动是异常艰辛的，许多重要的教学设备都无法随行，教职员中许多山东籍者也因家室原因并未搬迁。同时，许多其他教职员则由于日军封锁长江交通，只得由青岛乘船至上海，由上海辗转至香港，再乘轮船至越南西贡，然后乘火车到昆明，再乘汽车到重庆，最后到达成都，费时数月，行愈万里。至于学生，则完全采用流亡或逃难方式。② 故齐鲁大学迁至成都时已元气大伤。

齐鲁大学千里迁校导致的"先天不足"并没有使薛愚灰心，反而更刺激他要为齐鲁大学再添枝叶的决心。他做出了一个注定困难重重的决定：在齐鲁大学创建药学系。创建药学系的艰难之处，不仅在于战时物资、师资的缺乏，还来自于校方的消极态度。薛愚虽然最终说服校方同意创建药学系，但校方要求他先要恢复化学系之正常运转，才能开始筹备药学系。齐鲁大学由济南迁至成都不久，方兴未艾，大量文件和人员等待处理安

---

① 岱峻，严友良：《华西坝上的另一所"西南联大"》，《四川党的建设（城市版）》，2013年第9期，第66页。
② 曹月：《教会大学的中国化研究》，陕西师范大学硕士学位论文，2013年，第14页。

置。于是，在一番苦心建设，并且处理完恢复化学系的复杂工作之后，创建药学系的工作从 1940 年才正式展开。

  薛愚自述：齐鲁大学医学院抗战以前在济南时有一个两年制的药科，迁成都时已撤销了，学校打算重新恢复药科并改为四年制的药学系。由于我是学药的，又做过国立药专的教务长，因而 1941 年初这一筹备工作就加在我身上了，这也是我义不容辞的责任。为了慎重起见，我请教当时在成都卫生界的两位教授，想不到一瓢冷水浇到我的头上，他们说："药学不是科学而是技巧，刷瓶洗罐、数药片而已，要什么药学系？你把理学院办好，把化学系搞好就够你忙的了，药学系干不得。"这使我回忆起自从我留法回来以后，在摸索开展药学教育的道路上所听到的："中药用水煎熬之后，倒出药液，几分钟就可化验完，还要什么研究"；"现在中国人民需要吃饭，不需要吃药"；"药学是搞草根树皮的，乡下老太婆也干得了"。我真是莫名其妙，疑惑到底什么是药学？难道药学在国外是甜的，到中国就变苦了吗？真是江南为橘淮北为枳呵！我爱药学，爱药学教育，因而下最大的决心，要为中国药

三、夹缝求存

学事业做出贡献,但是当时中国的药学事业实在是处境维艰。辛亥革命以后对药学即轻视,对中医中药歧视。孙中山先生领导的临时政府倡导新政,学习西方科学和工业,得到人民拥护,不料袁世凯窃夺政权成立北洋政府。1914年,北洋政府的教育总长汪大燮主张废止中医中药,说:"我决意今后废除中医,不用中药。"蒋介石夺取政权后,1929年举行第一次中央卫生会议时,通过了余云岫提出的"废除旧医以扫除医事卫生之障碍"案,声言:"旧医一日不除,民众思想一日不变,新医事业一日不能向上,卫生行政一日不能进展……"以后又提出什么"废医存药"论,实际上还是变相地废除中医中药。中医药备受摧残,那么西药的发展是否就有前途呢?否。历史告诉我们,十九世纪后半叶,欧美传教士到中国来,表面是医病,实际上是传教,进行文化侵略,收买人心,同时大量倾销药品,进行经济侵略。据统计,1842至1920年全国有教会医疗院处等250个之多,其中没有一个中国籍的药师或药剂人员,搞药的都是洋人。又,1897年教会医院有60所,其中有39所兼收生徒,但没有培养一个药剂生。中国自己办的同文馆(1865)、天津的医学馆(1887)、北洋医学堂（1902）、京师大学医学实业馆（1903）、京师专门医学堂（1906）等都没有药科。至抗日战争前，中国自办的医学校33处，药科只有4处。据统计自1906年陆军医学校添设药科开始至1936年止，三十年中，旧中国培养的药师，登记者不足400人，平均每年仅十余人。由此可见对药学校和药学人才的培养极不重视。①

在筹备药学系期间，曾有来自多方的声音阻止薛愚，他们认为薛愚此举是在徒耗人力物力、做无用功——自薛愚回国以来，对于学界对药学的"歧视"早已经"见怪不怪"了，故根本不受影响。那些学者认为，药学不是科学，甚至算不上技术，设立药学系是没有作为的。故薛愚虽然不被这些"阻力"左右，但他也很清醒。对药学的歧视，不仅是药学自身的危机，更是整个社会的隐患，对于整个国家来说都是十分危险的。药品生产能力可以说是国家安全的一个重要指标。能够做到药品独立生产就意味着：一、战时可以不受国际药品管制的制约来保障伤员用药；二、平时可以不受外国企业经济上的压榨而保障国民用药。故药品自制将成为

---

① 薛愚口述，王广生整理：《我走过的路》，九三学社中央研究室编：《中国科学家回忆录（第二辑）》，北京：学苑出版社，1990年，第35页。

三、夹缝求存

中国之独立自主的重要支撑——可惜国民政府并不具这样的认识。

明确了"制药以救国"的思想,一心以教育救国的薛愚也就获得了无穷的动力。他广泛聘请教授、购置仪器药品、查阅自辛亥革命起的药学文献以完善教学资料,为在齐鲁大学建设药学系四处奔走,鞠躬尽瘁,不遗余力。据张英侠说,在看到第一届毕业生时,薛愚"流下了幸福的眼泪"。[①]说是"幸福",或许也不全是为了毕业生,大概也有为药学学科迈出这艰辛的"一小步"而激动吧。

> 薛愚自述:在这种极为艰难的社会条件下,为了能开展药学教育工作,当时我对我国药学事业、药学教育的历史和现状作了进一步了解,在百忙中抽时间阅读了当时有关药学的主要文献——《医药学》《医药评论》《中华药学杂志》和《中华药刊》等。

《医药学》创刊于1924年,是当时药学人士的喉舌,药学家们发表了许多建议和见解。例如1927年于达望在第4卷中,发表了《振兴中国药学事

---

① 张英侠:《从牧童到教授——忆薛愚》,《襄阳文史资料第五辑:襄阳民国人物》,湖北襄樊日报印刷厂,1990年,第118页。

业建议书》；黄鸣龙在第 4 卷中连续发表了《浙江医药专门学校药科改良意见书》《设立药学院意见书》，在第 11 卷中发表了《向全国药学教育当局解释药学》；1935 年，黄鸣驹在第 13 卷中发表了自己拟定的药学专科及药学院之课程表及分别培养药学人才的意见，供教育当局参考。

《医药评论》创刊于 1929 年，是主要讨论医药关系的刊物。仅创刊第一年就有不少药学前辈撰文，建议改革药学教育，加强药学研究和阐述医药之关系，批评当时重医轻药之时弊。例如，褚民谊发表了《中法大学药学院名称迭更》；赵燏黄发表了《中央研究院拟设中药研究所计划书》；天放发表了《医与药》；沈成权发表了《药学不兴足以阻止医学之发达》；于达望撰文论药学分工，谈之甚详，并建议拟定《国定药制（药典）意见书》；吴冠民强调医学与药学之区别及二者之关系，认为医与药都是独立的学科，缺一不可，不能一分为二或合二为一，并指出我国医学教育处于萌芽时期而药学仅仅是胚胎时期，应大力发展药学等。

《中华药学杂志》是中国药学会出版的刊物。中国药学会于 1907 年在日本创立。学会的宗旨是推动我国的药学事业。1909 年学会创办了自己的刊物——《中华药学杂志》,作为宣传药学的工具,是药学工作交流的基地。中国药学会以及不少药学工作者在《中华药学杂志》上发表了很多提案。例如1936年发表药学会第七届年会呈请教育部成立药学教育委员会的提案,内容有建议各国立大学内增添药学院,药科改为专科学校(药科学校应具独立性,不能附属于医学院或理学院内),高等药学教育必须由药学专家主持而免隔阂相左之流弊;各省庚款公费及其他各项学生考试应加入药学名额,以资造就药学人才,俾谋发展我国之药学事业;呈请教育部从速制定全国药学专科学校之课程标准等。特别是于达望先生的《药学地位与使命之重要及我国人民不明了之原因》及孟目的先生的《呈教育部长论药学之重要及药科、药厂之宜筹备》等文章,较全面地阐述了药学之重要性,说理精详,并提出发展药学事业的具体措施,对我的启发、感召、教育很大。

《中华药刊》创刊于1938年,亦刊登了不少有意义的文章,例如1940年宋梧生的《何谓药学及中国之药学教育概况》;云海散人先生的《论药科之用途》等。另外1940年笔名为毛毛先生的人在《药与化学》上撰文《药学教育的新生命——改造药学教育的刍议》也颇有见地。

综上所述，自1906年陆军医学校开设药科教育至1936年，三十年来，药学工作者和开明人士鉴于药学之重要性及其与国计民生之关系，提出医药协调并进才能促进我国卫生科学、医药学之发展，有医无药或有药无医都是不正确的。自西医东传，外国人借行医施药之名，行传教麻痹中国人民、文化侵略之实。医院所用之药品绝大多数来自国外，把药品作为对中国经济侵略的工具之因而形成了重医轻药的思想。而当时国人不识"轻药"是帝国主义的经济侵略手段，且习以为常，岂不知轻药的观点是中国卫生科学停滞不前的一个重要原因。全国药学工作者有鉴于此，本着爱国之赤胆忠心，不断地发出肺腑之言，呼吁加强药学教育，发展药学事业乃是迫不及待的任务。

根据前辈药学工作者和社会贤达的意见，以及当时社会现实与人民的需要，我个人进一步肯定药学是科学，它和医学同样是为人民健康服务的，二者缺一不可。于是决心与华西大学制药系协作，借助它们有关药学方面的设备和师资。基础课如物理、化学、数学等是由齐鲁大学理学院担任；生理、药理两校合作开设；生药、药剂、调剂则借助华大药学系,在互相协助合作的原则和精神指导下,齐鲁大学药学系终于办了起来。当我看到第一班毕业生时,心中感到十分愉快和兴奋。①

在齐鲁大学任教早期,其中的院系建设工作、行政工作稍稍阻滞了薛愚学术研究方面的进展,但自药学系创办以来薛愚仍然发表了大量高质量学术论文。在1942年《中国化学会会志》(英文版)上发表的几篇比较著名的有《芳香性中药挥发油简易提取器》《六十四种芳香性挥发油含量之测定》《芳香性中药挥发油的化学成分》,以及在中国自然科学社出版的《科学世界》上发表的《茶的化学》《茶的药理》;1943年在《中国化学会会志》上发表的《汉木鳖子的研究》《草药人头发的初步研究》《川芎的研究》等。②

> 薛愚自述:在齐鲁大学任教期间,我还从事了一些科研工作,写了几篇综述文章:1941—1942年在《中国化学会会志》(英文版)发表了《芳香性中药挥发油新型简易提取器》《六十四种芳香性中

---

① 薛愚口述,王广生整理:《我走过的路》,九三学社中央研究室编:《中国科学家回忆录(第二辑)》,北京:学苑出版社,1990年,第35-37页。
② 张英侠:《从牧童到教授——忆薛愚》,《襄阳文史资料第五辑:襄阳民国人物》,湖北襄樊日报印刷厂,1990年,第117页。

药挥发油含量之测定》《芳香性中药挥发油的化学组成》等文章。1943年在《中国药学会会志》上发表了《汉木鳖子之研究》《草药人头发之初步研究》《川芎之研究》等。1942年在中国自然科学社出版的《科学世界》上发表了《茶的化学》《茶的药理》《整理川药》《使君子的研究》《糠醛之研究》《杂醇油之研究》等文。

我1937年完成的《实用有机药物化学》一书，由于抗战关系，直至1941年才由香港商务印书馆出版。1938年在国立药专任教时编写的《普通化学和定性分析实验教程》一书，也于1941年由重庆正中书局出版了。与林启寿合编的《药物化学》也送交国立编译馆进行审定。

在药学教育方面我取得了一些成绩，同时丰富了我的药学知识，加深了我对药学的认识，加强了我对药学事业的热爱。回想起1942年我在《科学世界》上发表的《敬向科学家进一言》一文，论点是科学是为保障人民健康，为人类谋幸福的，而不是制造杀人工具，毒害人类的，这就是我当时思想的真实反映。及至1943年发表的《拉瓦锡（Lavossier）评传》，评述了这位法国伟大的科学家，他热爱真理与科学，不惜牺牲自己的生命而欣

三、夹缝求存

然走上了断头台。拉氏是我心目中学习的榜样,激励着我要为药学教育事业奉献终身。在取得一些成绩之后,更坚定了我的信心,进一步树立了奋斗目标——实现医药协调,齐头并进;中药西药融合,去粗存精;培养我国药学第一流专家,具有创造发明能力的世界性的权威,建立各种人才齐备,成龙配套的药学体系。[①]

薛愚本身即有意将研究重点放在中草药的成分研究上,且四川地区是中草药的最重要产地,薛愚的研究也算"因地制宜"。他对六十余种芳香性挥发油含量测定的研究,为工业生产提供了大量实验数据和工业生产的依据,对中药的发展有积极的意义。1941年前后,薛愚编著出版的《实用有机药物化学》一书,是我国第一部专业药学教科书,具有重要的历史意义,数次再版。1943年薛愚在自己创办的《科学世界》杂志上发表文章《论药学教育——"三三制"》,阐述"三三制"办学思想。这一思想至今仍具有巨大影响力。

薛愚自述:经过学习、摸索、反复思考,我初

[①] 薛愚口述,王广生整理:《我走过的路》,九三学社中央研究室编:《中国科学家回忆录(第二辑)》,北京:学苑出版社,1990年,第36-38页。

步设想了我国药学教育发展的计划，撰写了《论药学教育——"三三制"》发表于《科学世界》上（1943年12卷5期，233-236页）。

中国是个科学落后的国家，而药学较其他学科更为落后，想于短时间内和世界先进国家并驾齐驱是困难的。当前只能急起直追。急起直追之道，其有二端：一曰"普及"，来一个药学普及运动，使广大群众了解药学是什么，然后药学才能进步；二曰"精专"，在药学普及的基础上，根据国家需要，择其所好，而进行较深的研究，企有创造发明，所谓"造诣独深"。我提出药学教育"三三制"是想通过"三三制"的学习而达到"迎头赶上"的目的。

所谓"三三制"分为三级造就不同程度的人才——即助理药师（或称药剂生）、药师和药学专家。为此，应包含以下内容：

（一）药学教育分为三级制：1.药学专科——入学学生为高中毕业生，就读两年，或初中毕业生或具同等学力者就读三年。除国文、外文、史地等普通科目外，应修化学、药剂学、调剂学、生药学及药律等。最后到药房实习。卒业之后，任医院药房的助理药师或药剂生。2.药学院——招收高中毕业生，或具同等学力者，肄业为四年，或助理药师、药剂生肄业两年。除修普通科目外，须修各系（专业）科目，并须参加药房、药厂实习。毕业后为药学学士或经考试晋升为药师。3.药学研究院——入校学生须为药学院或药学系、化学系、生物系、医学系毕业学生，主要学习药理、生理、细菌、抗生素及化学合成等，学习年限为二年或三年，毕业后能从事新药合成，国药之研究与整理，应具有发明创造能力。三级制是联系的，由专科而药学院而药学研究院，依次前进，由入门而升堂而入室。

（二）三系（三个专业）制：一个完善的药学院应视国家之需要，科学之发展，不能固封于一揽子的教育，而应分为三个专业：1.药物化学系——化学是由药学衍生的，而又服务于药学。化学是药学的主要科目之一。本系应设药物化学、卫生化学、药物分析鉴定、药物合成、制药工业、化工机械、工厂管理等课程。除胜任药师工作外还具有制造药品的能力。2.生药学系——培养学生具有整理和研究中药的能力。设置生物学、本草学、生药组织、栽培、采集、储存、生物化学、生药化学及脏器化学等课程。3.药理学系——是药学的一个重要学科，研究合成药物及用药之疗效、副作用及毒理作用。设置动物学、解剖学、生理学、药理学、心理学等课程。

药物必须经过动物实验、药理、毒理等检查，始能应用于临床……，故有人称之为把关学科。

（三）学习场所三机构制：1. 学校——已述于前。2. 药房——为药学专科、药学院学生毕业前实习之场所。一般医院药房因设备不够完善，不能满足学生实习之需要，故应有设备比较完善的药房，也就是药房中心，专供学生实习之用。3. 药厂——供药学院、药学研究院学生实习之用，并作为制药中心和研究发明新药的实验机构。当时我国药品不论新旧以及国药之提炼，几乎全依赖外国，人民健康也无保障。经过药厂实习、研究，逐步实现药品国有化、工业化而达到药品自给自足的水平。

学校、药房、药厂虽各自分立，经济上独立，但行政上则统一。实际上，学校藉药房、药厂为实习之场所，而药房、药厂则藉学校培养的人才，推进其技术，有机地互相联系，以收实效。为此，我设计了实施方案（略）。

"三三制"的药学教育的设想，是我用二三年的时间，浏览药学界前辈工作者和国内贤达的有关文献以及我在实际工作中的体会而草拟的。既然有了自己的理想，我也就不顾某些医药卫生界大师的"药学不是科学是技巧""药学没有搞头"等等

三、夹缝求存

言论，决心利用齐鲁大学理学院以及借助于华西大学药学系的某些条件、设备，同时筹划开设了生药学、药剂学、调剂学等课程，初步完成办好药学系的使命。①

（七）参与"倒汤运动"

尽管在学术研究和院系建设上都有卓越成就，然而诚如张英侠所言：旧中国宦海沉浮，政治斗争屡屡连累教职人员。薛愚在齐鲁大学任教时，再一次遭遇了学校内部过分复杂的人际关系带来的麻烦。时任校长的刘世传②，与医学院院长在学校政策上产生了严重分歧，二人间的敌对情绪和行政矛盾致使药学院院系发展受到严重阻滞。刘校长认为，齐鲁大学的三个学院应均衡发展，故有意加强文、理学院薄弱之处；而医学院则认为学校

---

① 薛愚口述，王广生整理：《我走过的路》，九三学社中央研究室编：《中国科学家回忆录（第二辑）》，北京：学苑出版社，1990年，第39—40页。
② 刘世传：1894年3月26日—1964年3月4日，字书铭，1935年，任齐鲁大学校长。1937年七七事变后，学校停课，他因精通英、德、法多国语言被派往国外进行抗日宣传工作，因而被日伪悬赏通缉。回国后，他克服重重困难，秘密主持"齐大"迁址，在四川成都华西大学借地复课。国民党政府屡邀其从政，他坚辞不就。1949年新中国成立后，因政治言论，被判有期徒刑1年，剥夺政治权利5年。1985年为其复查甄别，撤销原判。

应重点发展实力较强的医学院,在经费上应首先保障医学院。而最终点燃战火的导火索,是当时在济南的英美籍教员执意要在沦陷区复课,刘校长坚决不同意这种具有向侵略者妥协意味的举措,教育部的处理意见是将刘调离。

刘校长离任后,汤吉禾被任命为校长。汤氏有当局高层背景,但其随即出现的贪污问题和对学生的蛮横态度,使他上任不久后即遭到全校师生的强烈抵触。校董会为平息众怒,又选择了吴克明代替汤吉禾继任校长。但于汤校长离任之前,薛愚也因参与反对汤吉禾的运动而被迫先于汤吉禾离开了齐鲁大学。

在 1940 年汤吉禾初任齐鲁大学校长、还未浮出贪污行为时,薛愚与汤吉禾关系并未僵化,薛愚 1940 年前后创建药学系也是在汤吉禾任中,两人甚至曾共同赴过几次宴,未见争执[①],后来薛愚参与"倒汤运动",完全出于对汤氏品行不端的不满,根本不计人情关系和环境利害,颇具学者风骨。

除了贪污,汤氏在学校师生政治立场上的专制也令薛愚深感不满。1943 年,薛愚在齐鲁大学加入秘密组织

---

① 顾颉刚:《顾颉刚日记·第四卷》,1938—1942,联经出版事业股份有限公司,2007 年,第 339 页:到陕西街赴郎大夫宴。八时许散,和汤吉禾、薛慕回、宝璋同步归。今晚同席:宝璋,伯怀,慕回,吉禾,时子久,黄□□,傅矩生,孙□□(以上客),郎健寰(主)。

"唯民社"①，进行反蒋抗日活动；后来又接受地下党员薛宝鼎的指示，组织了"中国西部青年科学工作者协会"并担任会长。不久，该协会被校长汤吉禾以"是共产党的外围组织"为由强制解散——政治分歧成为造成两人之间矛盾的重要诱因。

薛愚加入的这个"唯民社"，是由时任国民党西康省主席的刘文辉创建的。该社起初是以广邀各大学有关教授和社会知名人士组织时事座谈会的形式活动，后来参加座谈会的人逐渐增多，便改名为"唯民社"，仍由刘文辉筹款，并出版刊物《大学月刊》，以"宣传抗战，反对投降，联合一切民主人士反对独裁，争取民主"为宗旨，广泛联络社会上之进步人士。"唯民社"并非一味反对国民党，而是抵制不作为的国民党高层，也并不是共产党的外围组织，薛愚也曾在该刊上发表进步文章。②

> 薛愚自述：我在办好教育，教好书的同时还做了一些抗日民族统一战线工作。成都是四川的省会，素有文化城之称，南京失守后，重庆又是所谓

---

① 唯民社：由民盟秘密盟员刘文辉于1941年创建并任社长。宗旨是："全民团结，坚持抗战，反对独裁，实行民主。"该组织与共产党关系密切，董必武、林伯渠都曾参加过他们的会晤。
② 张英侠：《从牧童到教授——忆薛愚》，《襄阳文史资料第五辑：襄阳民国人物》，湖北襄樊日报印刷厂，1990年，第124页。

陪都，成都更是文化集中的城市，特别我工作的地方华西坝，是知识分子最多的地方。我到成都不久，就参加了西康省主席刘文辉组织的"时事座谈会"，一般是成都各大学的教授和社会知名人士参加，如马泽民、吴廷璆、李象福、陈钟凡、张雪岩、黄献璋、叶丁易等。每次座谈会上都是互相交流，互相促进，谈当前的形势和如何做好抗日民族统一战线等工作。记得有一次刘文辉向大家报告他和蒋介石谈话的情况说："'蒋介石谈了两个问题，一、四川经济情况紊乱，物价上涨，是四川有权势的囤积投机分子造成的；二、人们常言天下未乱，蜀先乱，天下已安，蜀未安'。这是什么意思？"我当时插话说："经济紊乱，物价上涨是事实，四川有权势的人与之有关，也可能是事实，但比起孔祥熙与宋子文来，真是小巫见大巫；四川人最富有革命性，如川汉铁路问题，引起了辛亥革命，袁世凯想当皇帝时，陈宦将军就竖起了反袁旗帜等等。"后来参加这个座谈会的人逐渐增多，改名为"唯民社"，由刘文辉负责经费，办了一个刊物——《大学月刊》。"唯民社"和《大学月刊》为主要目的是宣传抗战到底，反对投降，联合一切民主人士，反对独裁，争取民主。《大学月刊》的主编是马泽民，后为谌志远,我是编辑之一。我除了在其上发表文章外,还写了一本小册子《石油与战争》。由于刘文辉的关系,"唯民社"接触的人士比较广泛,凡是反对蒋介石的代表人物路过成都时,"唯民社"总要设法招待,开一次座谈会。例如邓初民到成都时,总是被邀请。其他如杜斌承、朱蕴山等1942年到成都时也招待开座谈会。而孔祥熙到成都时,"唯民社"就公开散发反孔传单和标语。①

国民政府时期,国民也并没有集会结社的自由,结社必须向国民党党部登记立案。薛愚在为"中国西部青年科学工作者协会"向汤吉禾提出申请进行交涉时,汤直接打断薛愚并不耐烦地说:"凡是'协会'都是共产党外围组织,应该取缔,顶好快点自行解散,否则我们就要强行解散,这件事我要向黄季陆主委报告,也可能他要找你谈话。"

汤氏本身就是国民政府"空降"来的校长,并不是来发展学校,而是来监视、控制学校动向的,因此蛮横压制学生运动。这种态度令薛愚十分失望和愤怒,但薛愚还是努力维持着学校中进步组织的正常活动。

---

① 薛愚口述,王广生整理:《我走过的路》,九三学社中央研究室编:《中国科学家回忆录(第二辑)》,北京:学苑出版社,1990年,第41页。

1944年，汤吉禾贪污大米300石案[①]东窗事发。为抗议汤吉禾校长的专制、腐败行径，薛愚积极支持并参加了学校进步学生、教师组织的"倒汤运动"。可惜由于汤吉禾国民党成都党部负责人的身份，这场运动最终以失败告终，于是薛愚在1944年，继从国立药专"出走"后，再度因"政治问题"而被解职。

> 薛愚自述：1943年，地下党组织的薛宝鼎同志（新中国成立后在重工业部工作）指示，让我负责组织一个"中国西部青年科学工作者协会"，把青年科学家团结起来，为争取民主、倡导科学、反对投降、抗战到底而努力奋斗。大会成立时，我被推举为会长，李象甫（四川大学教授，新中国成立后任北京林学院院长）为副会长。在国民党统治时期，人民没有集会结社的自由，必须向国民党党部登记立案。由于齐鲁大学校长汤吉禾当时是国民党成都市党部负责人之一，我便和他交涉，话尚未说完，他……立案的事未成，反而使我惹了一肚子气！不久汤吉禾贪污大米（三百石）案发生，齐大

[①] 薛愚说是贪污三百石。参见薛愚口述，王广生整理的《我走过的路》，九三学社中央研究室编：《中国科学家回忆录（第二辑）》，北京：学苑出版社，1990年，第41页。

学生从而掀起了"倒汤运动",我就大力支持这一运动,产生了一定影响。可是汤吉禾在校外有CC系的支持,在校内又抱着洋人的粗腿,结果1944年暑假前把我解聘了,同时被解聘的还有文学院历史系主任张维华、社会学系教授张雪岩。我只得携眷愤恨地离开了成都。不过我离开成都时,"倒汤运动"并未停止,而是更为激烈了,1944年寒假汤吉禾终于被赶下了台。[①]

不过,薛愚在回忆录中曾十分自豪地表示,在齐鲁大学参加的两个组织,是他在教书办教育的同时,为抗日民族统一战线做的一点实质性的工作——早在与林伯渠、马适安等人的交往中,薛愚的统战思想就已经逐步确立,此后他与统一战线更是结下不解之缘。

在齐鲁大学同薛愚一起被汤吉禾解聘的,还有社会学系主任兼副教授张雪岩[②]。张雪岩是一位基督教文字工作者、爱国民主人士,后来与许德珩等人组建了九三

---

① 薛愚口述,王广生整理:《我走过的路》,九三学社中央研究室编:《中国科学家回忆录(第二辑)》,北京:学苑出版社,1990年,第41页。
② 张雪岩:原名张松峰,九三学社创始人之一,1938年留学加拿大于多伦多康乃尔大学攻读法学。1940年9月进入齐鲁大学社会学系任系主任,1944年与许德珩、劳君展等组织民主科学座谈会(九三学社前身),1945年参与九三学社筹委会。1946年5月4日当选九三学社理事。出席第一届全国政协会议,1950年1月28日脑溢血去世。

学社,并发展薛愚加入九三学社,对薛愚开展"统战工作"也发挥了重要影响。此后由于薛愚积极联络,一批重要的药学专家也纷纷加入九三学社。故"倒汤运动"虽然失败,但薛、张两位九三学社的中流砥柱,在运动中结下了深厚的友谊。

(八) 药专复员南京

薛愚自述:离开成都之前,孟目的和雷兴翰两教授约我去重庆,到他们主办的协和制药厂工作。不料船到了嘉定(乐山),遇到同济大学的徐福明先生和理学院院长顾葆常先生,他们邀我到李庄同济大学理学院任教,我便应诺而去,讲授分析化学和高等有机化学以及医学院预科的医用化学。

1945年清明节前后,我忽然接到国民党教育部部长朱家骅的一个电报,大意是"读了台端大著论药学教育一文,深感鸿文甚佳,盼来渝面谈"。素不相识的朱家骅忽来电报,使我感到惊讶,既接到电报,又不好不去。到重庆后,我先到协和制药厂拜访孟、雷两位先生,从他们那里得知,近年国立药专学潮不断,甚者发生学生离校罢课,几乎酿成学校解散之势,教育部长朱家骅托上海医学院院长

三、夹缝求存

朱恒璧先生代为物色合适的药专校长人选。朱恒璧又托上海医学院的任邦哲教授（在药专兼课），任邦哲遂找到孟、雷二位，他们商量并推荐我为候选人。原来朱家骅的电约是兜了个大圈子的产物。朱恒璧陪我去见朱家骅，当时他似乎很客气，希望我任药专校长之职。当时我有些犹疑，想到这些年来行政工作搞得我头痛，吃了不少苦头，就表示说怕干不好，但他执意要我帮忙整顿药专，我便答应了。①

但薛愚因有与国民党高层接触的经历，并不大信任朱家骅，便婉拒说："才薄识浅，恐怕办不好，有失众望。"② 朱氏再三邀请薛愚面谈，薛愚方勉强应允。

应邀抵渝之后，薛愚始知，自己对朱家骅的防备是正确的，朱家骅邀请薛愚时，"药专学潮迭起，已濒于关门"，此时接管药专，福祸难测——薛愚一贯耿直不避祸福，但薛愚还是从中隐隐嗅到了自己最反感、最避之唯恐不及的政治斗争的味道。

朱家骅邀请薛愚，并不单纯是想"扶大厦之将倾，救药专于水火"，而是当时朱家骅虽已入主教育部，但

---

① 薛愚口述，王广生整理：《我走过的路》，九三学社中央研究室编：《中国科学家回忆录（第二辑）》，北京：学苑出版社，1990年，第42页。
② 张英侠：《从牧童到教授——忆薛愚》，《襄阳文史资料第五辑：襄阳民国人物》，湖北襄樊日报印刷厂，1990年，第118页。

还不足以与根基颇深的陈果夫、陈立夫兄弟抗衡。朱、陈不仅在争取高校阵地以稳固对教育部的把控上存在利益冲突,二人身后更是国民党中统和军统之间的斗争,故此时朱家骅亟须培植一批心腹。孟目的当初是被陈立夫排挤出药专的,薛愚也因此事离开药专。对药专来说,由于陈立夫错误地使药专脱离了专业人才的管理,现在药专也确实亟须薛愚这样的真正的专家来恢复元气。

> 薛愚自述:后来知道国民党教育部是陈立夫和朱家骅两人互相争夺的任用私人的地方。陈立夫任部长时,大专校长必然是清一色陈派(CC派)嫡系分子,反之亦然。自朱家骅任部长后,药学方面一时没有他自己的人选,药专学潮又始终没有停息,在不得已的情况下,才把我作为"饩羊"拉出来,还美其名"屈尊帮忙"。我在临时总务长任邦哲教授陪同下接任药专校长职务,沿路看到"欢迎薛校长"的标语。刚到学校,许多学生把我包围起来,在表示欢迎的同时,要我发表谈话,表示整顿学校的意见。我当时很激动,并向学生说:"我初到学校,一切情况都不太了解,待了解之一,再向大家面谈,但我表示决心,一定要把药专整顿好,把药专办好。"之后,便开始忙于接收工作,解决

三、夹缝求存

遗留下的问题。[1]

但即使是药专这样一个苟延残喘的"烂摊子",薛愚接手时竟也遇到一些波折。在薛愚应允朱家骅之后,"等了近一个月时间未见聘书下来,后来有人告诉我,迟迟不下聘书的原因是有人到教育部控告说:'薛愚是个危险人物,曾在成都被捕,坐过牢。'朱家骅自然对我产生怀疑,于是多方了解,最后打电话给张群,始知事有出入。药专校长聘书迟了一个月才下来。"[2] 此事亦可见朱家骅对薛愚并不大信任——这种不信任也埋下了他最终辞聘薛愚的种子。

1945年8月15日,日本宣布无条件投降,抗战胜利。在药专9月1日开学典礼上,薛愚作为校长发表了激动人心的讲话。他强调"力量集中、意志集中,学校第一、学术第一,希望全校师生,团结一致,共同努力,办好药专"。薛愚希望通过全体师生的努力,使药专得到更好的发展,使药学的学生们得到更好的发展,使我国的药学事业得到更好的发展,药专师生在薛愚的领导下空前团结奋进,药专也在逆境中又向前迈出了宝贵的一步。

---

[1] 薛愚口述,王广生整理:《我走过的路》,九三学社中央研究室编:《中国科学家回忆录(第二辑)》,北京:学苑出版社,1990年,第43页。
[2] 同上。

薛愚自述：经过一个暑假的调查了解，知道药专的学生和教职员工绝大多数都是好的，对学校是爱护的，想把学校纳入正轨，只是因用人不当、管理不力、教学措施不善、教师阵容不强、教学计划不周、加上三青团时时处处挑拨离间，致使学校紊乱，群众愤怒不满，全体罢课抗议。我想我既接任校长职务，为了发展中国药学事业就要下气力办好药专，也想趁此机会实现我办药学教育的"三三制"理想。

了解到学校近几年来动乱的症结，对解除症结，我采取了以下几点措施：

（一）加强教学设备。在学校经费不足的情况下，要力行勤俭办校，节约开支，但对教学有关的图书资料设备、试验仪器等要尽力之所及尽量购置。

（二）加强教师阵容。除留校老教授孟目的、雷兴翰、任邦哲和王鑫等外，新聘有生药学教授管光地兼教务长、药剂学教授王殿翔博士、有机化学郭庆莱（云卿）博士、胡传儒博士授药理与生理学、药用植物学专家裴鉴博士、英文教授李道煊等，训导长魏中天先生是部派来的，魏先生曾在新疆被盛世才军阀关押多年始出狱。我本人兼授药学概论。

（三）民主办校，财政公开。有关学校的建设问题，不论是教师或职工或学生都可提意见，当尽量采纳。保证任人唯贤，不任用庸碌无能的私人。欢迎全校师生员工监督，随时检查、批评。

（四）宣传对药学事业和药学教育的重视。开学的前夕，日本投降了。战争的灾难过去了，民族受挫折、受屈辱的年代结束了。九月一日开学典礼上，我以激奋的心情讲了话，题目是"力量集中，意志集中，学校第一，学术第一"。内容是：我国药科教育既少又薄弱，全国只有三五个药科，不是附属于医，就是附属于理，多年来得不到发展，唯独我校是全国唯一独立的直属教育部的药科学校，虽然设立较晚，又因日寇侵略而一再迁移，困难重重，但我们是全国独一无二的独立的药科学校，我们一定要努力，全体师生团结一致，要在学术方面做出较大成绩，做全国药科教育的典范，扫除人们的"重医轻药"的观点。须知没有药，就没有医，医与药犹如枪与子弹，医是枪，药是子弹，必须医药协调，齐头并进才能促进我国卫生医药科学的发展。另外，还要认清药在国计民生、国防建设、人民健康等方面的重要性。全国药科学校少，我们的责任就更重大，让我们全体师生员工一致团结起来，努力把我们学校向前推进吧。（这一讲话在当时的报纸上曾登载，博得校内外人们的赞许。）

（五）国立药专三青团问题是学校动乱原因之一，要予以重视。我任校长不久，接到三青团干事张治中送来的一张聘书，任我为药专三青团的顾问，我知道这是例行公文，就把它扔到废纸篓里了，但我随时注意他们的言行，采取适当之措施。回忆起来大致有以下几件事：

1. 开学不久，学校三青团负责的学生请我给三青团讲一次话，我回答说："可以。"我以校长的名义讲话，题目是孙中山先生的遗嘱"和平、奋斗、救中国"。当时日本投降不久，蒋介石有进行反共的阴谋，大有内战的趋势，我极力主张国共合作共同建国，反对内战。认为国内打了多少年的内战，又进行了八年抗日战争，民贫财尽，再搞国内战争，就有亡国的可能性。国共双方理应履行抗日民族统一战线的协议。既然共同抗日取得胜利，就应该共同合作，共同建国。我们应提高警惕，竭力制止和反对内战……。特别是国民党方面应该遵守中山先生的"和平、奋斗、救中国"的遗嘱。

2. 1946年春，发生了张莘夫事件，引起了全国性反苏游行，当然重庆也不例外。在三青团把持操纵下，重庆各校学生掀起了反苏示威大游行。由复旦大学化学系一位教授领队,扛着校旗,大声高呼:"不参加者就是不爱国,不参加者就是共产党。"于是重庆各校学生纷纷响应,国立药专自不例外,其目的是反苏反共。当时我虽不是共产党员,可是我为共产党的抗日民族统一战线、抗日救国、爱国大义所感召,是同情共产党的。见到这种形势,我马上参加到学生中去,当面说明利害,主要认为这次游行是有人操纵的,我们头脑要放清醒一点,不要为他人利用;其次我校在歌乐山,距重庆市内有几十里之遥,又是崎岖山路学生身体吃不消,尤其是女同学更受不了,出了事难以负责。当时有个学生出来说:"复旦大学在北碚,距重庆不是更远吗?不也有女同学吗?他们不怕,难道我们就怕吗?"于是我就找了几个进步的学生,如蔡预、蔡欣(地下党员)、李连元等,要他们到学生中间进行内部瓦解工作。结果虽未能完全制止游行,但在国立药专的校旗下,队伍散乱,人数寥寥。

(六)药专复员。我任校长不久,即逢日本战败投降。全校师长怀着欣喜的心情,热烈庆祝八年抗日的伟大胜利。有人说:"薛校长有运气,任校长不久,日本就投降了。"我个人想,日本投降对个人来讲当然是件幸运的事,对全国各族人民来讲更是莫大的喜事。八年抗战，全国人民付出了多少代价，多少人民的英勇牺牲奋斗才换来了这伟大的胜利。不言而喻，经过八年的抗战，国家已是千疮百孔，百废待兴。①

其中第四点之宣传攻势，体现了薛愚对整顿整个药学行业的雄心，药专也因薛愚大刀阔斧的改革获得了前所未有的生命力。

与薛愚同时代的科学家，由于生活环境十分特殊，他们中的很多人或是在腐朽没落的旧中国报国无门；或是由于缺乏必要的科研条件而只能"纸上谈兵"；或是由于同情学生的革命活动而受到了特务的盯梢、迫害；或是干脆在黑暗的现实面前压抑沉寂。相比之下，像薛愚这样勇往直前的学者，也就更显得珍贵。

1937年时，由于抗日战争爆发，南京沦陷，汪伪政府在日本人的扶持下入主南京，故地处南京的各大院校、机关随蒋介石政府迁都巴蜀。1945年8月15日，日本投降，汪精卫政权也随之灰飞烟灭。1946年5月5日，国民政府由重庆迁回南京。

蒋介石政府复都南京，薛愚要办的第一件要务，就

---

① 薛愚口述，王广生整理：《我走过的路》，九三学社中央研究室编：《中国科学家回忆录（第二辑）》，北京：学苑出版社，1990年，第42–44页。

是药专复员南京。是时,药专在重庆并无自己的校舍,借用的校舍条件有限,并不适宜药专恢复以往的招生规模,故药专一直处于"蛰伏"状态。为恢复药专规模,薛愚极力主张药专迁回南京、恢复招生。但这个提议,因为药学院系不受当局重视,迁校所牵扯的经费和精力又多,受到多方阻挠和非议。

1945年秋,国民政府教育部召开学校复员讨论会,讨论药专迁回南京事宜——名为"药专复员讨论会",实际上却是"药专裁撤讨论会"。会上,军医署署长林可胜不仅不同意药专迁回南京,甚至"大放厥词":"国立药专不必复员,这种数药片、拿药水、洗药瓶的工作,护士都可干得了,药专可以取消。"

> 薛愚自述:抗日战争胜利,迁到"后方"的学校面临着复员问题。大的学校不说,即使像药专这样只有千人的学校,从数千里外迁回南京,当然也不是件容易的事。我是校长,责任重大,于是积极主持了国立药专复员迁回南京的工作。然而,迁校不是一帆风顺,遇到了不少的风波。
>
> 保校:1945年9月3日,日本签字投降后,国民党政府宣布从重庆迁回南京,建立首都。凡抗日期间,从敌占区各省市迁到后方的机关、工厂、学

校等应尽量迁回原所在地,即所谓"复员"。9、10月间,教育部召开迁到后方的学校复员讨论会。要求各校的校长、教务长,必要时总务长也要出席。讨论会时,凡迁到后方的各大、专院校的负责人都出席了。我代表国立药专出席了这次复员讨论会。但在讨论到国立药专的复员时,却遭到异议。一位任军医署长的林某某发言说:"国立药专不必复员,可以取消。数药片、拿药水、洗药瓶、刷药罐的工作,护士都可以干得了,护士工作忙时,其他人也能代替,不必设立药专学校。"①

这位林署长所言,可以说是十分无知的。"医"和"药"是相互依存、互为补充的两个学科,如果没有药学的支持,医学发展也会随即停滞。早在五四运动时,国内就已经有很多进步学者对旧中国教育中的这类学科歧视和发展不平衡的现象做出过批评:"我国一向不注重专门,故专门人才遂不多观。殊不知学业之径途至繁赜,各种有各种之专门。"②可惜国民党高层一贯懒理学者意见,并没有意识到:实业的发展是强国的关键,而

---

① 薛愚口述,王广生整理:《我走过的路》,九三学社中央研究室编:《中国科学家回忆录(第二辑)》,北京:学苑出版社,1990年,第45页。
② 赵靖:《穆藕初文集》,北京:北京大学出版社,1995年,第93页。

三、夹缝求存

培养科学的人才必须是各有所长,术业专攻,不期培养新的人才而只依赖旧有的学者救中国是不切实际且短视的。薛愚身为药学专家,非常清楚药学作为一个专门领域的不可替代性,故当即对林署长进行了激烈反驳。他说:"林先生所说的药科是17、18世纪的药科吧!经过两个世纪的大变化,科学前进了,药学也前进了,试问我们现在还能说医生是巫医吗?治病靠念咒、拜神、拜祖能成吗?在中国目前患了病不是苦于缺医就是苦于无药。抗日战争期间,交通被封锁,我们的将士不是苦于无药而遭受了重大伤亡吗?我们因无药,不是通过缅甸公路进口药品吗?林先生受英国教育多年,难道英国今天也没有药学院校吗?"①

薛愚的这一段反驳表现几个重要认识:第一,体现了发展的眼光,而不像国民政府的许多官员,对药学的认识还停留在18世纪而不自知——也正是因为这种思想上的停滞,使我国科学事业被别国远远地甩在身后;第二,体现了对时局的准确判断,薛愚一针见血地指出药学事业发展滞后将直接导致战争失败、国家受制的恶果,政治远见令在场的国府官员都自愧不如——这也是得益于薛愚对"科学"和"民主"关系的深刻理解。

---

① 薛愚口述,王广生整理:《我走过的路》,九三学社中央研究室编:《中国科学家回忆录(第二辑)》,北京:学苑出版社,1990年,第46页。

会上还有人提出:"四川是出产药材的宝地,西北各省药材资源丰富,可供药专教学研究,药专无复员之必要。"[1]

这是对药学的另一种歧视。四川地区作为中草药的最重要产地,的确应该重视。但如果认为中药只在四川发展就可以了,不免可笑。又或者,认为药学可以研究,但是仅限于研究就足够了,没有教育的必要,这种短视同样是令人无奈的。如果没有教育的支持,不能培养新的药学人才,那么药学研究迟早会面临青黄不接的局面而渐渐退出历史舞台——由此可见,这位官员恐怕也是想要逐渐关闭药专,只不过是采取了一种更为"迂回"的方式,免得像林可胜那样被薛愚硬顶回来。但薛愚并没有上当。他立即回应道:"这位先生讲的只是中药一点。今天的药学早已冲破了中药的范围,已经包括声、光、电、化各个方面,就以我们药专为例,所开设的课程就有 34 种之多,教授、副教授、讲师等就有 20 多人,助教还不在内。要有前进的眼光、发展的观点。"[2]

得益于薛愚的据理力争,教育部最终决定将裁撤药专一事挂起后议。会议结束后,薛愚向学校师生们反馈

---

[1] 薛愚口述,王广生整理:《我走过的路》,九三学社中央研究室编:《中国科学家回忆录(第二辑)》,北京:学苑出版社,1990 年,第 46 页。
[2] 同上。

三、夹缝求存

了会议的情况,师生们对药学教育如此不受重视都非常失望,但也都无计可施。

  薛愚自述:我回学校后,大家见我闷闷不乐,便来询问,当我告诉大家讨论的结果时,便纷纷议论,有些人非常气愤。四川籍的师生和毕业校友们都说:"国立药专是我国唯一独立的药科学校,它是为全国培养药学人才的,不是专为四川培养人才的,应该得到政府的重视。我们川籍师生一致拥护药专复员南京,反对留在四川。"群情激涌,争辩不已,国立药专真有土崩瓦解之势,危在旦夕!一星期后,我又到教育部,见到教育部秘书长朱经农先生,他过去是齐鲁大学的校长,与我有师生之谊。当我说明来意后,他把一个本子翻了一翻说:"经过讨论,药专不复员。"于是我力陈药学教育之重要性,说道:"我们全国只有这一个独立的药科学校,而美国有几十个药学院系,日本也有三十个左右,中国这么大,人口这么多,若是一个药科学校都没有,能向世界表明我们的文明与科学的水平吗?老师您在齐鲁大学任校长时,不是也有两年制的药科吗?毕业生都是各地相争聘用,满足不了社会需求,每年都有许多函电要求扩大药科。中国用药都要到外国去买,也不成体统。请老师再向部长陈述一下。现在学校内群情不安,学校师生几乎百分之九十以上都是外省人,争相返家探视父母,若决定药专不复员,恐酿瓦解之果,我个人孤掌难以支撑了。"最后他答应两星期后听指示,并说刻下无论如何要以维持学校安定为重。

两星期之后,喜接教育部的指令,"决定国立药专复员至南京",并说明复员经费、时间、安全措施等问题。师生喜笑颜开,谈论回家团圆之情,我心里的一块重石也算落了地。

教育部指令下来后,便筹划复员事项。药专虽不算很大的学校,但既有专科又有高职科,既有教师又有家眷,还有职员和工人,再加上可利用的图书资料、仪器设备,要顺利地按期完成复员,并非很容易的事。

首先是先遣人选问题。药专自1936年建校到1946年复员,整整别离了10年。八年抗战发生了怎样的变化,在复员之前必须有先遣人员去南京原校址了解情况。人选必须是家在南京、曾在药专上过学、对南京和原校情况较了解,并且办事精明强干的人。经讨论,认为校长秘书金理文先生最为适宜,因他是南京人,又是药专的学生,1936年入校学习一年后,随同学校迁渝,他对药专的地址及建设情况都比较了解。①

国民政府内部气候诡谲,随时变天。为免"夜长梦多",薛愚立即在学校中组织成立了"药专复员委员会"。因复员工作涉及三地多个部门,工作头绪纷繁复杂,薛愚一人无法兼顾,便派金理文为代表,赴南京代为处理复员在南京方面的事宜,自己处理重庆及上海方面的事务。金先生也知责任重大,火速飞赴南京,谁知出师不利,南京方面说,由于复员工作牵扯的机构太多,必须由校长本人亲赴南京处理。

> 薛愚自述:……成立了药专复员委员会,决定本着民主办事、财政公开的方针,组成了迁校委员会,由总务长王鑫教授为总负责人,并由教师、学生、职工,及家属各方面的代表组成。根据教育部规定的经费、时间以及交全事项等,大家共同讨论后,决定复员路线分水陆空三路进行:以水路为主,从重庆乘船东下;陆路,从重庆北上迁西安转陇海铁路东行;空行也可,不过人数很少,且路

---

① 薛愚口述,王广生整理:《我走过的路》,九三学社中央研究室编:《中国科学家回忆录(第二辑)》,北京:学苑出版社,1990年,第46、47页。

费以水陆的标准计,额外的学校不承担。个人单行时必须向复员委员会登记,自行负责。职工分批出发,每批人数视交通情况而定,每批有总负责两人,下分各组,有组长一至二人。规定抵南京到校报到时间不得迟于九月中旬……其他一切情况由总务长负责,随时调动安排。学校必需的设备物资、图书仪器,凡能使用的尽量带回,各家所用的物件尽量少带,以防路上损失。愿意留在四川,不愿随校复员继续任职者,按教育部指示办理;愿意留川不随校迁南京的学生,由学生申请,学校负责介绍办理转学手续。[①]

薛愚收到电报,便立即赶往南京,同金理文分头与各政府部门进行协调。一时间,二人奔走于重庆、上海、南京三地之间,虽然辛苦,但是成果颇丰:不仅复员头绪渐渐清晰,还争取到南京原日本中学校址作为药专复员校址以及上海若素药厂给药专学生作实习药厂,算是"意外收获"了。

薛愚自述:金理文先生到南京后,经了解认为

[①] 薛愚口述,王广生整理:《我走过的路》,九三学社中央研究室编:《中国科学家回忆录(第二辑)》,北京:学苑出版社,1990年,第47页。

三、夹缝求存

一时返京机构多而复杂，政府负责机构和负责人忙乱无章，工作感到棘手难以进行，希望校长赴京，共同洽商。因此在寒假之前，我飞抵南京，与金理文一起或分头多方接触，来往于南京、上海，想方设法找门路。我找到行政院秘书长翁文灏先生（其女儿是药专毕业生），一再要求大力协助。又通过本校高职科学生小徐，拜见了他的父亲（记不清名字），是行政院宋子文的秘书，与之交谈很久，他深表同情，并表示愿意协助。在上海金理文遇到药专毕业的一位校友，他的亲戚恰巧也是宋子文的秘书，又请他向宋子文转陈我校校址的困难。经过多方奔走，最后行政院决定把南京山西路口"日本中学"作为药专校址，又把上海"若素药厂"拨给药专作学生实习场所。于是，我们就把"国立药学专科学校"和"国立药学专科学校试验药厂"的牌子挂起来了。这时一切周折、辛苦、劳累都忘了，我满意地返回重庆。①

至此，薛愚认为药专复员工作已基本成形，便高兴地把国立药专和上海若素药厂的实习药厂的牌子挂了起

---

① 薛愚口述，王广生整理：《我走过的路》，九三学社中央研究室编：《中国科学家回忆录（第二辑）》，北京：学苑出版社，1990年，第47–48页。

来。谁知没过两天,刚刚回到重庆的薛愚又接到金理文急电:"日本中学被资源委员会占据,若素药厂也被另一卫生机构接管了,校长速来京磋商措施。"

> 薛愚自述:大概1946年4—5月间,我又飞到南京,了解情况后,马不停蹄地去见翁文灏,他说:"你去找资源委员会负责人谈吧。"我到了资源委员会,负责人说:"我们不是强占你们的校址,资源委员会是在重庆时成立的,在南京根本没有原址,到南京后,见日本中学门上除了挂着国立药学专科学校的牌子外,里面是空空荡荡,连看守人都没有,经行政院批准,资源委员会就搬进来了,不是强占,而是合法的,你们找行政院去交涉吧!"于是,又到了行政院,然而,却拒而不谈。之后,我又到上海若素药厂了解情况。当时卫生机构的接收大员们说:"你们学校是教育机构,不是厂矿。若素药厂,原属日本厚生省,理应由我们卫生机构接收。至于学校的问题,请你们直接向教育部交涉吧!向行政院去讲理吧!"[①]

---

① 薛愚口述,王广生整理:《我走过的路》,九三学社中央研究室编:《中国科学家回忆录(第二辑)》,北京:学苑出版社,1990年,第47—48页。

三、夹缝求存

电文中提到的资源委员会，是1932年蒋介石在钱昌照等人的倡议下设立的一个国防设计机构，前身是国防设计委员会。它隶属于国民政府行政院，管理全国轻、重工业，因此实际上控制着全国大部分资源，故药厂被资源委员会占据，便很难再要回了。

本以为已经是板上钉钉的事情了，却出现如此重大的变故，薛愚心急如焚，立即飞回南京，找到行政院和资源委员会多番了解情况，以便疏通协调。然行政院说："并未参与批准该项用地，无法回复。"与行政院交涉没有结果，于是万般无奈之下，薛愚复又上陈教育部，重新申请复员校址。抗战刚刚胜利时，国民政府内部各部门之间责任权属还未厘清，办事效率也比较低下，一处校址竟然需要重复申请，也就可以理解当初为何阻挠药专复员了。

薛愚自述：因为临近暑假，时间紧迫，不容拖延。当时应迁回的机构都到达了南京，找房子比登天还难。经过一番周折没有结果，只好上呈教育部申请建校。幸而教育部也了解南京房屋的紧张情况，批准了我们重建学校的申请，不过指示说："需要重建新建的学校很多，药专建校要采取逐年增建的办法，因为经费有限，处处要从俭。"于是我就将全部精力放在建校方面来了。[1]

药专复员的校址，又经许多波折，方获准确的批复。然教育部又要求复员要"精简节约"——薛愚曾在文章中说："中国的官僚，多是秀才出身，深知秀才辈的劣性，知道'秀才造反，三年不成'，故专事与秀才为难，例如'八一九'限价后，物价涨了十几倍，或几十倍，而公教人员的薪金、学生的公费偏限住了，冻结了；限价取消，公用事业加价五六倍，而公费、薪金最多只加一倍半，每月十元经费，要你办个研究所，七角的研究费，要你制造原子弹……你要吵闹说'反饥饿''争生存'，他说你是受匪利用，为匪作谍，有碍戡乱，送你到特别法庭，反正秀才辈造不成反，死他几千几百，也不在乎，这正是'作孽自受，秀才害秀才'，被害的秀才，缄默不言，甚者谓应'安贫乐道''教学成仁'，谁敢揭竿而起呢！"[2]恐怕这种感慨也是来自亲身体验。教育经费远远赶不上通货膨胀，但国民政府里的"秀才"看准了高等学府里的"秀才"是造不成反的，根本不怕他们不满。薛愚的性格固然是不怕"揭竿

---
[1] 薛愚口述，王广生整理：《我走过的路》，九三学社中央研究室编：《中国科学家回忆录（第二辑）》，北京：学苑出版社，1990年，第48—49页。
[2] 薛愚：《秀才造反》，《中建》，1938年第9期，第9页。

而起"的，但薛愚也十分冷静地看到，药专欲顺利复员、生存下去，还有很长的路要走，很多事情还依然要"仰仗"教育部里的"秀才"，并不是"揭竿而起"的时机，故而暂时选择了妥协，当1947年药学会里的教授联名向国民政府施压时，表现出来的惊人战斗力表明：秀才也是能够造成反的。

在争取教育经费的问题上，李仁利在回忆薛愚新中国成立后替北医药学系争取权益时，"厉害"程度在全校教授中都是出了名的，而此时薛愚也一反之前在药专复员讨论会上"舌战群儒"的勇猛，转而对国民政府屈从妥协，这是因为薛愚清楚，从他争取药专复员开始，教育部、卫生部高层便设置各种障碍，目的就是不愿药专复员，不愿在药学院校的建设上再投入任何精力和金钱。当初教育部也是头疼于薛愚的"铁嘴钢牙"，不愿意"招惹"他，才勉强同意药专复员。故薛愚明白，若再生枝节激怒了教育部，恐怕连已经争取到的权益也会保不住，于是咬着牙答应，一切以迁校复员工作实施起来为先。至此，国立药专的实习药厂与校舍虽都是因陋就简，但在薛愚的斡旋努力下，终于得以投入使用。

> 薛愚自述：建校问题，首先是新建校舍。当时部里有人想负责包建，而我主张"招标"的办

法，另外请了一名工程师汪季琦负责监工。建筑校舍的原则是两个字"简""俭"，凡是能修建的决不重建，如厨房食堂就是利用日本时留下的一个大木板房，加以修缮而成；办公室也是用旧有的破房进行整修而成；实验大楼是以旧房为基础，加盖了一层。新建的有教学大楼、男女生宿舍和一部分教职员宿舍。这样从 1946 年 6 月开始到 8 月底学生返校前就基本解决了校舍问题。①

将上海若素药厂充作国立药专的实习药厂，本来就是十分勉强的，几乎是靠薛愚个人"耍无赖"式的工作才获得的。日军投降之前，若素药厂原属日本厚生省，投降后理应由卫生机构接收，教育部是无权直接批给药专的。资源委员会和卫生部都未来得及清点资产，更没有料到半路杀出一个薛愚"先下手为强"，日本人刚一撤出上海，他便替药专"抢占"了若素药厂。好在国民政府本就不大重视制药工业，占着原来的药厂也发挥不了什么价值，故让给了薛愚。

薛愚自述：实验药厂是药科学生生产实习的重

---

① 薛愚口述，王广生整理：《我走过的路》，九三学社中央研究室编：《中国科学家回忆录（第二辑）》，北京：学苑出版社，1990 年，第 49 页。

三、夹缝求存

要场所。部拨经费用于建筑校舍尚感不足,更无法再建药厂了。南京有日本军队留下的十几个药厂,都被军医署接收了。我和金理文商定,向军医署进行交涉,于是同去见了军医署的林ⅩⅩ先生,并说明来意,真没想到,他不但不表同情,反而当头一棒说:"你们真是书呆子!中国既无设备,又无人才,还妄想搞什么药厂?!外国药,特别是美国药,价廉物美,我们可以十吨八吨地买,自己还搞什么药厂。"我们碰了一鼻子灰。最后,只有走自力更生的道路,由伍照安先生负责,找了几间破旧房子因陋就简地把药厂初步建了起来,勉强供学生实习使用。①

在这场药专复员的"战役"中,薛愚再次依靠他的坚持和精明取得了阶段性的胜利。薛愚在为个人利益做选择时,往往是很"愚蠢"的,总是选择更"不利"的那一条路;而在为学校、为学生做打算的时候,又往往表现出非凡的智慧和"狡诈",判若两人。正如高尔基所言,"愚蠢的海鸦是不配享受战斗的乐趣",也正是依靠一批像薛愚这样既有真知灼见又善于战斗的学者,才

---

① 薛愚口述,王广生整理:《我走过的路》,九三学社中央研究室编:《中国科学家回忆录(第二辑)》,北京:学苑出版社,1990年,第49页。

使得旧中国的药学教育事业在夹缝中得以残喘。

（九）单挑三青团

早在 1938 年，薛愚就曾经短暂任教于药专，当时孟目的为药专校长，二人深受学生尊敬，可惜由于国民党高层排挤，二人相继离开药专，直到 1945 年薛愚又短暂接任校长。

薛愚接管药专后，经历了药专自渝返宁的浩大工程，学校忙于搬迁及筹建南京校舍，薛愚的贡献是非常巨大的。但薛愚对药专最大的贡献却绝不止于此。薛愚主事期间，对师资队伍不断进行补充，除留用孟目的、雷兴翰、任邦哲等著名教授外，还新聘知名度较高的药剂学教授若干，如王殿华博士、郭庆芬博士等，极大地加强了药专教师阵容。

薛愚自述：建校问题基本解决以后，便开始考虑扩充教师队伍。教师队伍的建设十分重要。教师的质量是提高教学质量的关键。开学伊始第一次讲话我就阐述了学校第一、学术第一的原则，所以聘请教师应是任人唯贤，并考虑到当时学校已有专科及高职科，在此基础上应再进一步添建药学研究院，以初步实现我理想的"三三制"药学教育。因

三、夹缝求存

而聘请教师的原则是：首先要学识渊博，经验丰富，有创造发明能力；其次，世界不断前进，中国也不断前进，科学文化更是不断地飞跃进步，所以教师必须具有民主进步思想，能跟得上时代的潮流；第三，要作风正派，光明正大，主持正义，从而影响并促进学校的优良作风。根据这几项原则，继续聘任了原来的教授有：孟目的（化学药师，药剂学）、雷兴翰（药物化学博士，药物化学）、王殿翔（药学博士，教务长，调剂学）、郭云卿（有机化学博士，秘书长）、袁开基（有机化学博士）、管光地（生药学教授）、王鑫（无机化学教授，总务长）；又增聘了陈延炳（医学博士，生理、药理）、葛春霖（理论化学）、汪季琦（制药工程，工程师）、王绍鼎（药学博士，药剂、调剂）、汪积怨（物理、数学）、段超人（女生部主任）、王殿之（英文）、高棣华（英文）等。另外还聘任了几位兼任教授，他们都是金陵大学和中央大学的著名教授，当时教师阵容是比较强的。①

关于薛愚缘何又离开药专，白本在忆薛愚的文章中

---

① 薛愚口述，王广生整理：《我走过的路》，九三学社中央研究室编：《中国科学家回忆录（第二辑）》，北京：学苑出版社，1990年，第50页。

称，1946年10月，薛愚因"主张国共合作、共同建国、反对内战、制止三青团游行，聘请民主进步教授等原因被撤职"①。这种说法也从侧面印证了薛愚为药专广聘知名学者任教的工作成果。但新中国成立前，各大院校都笼罩在政治斗争的阴影之下，前途难料。一般来说，如果所聘用的教授"亲共"，只要解聘教授就可以了——薛愚即因此被解聘数次——而聘请民主教授竟然成为校长被解聘的原因，教育部的反应也未免过激了。薛愚此次被解聘更重要的原因，主要是由于几番阻挠三青团在学校中的活动。

三青团②成立于1938年，是国民党下属的青年组织，成立的初衷，是为国民党培养有生力量，大力发展在校学生效忠党国，扫除国民党内部贪腐现象。但随后三青团卷入了国民党少壮派和元老派的斗争之中，在学校中的活动也渐渐偏离正轨，演变为反对、阻挠、破坏共产党和民主党派在学生中组织活动的组织。

---

① 白本：《先师仰弥高，后学共垂范——纪念药学教育家薛愚教授诞辰100周年》，《药学教育》，1994年第11期。文章则说薛为辞职，总之薛愚未能在国立药专继续执教。
② 三青团：三民主义青年团，系蒋介石派遣"复兴社"和"CC系"的骨干分子在武汉等地组建，大量吸收公职人员、军警、政工人员入团，并且将"复兴社"完全并入三青团充作骨干力量。蒋介石任团长。陈诚、陈立夫、康泽等三十一人组成中央干事会，陈诚、张治中先后任书记长。成立之初，确组织一些抗日救亡活动，但后期以反共为主要任务。

三、夹缝求存

此时的薛愚已经是一个有丰富斗争经验的革命者了,因此他并未与三青团发生正面冲突,而是采取了一种比较温和迂回的斗争方式。当时,三青团聘薛愚为特别顾问,薛愚清楚三青团背后是国民党高层,而薛愚作为药专校长,不可能脱离国民党的控制,故薛愚假意参加三青团,实际上想办法阻挠三青团的活动。① 三青团煽动学生赴外地游行,薛愚便说路途遥远,去了也赶不上了;并且路上又危险,女同学就不要去了,等等,劝回了大批学生。三青团看中薛愚在师生中的影响力,也曾"邀请"薛愚加入组织、参加活动,薛愚以自己对政治不感兴趣为由拒绝了。学校的国民党势力见薛愚"亲共倾向""历史悠久",一直不肯转投国民党一派,故借机将薛愚撤换了。戴立春忆国立药专的文章中亦称:"薛愚校长为人耿直,对国民党当局迫害进步学生不满,不久即被撤换。"② 可见薛愚的离任,与表明政治立场和参加进步活动有很大关联。

薛愚深知三青团的背后是国民党,自己与三青团周旋早晚会出事,故其实他对自己这一次的被解聘,也早有"预感",并且也确实提前得到了消息。有一天晚

---

① 薛愚档案,北大医学部档案室藏。
② 戴立春:《中国第一所独立高等药科学校——国立药学专科学校》,《中国药学杂志》第25卷第12期,1990年,第749页。

上，薛愚在南京高棣华教授家里，教育部高教司司长向他说："近来教育部接到蒋介石侍从室来函，说你是危险人物，要求教育部注意，我考虑（你）是否表个态。"——侍从室的这种不利言论，很有可能就是陈立夫的杰作。陈立夫的伯父陈其美是蒋介石的义兄，陈立夫从 1925 年起便担任蒋介石的机要秘书，随侍蒋介石。薛愚上一次出走药专，便是因为陈立夫将校长孟目的无理解聘，二人早已结下不睦。陈立夫与朱家骅在争夺教育部上又素有过节，而薛愚也曾受朱家骅看重，故打压薛愚也算是一箭双雕。

薛愚对自己因"亲共"之缘由被辞聘并不感到委屈，但司长的话令他明白，自己的被辞聘也与国民政府高层的政治斗争有关，朱家骅当初虽力邀薛愚，但此时很可能迫于政治压力，"弃车保帅"，薛愚深感失望："我任校长时，早就明白朱家骅向我表示什么'屈尊帮助'是假，利用我做替罪羊是真！我是想为中国药学教育发展出力，并不热衷什么校长。从整顿学校，复员迁校、建校，费尽了心血，才把药专重建起来。药学教育事业刚走上轨道，那些官僚政客就拿它做送人情的礼物，他们哪会为药学事业的发展、人民的健康着想？！

三、夹缝求存

我为中国药学事业惋惜！这姑且作为我的表态吧！"①

其实最令薛愚失望的，并不是朱家骅抛弃了自己，而是朱家骅抛弃了药专。自己的离开，很可能导致药专彻底沦为国民党派系斗争的战场，甚至从此一蹶不振。薛愚对国民政府高层的政治斗争早已十分反感，从孟目的、王子元，再到自己，这种因政治利益导致高校频频换将，损失最大的，不是学者个人，而是学校和学生。

果然不出10天，朱家骅来了指令："药专校长薛愚另有任用，着行解职。"朱家骅当初启用薛愚，也是因一时无人可用，薛愚是留洋博士，在药学领域颇有名望，又与陈立夫有过节，故再合适不过。但是薛愚也并不是只有学术思想而在政治上没有主见的傀儡校长，在是否支持共产党在校内活动的问题上，并不受朱家骅控制，故被朱家骅撤开也是迟早的事。

> 薛愚自述：当群众闻讯以后，议论纷纷。有人说："蒋介石侍从室诬告薛校长"；"校长表示要民主，主张民主办校，引起了当局的怀疑"。有人说："校长是戴红帽子走的，上海报上的舆论说薛某撤职原因是主张民主办校。"当然我知道这肯定

---

① 张英侠：《从牧童到教授——忆薛愚》，《襄阳文史资料第五辑：襄阳民国人物》，湖北襄樊日报印刷厂，1990年，第118页。

是重要的原因，但还有其他的，那就是在复员后的夏天，药专三青团负责人夏xx要求学校出路费到庐山开会，我没有答应。我说："既是全国性大会，必然有一定的经费，学校经费少又要有计划地开支，这笔钱学校没有计划，不能上报。"三青团学生们又提出"暂借"，我说："暂借是可以的，但你们要有保证人，有借有还。"结果三青团学生们不欢而散了。这件事也是我被朱家骅撤职的一个原因。当时，有人愤而不平地说："既然上面不说明撤职的原因，可以拒不卸职……"①

政治斗争对教育事业的破坏，是将真正需要内行人来做的工作交给外行的心腹亲信，而将专家置于无足轻重之地，这是一种十分不利于院校发展的现象。由此薛愚产生了"外行不能领导内行""党员不能领导教学"的想法。薛愚认为，学校应该是纯粹的教学、研究机构，任何时候不应该受政治因素所左右。这种理想主义也为他在1957年反右运动中，惹上了巨大的麻烦。

薛愚被朱家骅撤职后，公共卫生专家、时任卫生署

---

① 薛愚口述，王广生整理：《我走过的路》，九三学社中央研究室编：《中国科学家回忆录（第二辑）》，北京：学苑出版社，1990年，第50—51页。

长的金宝善①即聘请他到上海药厂任总工程师。薛愚一贯认为制药工业关系着国家安危,故对这次受聘十分重视,进行了一番认真调查研究,很快便写就一个整理改进的计划呈交有关部门。不久得到回复:"目前上海几家药厂都较混乱,工作陷于停顿状态。"因此计划未获批准。薛愚从之前的调研中已经发现上海的几家药厂情况都不乐观,也因此才希望大力整顿,故对这份回复十分失望,说:"我这个总工程师,原来是应付差事的招牌。"于是没多久,薛愚便又赍志离沪。

> 薛愚自述:卫生署长金宝善和卫生研究院院长朱章赓听到我被撤职的消息,便到教育部打听我被撤职的原因,教育部回答说:"原因复杂,不便详述,卫生部门若想任用薛愚,我们不管。"于是金、朱二人回来找我,希望我"帮忙"。我说:"去哪里都可以,只有一个条件,即我的家属要有住房,只要有房子,南京、上海都可以。"最后,我接受到上海药厂任职。

---

① 金宝善:1893年—1984年,浙江绍兴人,九三学社社员,我国公共卫生学家,近代卫生防疫事业的奠基者之一。在日本千叶医科专科学校与东京帝国大学就读,1927年回国后,历任国民政府中央防疫处处长、卫生部保健司司长、中央卫生实验处处长兼军医监理委员会委员、卫生署署长、卫生部部长等。他参与制定我国医疗卫生方面的一系列方针政策。

卫生署在上海接收了几个日本人设立的制药厂，约有六七家之多，让我任总工程师，负责管理和进行生产。当时总负责人是杨永年和陈璞，另外只有二三个技术人员。我参观了几个药厂，了解大致情况后，就草写了一份初步整理和改进的计划，并拟聘请几位工程师和一般的技术人员。他们见了我的计划以后对我说："你的计划我们考虑了，上海现有的几个药厂，都较混乱，工作陷于停顿状态。目前经费困难，工资都发不出来。只能勉强维持现状，不能增加技术人员，甚至增加个秘书也很困难，你现在只要能维持住现状就好，发展的事，以后再说。"于是我明白了，我这个总工程师，只是应付差事的招牌。①

金宝善也是著名卫生学家、教育家，后来也加入九三学社，同薛愚既是同事也是同一个党派的同志。但金宝善与薛愚的许多观点、主张都十分不同。金宝善学术地位也颇高，但即使在中西医对抗最为激烈之时，也均不见他发表意见的身影，是一个非常谨慎而中立的人。所以当时金宝善聘请薛愚时，大概并未考虑到薛愚

---

① 薛愚口述，王广生整理：《我走过的路》，九三学社中央研究室编：《中国科学家回忆录（第二辑）》，北京：学苑出版社，1990年，第52页。

三、夹缝求存

摧枯拉朽式的工作方式并不符合自己以抽丝剥茧的方式稳步推进整改的预期,因此在如何整顿医学的问题上,二人本来就是难以达成一致的。

对于整顿制药工业来说,金宝善的"温补"法和薛愚的"峻下"法并不能够分出对错。但1945年前后,对于我国的工业发展来说,确实是一个特殊的时期:当时本土药厂和制药原料加工厂倒闭50%以上,上海药厂年底关闭了160家,残余的数十家又有70%陷于半停工状态,所以薛愚赴任后的大失所望,一定程度上也是因为对制药工业的窘境不如金宝善了解得深入。是时,中国的药学行业并不可能在短时间内有所改善,因此金宝善在此时聘请薛愚,实际上是希望借薛愚在药学界的权威来"扶大厦之将倾",但是薛愚虽有百折不挠的精神,却习惯了大刀阔斧的改革,也过于心急于改头换面,彻底整治,因此对"久病而虚"的制药工业恐怕并不十分对症,故计划多未获批准。当然,如果不是因为时局太过令人失望和愤怒,薛愚也不致如此轻易放弃。

四、风雨兼程

(一) 加入九三学社

胡适主政北大时,为北大聚集了一批民主教授,薛愚也经常与他们进行学术和时局方面的交流和探讨,并与之建立了友谊。① 不久,薛愚通过北大教授、九三学社创始人之一张雪岩②,于1946年底,正式加入九三学

---

① 郑志峰,冶芸:《北大民主教授群研究(1945—1949)》,《社会科学家》,2013年第1期,第144页。
② 张雪岩:九三学社的创始人之一,曾参加过第一次世界大战,归国后参加五四运动,先后投奔过张作霖及山东地方武装,后又从事文学创作,再后步入宗教界。参见《九三学社简史》,北京:学苑出版社,2005年,第31、32页。郑志峰、冶芸:《北大民主教授群研究(1945—1949)》,《社会科学家》2013年第1期。"1944年底,张雪岩与许德珩、劳君展等组织民主科学座谈会,号召人们发扬五四精神,为实现民主和发展科学事业而奋斗,大批科技界、文化界、教育界的高级知识分子和知名人士参加。1945年9月3日,民主科学座谈会成员组建了九三学社筹委会,张积极投身到筹委会的各项工作中。"

四、风雨兼程

社,并发展了当时同在北大的方亮①也一起加入②。

张雪岩去世后,他的侄子张中华在纪念张雪岩的文章中说:"伯父生前的老朋友,如许老(德珩)、袁老(翰青)、薛老(薛愚)等,他们纷纷致函于我,望我能把雪岩的史料总结起来。"③可见薛愚与张雪岩的感情是十分深厚的。在薛愚家人回忆薛愚的采访中,亦常提到张雪岩与薛愚晚年也保持着联系。

张雪岩1940年自美国留学归来后,任教于当时已迁往成都并与其他四所教会大学共同组成"教会联大"的齐鲁大学,而薛愚前一年已经开始在齐鲁大学任教;二人共事没多久,又同时因支持学生运动而被解聘;薛愚1946年到北大任教,又与九三学社另一位创始人许德珩④成为

---

① 方亮:著名医学微生物学家,杰出的社会活动家,1946年,开始参加九三学社的活动。1947年加入中国共产党。当选第三至第七届全国政协委员,九三学社中央原顾问,西安医学院(现西安交通大学医学部)副院长,国家一级教授,于2015年6月3日22时在北京逝世,享年102岁。
② 郑志峰:《重建社会重心:战后自由知识分子群体研究》(1945—1949),《华东师范大学学报》,2008年第5期,第130页。
③ 张中华:《献给伯父》,《张雪岩史料选编》内部资料,毕愿清主编,中国人民政治协商会议山东省潍坊市寒亭区委员会文史资料研究委员会出版,1991年,第50页。
④ 许德珩:原名许础,字楚生,著名爱国人士、政治活动家、教育家、学者;九三学社创始人和杰出领导者。早年参加毛泽东发起组织的新民学会,青年时代入同盟会参加辛亥革命。五四运动时是著名学生领袖,起草《五四宣言》。1920年赴法国勤工俭学,毕业于里昂大学,后入巴黎大学,师从居里夫人研究放射性物理学,1925年与劳君展结婚。1927年回国,曾任武汉第四中山大学教授,国民革命军总政治部秘书长、代主任。中华人民共和国成立后,曾任水产部长、全国政协副主席、全国人大常委会副委员长。

同事，而此前，薛愚与许德珩又为巴黎大学校友。薛愚与九三学社几位创始人之间兜兜转转互有关联，又同为有救国之志的进步学者，故一拍即合，加入九三学社。

  薛愚自述：1946年底，寒风冽冽，我到国立北京大学药学系任教。在教学工作的同时，我积极投入党领导下的反美、反蒋、反内战的爱国民主运动。不久，我参加了九三学社和中国民主革命同盟（简称小民革）。[①]

九三学社最初为座谈会形式，后来成为松散组织，以民主学者为主要构成，团结了一批知名人士和专家学者，他们在反内战、反独裁中都发挥了重要作用。而在薛愚加入九三学社之前，国民党当局显然也看到了九三学社的巨大影响力，已对这种"大批知识分子有组织的进步活动"表现得十分恐慌，曾多次试图对九三学社进行拉拢，甚至是威胁，均未有任何结果。国民党见九三学社"油盐不进、软硬不吃"，于1947年将九三学社定为非法组织。薛愚的介绍人张雪岩，在重庆"校场口事

[①] 薛愚口述，王广生整理：《我走过的路》，九三学社中央研究室编：《中国科学家回忆录（第二辑）》，北京：学苑出版社，1990年，第54页。

四、风雨兼程

件"①中,亦曾与郭沫若、李公朴等人一起反抗当局遭到殴打,一直是国民党特务的重点关注对象。所以薛愚加入九三学社时,九三学社正经受着来自国民政府的巨大压力,薛愚此时加入九三学社,如同他之前参加"大地社""唯民社"一样,都不是政治投机行为,而是坚定地追求正义和真理,追求民主与科学的选择。

薛愚加入九三学社,好友马适安还特意致信表示支持,认为薛愚加入九三学社是十分正确的选择,"以便在共产党领导下,继续从事爱国民主活动"。②这与当年林伯渠在与薛愚谈话时提到的"统战工作"的思想是一致的。薛愚从年轻时便有意加入共产党,但后来考虑到要为抗日爱国统一战线做更多的工作,并加强与广大民主学者的交流,转而参加了九三学社并一生追求民主与科学,晚年才申请加入中国共产党。

加入九三学社后,薛愚的家也随即变成了九三学社

---

① 校场口事件:1946年2月10日,重庆各界二十多个团体在校场口广场联合举行庆祝政协成功大会。到会群众达1万多人。政协代表周恩来、沈钧儒、梁漱溟、罗隆基、邵力子等应邀参加大会。会议开始时,国民党当局派遣大批特务、打手七八百人,以重庆工务会、农务会、商务会等名义强行入场,抢占主席台。大会主持者李公朴上前劝阻,被特务包围、拳打脚踢,倒在台下,头部被铁尺打伤,血流不止。出席会议的演讲人郭沫若、马寅初、章乃器、施复亮等人也遭辱骂追打,中国共产党代表周恩来和国民党将领冯玉祥赶到会场,当即痛斥国民党特务的暴行,特务打手即四散而去。
② 陈超远,王玉:《访薛愚教授》,《襄阳文史资料第五辑:襄阳民国人物》,湖北襄樊日报印刷厂,1990年,第140页。

的聚会场所和进步教授联系中共地下党的秘密活动地点。每次"聚会",不仅薛愚自己积极参加,薛愚的夫人张英侠也配合负责张罗、放哨、传递信息,为保障社员们的安全和活动的顺利开展,做出了许多贡献。

薛愚自述:在当时的白色恐怖下,九三学社同志们的民主活动,都是以"聚餐"的形式为掩护,而且十之八九是在宣武门内国会街北大五院我的家中进行的。我老伴张英侠同志为聚餐操持一切,并兼管"放哨""报信"的工作。我的寓所当时是九三学社进行革命活动的重要场所之一,并在这里见到过党的负责同志。日本投降后,正是蒋介石妄图侵占抗日果实的两种命运决战的年代,北平九三学社成员在中国共产党的影响与指导之下,展开了反对美蒋的伟大斗争。1946年,叶剑英同志率中共方面的人员来北平参加军事调处执行部工作,九三学社许德珩等同志便加强了同叶剑英、徐冰等同志的联系。然而,由于美蒋方面的破坏,美国宣布"调处"失败,叶剑英等同志要撤离北平了。1947年初春,九三学社的同志决定以家宴形式为中共代表团送行。徐冰同志代表叶剑英同志出席了在国会街北大宿舍我家中的宴会,对九三学社同志们的斗

四、风雨兼程

争给予高度评价，并谈了当前的形势和任务。①

胡适作为校长，在学术上给予教授们充分的信任和自由，在政治立场问题上也不多干涉。早在1926年，薛愚在清华大学大地社发表的进步文章《再打孔家店》就曾引用胡适的文章。进入北医以后，二人在工作上互相支持，薛愚同胡适也建立了良好的关系。北平解放前夕，胡适曾劝说薛愚随其一同赴台执教，薛愚不为所动，坚持留在内地，而胡适随国民政府赴台湾后再未回到内地，从此二人天各一方。据季羡林②先生回忆，当时胡适曾派专机前往北平接一批专家教授赴南京，飞机抵达南京时他亲自接机，谁知仓门打开，却只有三两位教授的身影，胡适当即痛哭失声。③收到胡适邀请而未赴约的教授中，也有薛愚。

胡适与薛愚并无政治上的分歧，并且胡适自己也曾说过，自己一生曾经撰文骂过国民党，却从没有骂过共

---

① 薛愚口述，王广生整理：《我走过的路》，九三学社中央研究室编：《中国科学家回忆录（第二辑）》，北京：学苑出版社，1990年，第55页。
② 季羡林：1911年8月6日—2009年7月11日，山东聊城人，字希逋，又字齐奘。东方学大师、语言学家、文学家、国学家、佛学家、史学家、教育家和社会活动家。历任中国科学院哲学社会科学部委员、聊城大学名誉校长、北京大学副校长、中国社会科学院南亚研究所所长，是北京大学的终身教授。
③ 季羡林：《站在胡适之先生墓前》，中国作协创研部编：《1999年中国散文精选》，武汉：长江文艺出版社，2000年，第253页。

产党，当然也就更不可能骂过民主党派了。只是，胡适是一个纯粹的学者，他只追求"科学"；而当时已正式加入九三学社的薛愚则属于"爱国民主学者"一类，他们既要"科学"，还要"民主"。在"国家前途命运"和"个人学术生涯"的十字路口，薛愚选择相信、追随共产主义，选择为新中国、为新中国的人民贡献自己的知识和力量，与胡适"分道扬镳"。

（二）社会活动家

九三学社社员之间、社员与其他各党派人士之间保持的联系，除了便于学者们在学术上对抗当局的压制外，在宣传政治主张、形成政治力量方面也有很大作用。

1947年1月，薛愚签名参加了北大民主教授联合发表的反美反蒋宣言。

1947年5月20日晨，蒋介石向陕北、山东实施重点进攻。国立中央大学（现南京大学）学生和沪、苏、杭学生代表共5000余人在中大操场集合出发，并与金陵大学学生汇合，上街游行。当天是国民参政会四届三次大会开幕之日，国民党当局在南京布下重兵。当学生队伍到达珠江路口时，有500余名武装宪兵和警察强行阻止学生通过。在冲突中，宪警抢夺、撕毁旗帜和标

四、风雨兼程

语,用皮带、鞭子、木棍等殴打学生。在这场反动镇压中,学生重伤19人,轻伤104人,遭毒打的500余人,被捕28人。同日,天津南开、北洋两校的游行学生,遭到特务的殴打,多人受伤。南京、天津的流血事件便是震惊中外的"五二〇"惨案。

5月22日,在北平的九三学社社员袁翰青、薛愚、樊弘等联合28位教授共同发表了《北京大学教授宣言》支持学生。宣言说,"澎湃的学潮蔓延全国各地,当局业已决定断然处置办法,使我们深深忧虑此后的发展将更险恶,受以教育工作者的立场,向社会表示我们的态度。……今日内战愈演愈烈,其结果已使饥饿侵蚀到社会各阶层,青年学生所呐喊的反内战、反饥饿,正是代表全国人民一致的呼声,我们应该同情"。[1]并强调,"青年学生运动的起因是不满现状,唯有改变现状才能平息民愤,推诿与压制只能适得其反。"

该宣言表明了薛愚等进步学者、民主教授对时局的关心及其立场,但也因该宣言支持学生反内战反饥饿运动、反美反蒋,引起当局不满,故宣言原计划在《大公报》上公开发表,付印时却被开了天窗。参加宣言之教授学者亦多被国民党警备司令部列入黑名单,其中包括

---

[1] 许进:《许德珩、劳君展夫妇与九三学社》,《中共党史资料》,2006年第2期,第167页。

薛愚。但薛愚丝毫不为这种"特别待遇"所困扰。同年，他又接受地下党员沈郁邨同志的指示，于天津北洋大学发表反蒋演说《警惕秦始皇再生》，引起了不小的反响。

薛愚自述：1948年，伪国大闭会之后，蒋介石行将任伪大总统的时刻，北平的广大进步人士和绝大多数大专院校的进步师生员工，在北平地下党的领导下，大规模开展了反蒋、反内战的爱国民主运动。北医地下党员沈渔邨同学有一天来到我家中，要我去天津北洋大学进行一次反蒋活动。当时形势虽然很紧张，但是我觉得这是我应该做的大事，我便欣然答应了。我准备做个反对蒋介石的演说，并写了提要。第二天下午沈郁邨带着两个北洋大学的学生到我家，让我随这两位学生一起去天津，她告诉这两位学生说："薛先生随你们一同去，你们一定还要伴随薛先生回来，若有异变，请马上打电话给我。"到了天津的当天晚上，我用"警惕秦始皇再生"的题目向北洋大学的师生员工做了演讲，为什么我用这个题目呢？因为秦始皇吞并六国，实行专制独裁，焚书坑儒，坑杀知识分子，而蒋介石要实行"四一"主义，即一个主义、一个政府、一个领袖、一个军队，也是实行专制独裁，迫害知识分子。我演讲的内容是反对秦始皇的独裁、坑杀知识分子,目的是以秦始皇之名影射反对蒋介石。讲演以后就住在北洋大学里我的一位朋友张国藩教授(新中国成立后任天津大学校长)家里。为了避免国民党特务的注意,第二天晚上,北洋的两位学生送我回到北平。①

此后,薛愚等九三社员还在呼吁保障人权、反对国民党政府取缔民盟、抗议国民党飞机轰炸开封、抗议"七五"惨案、呼吁傅作义谋取北平和平解放等一系列问题上,多次举行集会、发表演讲、发表公开声明,开展了一系列斗争运动,②充分发挥了民主党派人士的影响力。

"七五"惨案的发生,缘起1947年底,国民党在东北战场节节败退,只剩沈阳、长春、锦州等几个孤城。为了招揽学生,国民党宣称要在北平建立东北大学、临时中学,吸引众多学生流亡北平。流亡学生被安排进驻广化寺,并供给日常口粮和少许公费。1948年7月4日,北平当局通过《救济来平学生办法》,决定停

---

① 薛愚口述,王广生整理:《我走过的路》,九三学社中央研究室编:《中国科学家回忆录(第二辑)》,北京:学苑出版社,1990年,第56—57页。
② 王世铎:《九三学社史话》,北京:社会科学文献出版社,2015年,第71页。

发东北流亡学生的公费,并企图将学生编入傅作义的军队。7月5日,流亡北平的东北大、中学生数千人,群集北平市参议会议长许惠东住宅,愤怒抗议市参议会通过《征召全部东北(流亡)学生当兵的议案》。时任华北剿总副总司令的陈继承下令镇压学生,学生9人被打死(官方承认3人),100余人受伤,这就是震惊全国的"七五"血案。"七五"血案使广大学生丢掉了对蒋介石政府的最后幻想。

在陈继承调来青年军之前,华北剿总总司令傅作义曾明确指示陈"士兵不准带枪,更不许打学生","七五惨案"后,傅作义对陈继承十分不满,陈随即被傅作义调离。因此,傅作义的手上并没有沾上学生的鲜血,这也是中国共产党和广大民主人士愿意,并且能够争取傅作义的基础。

在民主活动中,薛愚等九三学社社员与其他各党派也保持了良好的关系。当时,民主学者活动的方式,主要是座谈、组织签名、发表联合宣言或抗议书,而以座谈最为频繁。座谈主要是通过聚餐的方式进行,活动地点"有时在北大府学胡同宿舍,有时在当时黎老主持的大辞典编纂处内,大多是在国会街薛愚同志家里聚会,因为那里较偏僻,不易引起注意"。

袁翰青回忆,"当时,有组织的民主人士在北平的

四、风雨兼程

不太多,并没有把各民主党派分得那么清,常常是配合在一起搞活动的。"① 因此薛愚在这一时期与许多民主党派人士有所交往,甚至与袁翰青一起加入了有"小民革"之称的"中国民主革命同盟",但因"小民革"属共产党的秘密外围组织,许多资料里并无记载。

小民革,全称"中国民主革命同盟",是中国共产党在国民党统治区的外围秘密组织,1941年夏成立于重庆,为区别于简称同为"民革"的"中国国民党革命委员会",一般称为"小民革"。其成员中有爱国民主人士、国民党左派以及在国民党政府内担任较高级的幕僚职位的革命人士,也有中共党员。九三学社社员、薛愚好友袁翰青也是"小民革"领导人之一。抗日战争期间,"小民革"在国民党内部进行了坚持抗战、坚持团结、坚持进步和争取民主自由的斗争。解放战争时期,它从国民党内部进行了反内战、反独裁的斗争,对国民党反动派进行分化瓦解工作,努力协助国民党民主派的活动,配合中国共产党进行各方面的工作。1946年1月1日政协在重庆开会期间,其成员进行了大量的工作,

---

① 袁翰青:《袁翰青文集》,北京:科学技术文献出版社,1995年,第275页;依托九三学社这一社会组织性力量,许德珩将"九三"社员聚集起来,将北大的民主教授团结在周围,与其他高校的民主人士如燕京的张东荪、严景耀、雷洁琼夫妇、清华的吴晗、费孝通、潘光旦等人广泛联系,一起行动。

起了重要的配合作用。

北平和平解放后,"小民革"成员30多人分别作为民主党派、人民团体等单位的代表,出席了中国人民政治协商会议第一届全体会议。1949年9月17日,该同盟发表《中国民主革命同盟结束声明》,公开宣告结束。①

(三) 宴请代表团

中国共产党的抗日民族统一战线政策是九三学社产生的政治基础。

早在1939年12月21日,中共中央《关于组织进步力量争取时局好转的指示》一文中即指出:"一切站在国共之间主张坚持抗战团结进步的所谓中间力量,最近期间表现出政治积极性日益增长,成为推动时局好转的极重要因素,因此,我们应用极大努力帮助他们,用各种方式组织起来。"1940年3月11日,毛泽东在《目前抗日统一战线中的策略问题》报告中说,"在中国,这种中间势力有很大的力量,往往可以成为我们同顽固派斗争时决定胜负的因素",因此,"争取中间势力是我

---

① 陈奇文、张原玖、肖德才主编:《统一战线知识手册》,武汉:湖北教育出版社,1989年,第451页。

们在抗日统一战线时期的极重要的任务"。

故在重庆国统区工作的中共领导人,如周恩来、董必武、林伯渠、吴玉章、邓颖超等,纷纷根据中共中央的精神,同爱国民主党派和人士密切接触,参加各党派的活动,分析国内外形势,阐明中国共产党的方针政策,适时给予支持和推动,此即九三学社等民主党派应时而生并迅速发展的有利条件。

与共产党积极团结民主党派不同,国民党中的一些顽固派在政治上"逆我者亡"的态度逐渐暴露。先是1941年1月4日,蒋介石在安徽省茂林策划发动了震惊中外的"皖南事变",国民党第二次反共高潮达到了最高峰;随后,汪精卫政府领导下的国民党顽固派也加快了摧残民主力量的步伐。广大民主人士和各民主党派均对国民党的反动行径表达不满。

汪精卫政府是1940年以汪精卫等投靠日本的中国国民党党员为首建立的政权,其以"中华民国国民政府"为名,实际上则是日本在战争期间扶持的傀儡政权,因此,也就根本不可能团结民主力量一起抗日,甚至将"反共"作为重要目标绘于"国旗"之上。

1926年1月,汪精卫在国民党"二大"上当选为中央执行委员会常务委员会委员,"中山舰事件"①发生后,其被迫辞职,出走法国。1927年4月汪精卫归国,任武汉国民政府主席。4月5日,汪精卫、陈独秀联名发表《国共两党领袖汪兆铭、陈独秀联合宣言》,4月18日,南京的国民政府成立,蒋介石邀请国民党中的资深反共代表胡汉民出任国民政府主席,国民党公开分裂成"汉""宁"两政府。7月15日,汪精卫在武汉实行"分共",与蒋合流。②至此,国民党已经违背孙中山先生初衷,开始蓄谋施行独裁。

在共同遭到国民党顽固派疯狂破坏的背景下,1941年春,周恩来代表中共中央在重庆俄国餐厅约请各民主党派的领袖吃饭,出席的有张澜、沈钧儒、黄炎培、许德珩、章伯钧、罗隆基、张申府、梁漱溟等。

周恩来对大家说:"当前人民群众和各党各派对国民党的一党专政强烈不满,有必要伸张民主、反对独裁。我们经过讨论研究,认为有必要组织起来,成立中国民主政团同盟,要求团结抗战,要求民主。"大家一致赞同:政治不民主,抗战胜利必无可能。而为了促进抗战胜利,必须加强全国之团结。故在中国共产党的号

---

① 中山舰事件:又称"三二〇"事件,3月20日广州定乱。现存史料显示该事件为偶发性事件,纯粹是军队调度出了问题。
② 苏寿桐:《汪精卫》,《中外历史名人传略:中国近现代部分》,郑州:河南人民出版社,1984年,第434页。

四、风雨兼程

召下,中国民主政团同盟正式成立,许德珩被推选为联络部副部长。[1] 许德珩先后参与组织创建的"民主科学座谈会"和九三学社都是重要的团结民主教授和学者的组织,当薛愚参加九三学社后,许也与薛愚成为挚友。

作为知名民主教授,薛愚在《1943年的科学和科学家》一文中说:"科学是谋全世界、全人类之

中国民主政团同盟于1941年10月10日公开宣布成立后,中国共产党在10月28日的《解放日报》上发表社论,热情赞誉中国民主政团同盟是"中国民主运动之生力军"

最大幸福,有系统的知识技能……举凡一切的研究、发明、创造……有违背全世界全人类最大幸福的原则,不是科学,而是反科学,无论何人的研究、发现……是用之不利于人类之生存……是科学的罪人,不是科学家,而是反科学家……法西斯国家,数十年来,处心积虑,利用反科学的,科学罪人的发明、研究……来掀起空前未有之大战巨波,企求毁灭全人类的文化、自由、幸

---

[1] 薛启亮主编,李瑗分卷主编:《中国民主党派史丛书:九三学社卷》,石家庄:河北人民出版社,2001年,第18页。

福,甚至根绝人类之生命,而逞一时之快。"薛愚认为,1943年的中国,所需要的是"毁灭法西斯,促进胜利,铲除艰苦,拯救人类的科学与科学家",文章中还列举了一段时期内,我国一些积极的科学成果以及科学家需要努力的方向。①

这篇文章,是薛愚结合"民主"与"科学"的救国信念的一次总结。薛愚历次为争取民主而遭解聘的经历已经证明了他对民主的不懈追求,而薛愚思想中更加先进的地方在于他还认为,法西斯的行径,不仅是"反民主"的,同时也是"反科学"的。他认为没有"民主"支持的"科学"是站不住脚的,因"民主"缺位,教育机构完全沦为政府高层争权夺势的战场,学者疲于应付高层之间的政治斗争,妄谈学术研究。而反过来,旧中国的落后面貌也让薛愚明白,如果没有"科学","民主"也是毫无用处的。世界上没有任何一个积贫积弱的国家能够摆脱殖民主义的阴影,何谈民主。

在薛愚看来,"民主"与"科学"是相互依存的两股力量,不可能只依靠其中哪一个的单独推进而改变中国之命运,此即体现"科学救国"思想。而"民主"与"科学"这两股力量,也正是九三学社的旗帜,相通的

---

① 薛愚:《1943年的科学和科学家》,《科学世界》,1943年第12卷第1期,第1—6页。

救国思想,为薛愚加入九三学社埋下了伏笔。

1944年,在被汤吉禾从齐鲁大学辞聘后不久,薛愚进入上海国立同济大学理学院任教授,教授有机化学、高等有机化学。

自1937年8月第二次国共合作正式形成后,两党关系在曲折中发展。在美国罗斯福政府的压力下,蒋介石不敢公开破坏两党关系。"皖南事变"发生后,美国总统罗斯福派特使居里来华对国共关系进行调解,居里在重庆与蒋介石和周恩来分别会谈,并向蒋声言:"美国在国共纠纷未获解决前,无法大量援助中国。"以此向蒋介石施加压力,迫使其改善国共关系。但国民党先后掀起的三次反共高潮,最终导致两党关系破裂。

1943年,共产国际宣布解散,蒋介石抛出《中国之命运》,掀起第三次反共高潮。1944年6月,罗斯福派副总统华莱士来华调解国共两党关系,华莱士说:"罗斯福总统认为,共产党人和国民党党员终究都是中国人,他们基本上是朋友,'朋友之间总有商量的余地'。罗斯福总统表示,如果双方不能够一致,他们可以'找一个朋友来',并且表示他可以充当那个朋友。"但蒋介石却推托美国"不了解共产党对中国政府所构成的威胁,并且过高估计了共产党抗日的作用",可见蒋介石对国共合作本身并不认同,仅仅是在美国重压之下的权宜之计。

罗斯福总统逝世后,苏联红军也在反法西斯战争中取得胜利,美国杜鲁门政府的调停工作就开始越来越偏向国民党一边,最后实际上已经是在推行一套反动的扶蒋反共政策了。1947年2月下旬,杜鲁门的假意"调处"不出意外地失败了,第二次国共合作宣告破裂,中共代表团依照中央指示撤离北平。

中共代表临行前,九三学社以"家宴"形式为中共代表团送行。因薛愚的寓所较为偏僻、"清净",故将"家宴"地点定在薛愚家中。[①]因叶剑英同志未能前往,徐冰代表叶剑英出席送行宴。几日后,叶剑英同志出席了对九三学社社员的答谢宴。[②]宴会上,叶剑英简要地分析了形势,他说:"九三学社是以高级知识分子为主体的团体,在白色恐怖下做了许多工作,值得我们钦佩。我们同蒋介石打了多年交道,对他是深有所知的。美蒋不讲信用,不愿和平,马歇尔是表面调停,内里挑拨。我们虽力争和谈,但对于战争是有精神准备的。蒋

---

① 薛愚口述,王广生整理:《我走过的路》,九三学社中央研究室编:《中国科学家回忆录(第二辑)》,北京:学苑出版社,1990年,第54页;当时九三学社的"聚餐"十之八九都在薛愚位于宣武门内国会街北大五院的家中举行。

② 马崇俊:《中国第一个药学家的爱国情结——第六届全国政协委员薛愚纪事》,《贵阳文史》,2009年第3期,第70页。宴会地点在汪芝麻胡同6号陈氏寓所。

四、风雨兼程

介石虽然有美国撑腰,但他是外强中干,我们一定会胜利,不出两年,我们还会回到北平!"他嘱咐九三学社加强与地下党组织的联系,多做高级知识分子的工作。①虽然中共代表被迫撤离北平,但叶剑英表现得信心十足,对九三学社的工作给予高度评价并表示感谢。

薛愚自述:几天以后,中共代表团在汪芝麻胡同6号陈氏寓所举行向九三学社同志们的告别与答谢宴会。当叶剑英同志英武的身姿出现在那显得狭小的房间的时候,屋子里的气氛异常活跃起来。这是我第一次同叶剑英同志见面,他给我的印象是军人的威武中兼有可亲的文人气质,他同许德珩、黄国璋、袁翰青等同志握手之后坐下,纵横谈起了同国民党斗争的情况。……叶剑英同志问我和我身旁的林葆骆是搞什么专业的,我回答说:"我是搞药,他是搞医。"他高兴地说:"哈,医药结合嘛!我还有一个看法,光有中医和光有西医都不成,只有中西医结合,才能成为真正的名医。"②

---

① 薛愚口述、王广生整理:《我走过的路》,九三学社中央研究室编:《中国科学家回忆录(第二辑)》,北京:学苑出版社,1990年,第56页。
② 同上。

事实证明，叶剑英对时局的判断是准确的。早在国共合作开始时，中共中央就已经洞察了国民党假意合作、伺机破坏的阴谋，但为全局着想，中共依然积极寻求合作之路，直至杜鲁门政府开始从中作梗，彻底破坏和谈，才将代表撤出北平。故中共中央对开战早有准备，对国民党的实力以及战争结果也做出了准确的判断。1949年1月31日，解放军进入北平，叶剑英任北平市长，2月12日元宵节，徐冰等中共代表又与九三学社的老朋友相聚——共产党回到北平距当年中共代表撤离，时间果然不足两年。

> 薛愚自述：战争形势的发展，证实了叶剑英同志的预见，果然不出两年，1949年1月，人民解放军便开进了北平，叶剑英同志就任第一任北平市长。九三学社的同志们又在我家设宴欢庆解放大军进城，欢迎叶剑英同志。但这次宴会，叶剑英同志因公事紧急，未能出席，特派徐冰同志出席致意。①

席间，叶剑英还说："在座都是高级知识分子，将来建设新中国，知识分子将会大有用武之地，发挥更大

---

① 薛愚口述，王广生整理：《我走过的路》，九三学社中央研究室编：《中国科学家回忆录（第二辑）》，北京：学苑出版社，1990年，第56页。

的作用，这不是一般问题。"——这是又一个十分准确的判断。中共与国民党对待民主党派的态度是截然不同的——由国民党一再破坏抗日民族统一战线、破坏国共合作亦可知。除共产党外，包括九三学社在内的许多民主党派也都被国民党定为非法组织。而中国共产党则一直积极团结一切爱国力量，这也是中共最终取得胜利的一个重要原因。

叶剑英的话体现了中共对九三学社中这些爱国学者的重视。这不仅是因为九三学社在政治立场上对共产党的支持，还因为九三学社聚集了一批优秀学者。对于共产党来说，取得国家政权并不是中国共产党的最终目的，带领四万万同胞翻身做主、共同发展才是革命的最终目的。而翻身做主、谋求发展，既离不开民主的政治环境，也离不开科学技术和教育的发展，这正是这些爱国学者的巨大价值所在。

当时在北大执教的九三社员，算上许德珩、劳君展夫妇尚不足10人，却获得了共产党的高度评价。

叶剑英还专门询问了薛愚和薛身旁的林葆骆[1]的情况，询问二人是搞什么专业的，回答"一个搞药，一个

---

[1] 林葆骆：1928年毕业于日本东京帝国大学医科，解放战争时将其诊所作为中共地下党的联络点，新中国成立后曾任北京市卫生局科技情报室顾问，全国政协委员，1956年加入中国共产党。

搞医"。叶剑英便笑道:"哈,医药结合嘛!我还有一个看法,光有中医和光有西医都不成,只有中西结合才能成为真正的名医。"叶剑英的这句玩笑一下便拉近了大家的距离,并且,他关于医药结合、中西结合的认识也是十分先进的,大概也因为对我国的医药卫生事业有着共同的期望和见解,此后,薛愚便与叶剑英、许德珩等亦都成了至交。① 薛愚晚年同二人都保持了联系,叶剑英去世时薛愚还曾应邀发表文章悼念。② 叶剑英确如薛愚所认识的那样,对中医药事业给予了很多关注和支持,1958年出版的《中药简史》一书中,叶剑英曾亲自作序,写下一段与中医、中药的不解缘分:"这几年我也是和疾病斗争的一员,病中深深感觉,对一种病症,采用中西并用、内外夹攻的方法是我国医药界最新的,因而也是最进步的治疗方法……中医必须学通西医,西医必须学通中医,才算名医。中医、中药在中国人民中数千年来流传着,可是中医、中药近百年来在学术界被压抑着,这分明是'数典忘祖'的谬误了。把中药知识和药材加以科学整理,把中药提高到更高的水平,这是青年一代医师们的庄严的工作。""作为一个病人,我十分

---

① 马崇俊:《中国第一个药学家的爱国情结——第六届全国政协委员薛愚纪事》,《贵阳文史》,2009年第3期,第71页。
② 薛愚口述,李树喜整理:《记忆的明灯永亮——老医药学家薛愚怀念叶剑英同志》,《光明日报》1986年10月31日。

关怀中国中药的发展与成就。"①

(四) 掩护中共地下党

同许多早期的民主进步人士和学者一样，薛愚与共产党人也一直保持着密切、友好的联系。薛愚早先也曾因赞同孙中山先生的"三民主义"而寄希望于国民党，然目睹国民政府高层派系斗争盛行而违背孙先生初衷并枉顾教育发展，较之共产党人及进步学生的深明大义，薛愚与共产党越走越近。

抗战初期，薛愚曾向林伯渠要求到延安直接参加抗战，被林伯渠劝阻，于是改为在各种群众集会上演讲、募捐，曲线支持共产党。在上海同德医学院执教期间，薛愚亦曾积极营救共产党人马适安。

1948年前后，薛愚夫妇又对共产党员张昕若②展开了积极营救。

---

① 薛愚口述，李树喜整理：《记忆的明灯永亮——老医药学家薛愚怀念叶剑英同志》，《光明日报》1986年10月31日。
② 张昕若：1929年—1990年，字伯明、宋齐，张仲鲁长子，撰有书论《王羲之书法真面目的探讨》《书法美及其社会功能》和《褚遂良在唐代书法中的地位》等。亦擅外文翻译，出版译作有斯蒂文森的《宝岛》和雨果的《悲惨世界》。曾任湖北书法家协会主席、湖北省书学研究会会长、中国书法家协会理事、全国人大常委会机关书画会会长、书法报社顾问、中国书画函授大学名誉教授、中国兰亭书会名誉会员。

那时，受国共内战影响，北平气氛异常紧张。1948年初，大量东北学生流亡北平，国民政府北平当局大肆搜捕学生，并最终导致"七五"惨案发生。[①] 地下党员张昕若与其他一些进步学生随即被国民党列入缉捕名单。张昕若除了是共产党员，同时也是薛愚老友张仲鲁之子。为信仰为感情，薛愚都一定要施以援手，于是薛愚夫妇想出一个有一定风险的办法，将张昕若匿藏于家中数日，直至张昕若与组织取得联系，平安离开北平。

> 薛愚自述：1948年，北平在严重的白色恐怖下。我的老朋友、前河南大学校长张仲鲁的儿子张昕若（地下党员）在清华大学读书，由于他积极领导清华大学的反蒋、反美、反饥饿、反迫害等爱国民主运动，而被国民党特务列入了黑名单，要通缉捉拿他。在这十分紧急的情况下，张昕若的父母把他带到我家里来了，要我们把他留住在我家掩护起来。由于组织保密，他们虽没有告诉我们他是地下党员，但我们也知道他的身份。我未曾考虑自己可能受牵连的危险处境，就爽直答应把张昕若留住我

[①] 王春林：《国共内战中的国民政府、地方当局与流亡学生：以1948年北平七五事件为中心》，《南京大学学报（哲学·人文科学·社会科学）》，2012年第1期，第104页。

家。那时我们住的北大第五院宿舍里有国民党分子，甚至有特务。我家里忽然来了一位青年客人，不能不引起人们的注意和怀疑。为了保证张昕若的安全，最后我和老伴张英侠商量出一个办法，既然都姓张，就假充张英侠是张昕若的姑妈，以姑侄名义，把他掩护在我家中，住了十多天，安然脱险而离开了北平。①

（五）保护古城

九三学社不仅与中国共产党保持了良好的关系，还积极参与了文物古迹的保存、文化遗产的保护工作。

2005年出版的《九三学社简史》记载：1946年10月27日，九三学社总社迁往北平。②王世铎在《九三学社史话》中考，许德珩在1947年3月仍在征询关于总社选址一事的意见，故此时九三学社总社应尚未迁往北

---

① 薛愚口述，王广生整理：《我走过的路》，九三学社中央研究室编：《中国科学家回忆录（第二辑）》，北京：学苑出版社，1990年，第50页。
② 《九三学社简史》载：1946年10月27日，九三学社总社迁往北平，但王世铎在《九三学社史话》中考，许德珩曾在1947年3月18日致信征询上海方面关于总社设于何处之意见；《中国党派》中则载："该社在重庆成立，国府迁都后，政治中心东移，始迁往上海，仍于重庆设立分社。"——总之非北平。参见王世铎：《九三学社史话》，北京：社会科学文献出版社，2015年，第41、42页。

平。不管当时九三学社的总社设在哪里,九三学社在北平的社员在总社的领导下,积极配合中共地下党,为北平和平解放做出许多贡献。许德珩之孙许进回忆:"从1946年底到1949年初,北平和平解放期间,我祖父、薛愚先生和很多九三学社社员团结进步学生一道,反对内战,反对饥饿,反对迫害,推动北平和平解放。"[①]

解放战争后期,中国人民解放军发动了战略决战,国民党节节败退,败局已定。恼羞成怒的国民党开始滥杀无辜、轰炸城市、疯狂镇压民主力量,做垂死挣扎。国民党此举有两个目的:一是制造恐慌情绪,孤注一掷;二是果真战败,也不能给共产党留一砖一瓦。是时,开封、北平、天津等城市的无辜居民、学生、工人及民主人士死伤无数,各古建遗迹不同程度遭到破坏。

于是在胜利曙光的指引下,全中国的民主力量改变了斗争方式,采用迂回的办法,积极应变,尽量保存实力,寻找机会展开工作。

1948年6月29日,九三学社社员许德珩、樊弘、袁翰青、薛愚、严济慈,与其他民主人士如吴晗、张昕若等104名北平各大高等学府的教授联合发表宣言,抗议国民党轰炸开封。他们一边强烈抗议反动派的罪恶行

---

① 许进在"纪念薛愚教授诞辰120周年座谈会"上的讲话。

径,一边向民众发出呼吁:"为人道生计,为民族生存,为维护文化计,迫切呼吁全国父老,共起抗议,万勿再有此等轰炸行为,……置民族生存和文化前途于不顾。"[1]

这些德高望重的民主人士所采取的种种行动,果然收到了巨大反响,各地游行、抗议活动竞起,对于保护城市中的古文化遗产起了积极作用。在这些活动中,像薛愚这样的九三学社社员,他们打破了中国知识分子的传统束缚,不仅投身对科学技术和知识的探索,而更在关乎民族危亡的关键时刻挺身而出,参与到复杂而危险的政治斗争,甚至是直接参加到真正的战争中去,不仅为中国科技文教事业的发展贡献了力量,更为打破旧世界、建立民主科学的新社会做出了巨大贡献。

1948年11月,中共党员、曾任中华民族解放行动委员会(农工民主党前身)中央常委的彭泽湘,受民革主席李济深、北平首任市长何其巩以及余心清等人委托,专程从香港赴北平,对驻守北平的国民党高级将领傅作义展开工作,希望争取傅起义,使其和平交出北平政权。而薛愚与其他几位九三学社重要成员在促进北平和平解放一事中,也贡献了积极力量。

1949年1月14日上午10时,解放军对天津发起强

---

[1] 王颂:《民国时期九三学社政治主张的历史考察》,大连理工大学硕士学位论文,2010年,第40页。

攻，至15日15时止，天津解放。解放区电台播出《中共中央毛泽东主席关于时局的声明》。声明指出：解放军具有充足的力量和充足的理由，确有把握，在不要很久的时间之内，全部消灭国民党反动政府的残余军事力量。但为了迅速结束战争，实现真正和平，减少人民痛苦，仍愿与南京蒋介石政府及其任何国民党地方政府和军事集团，在八项条件的基础上进行和谈。这八项条件是：（一）惩办战争罪犯；（二）废除伪宪法；（三）废除伪法统；（四）依据民主原则改编一切反动军队；（五）没收官僚资本；（六）改革土地制度；（七）废除卖国条约；（八）召开没有反动分子参加的政治协商会议，成立民主联合政府，接收南京国民党反动政府及其所属各级政府的一切权力。①

毛泽东和中共中央的一系列声明，得到全国人民的热烈欢迎和响应。1949年1月17日，许德珩代表北平文化界率先发表《北平文化界民主人士拥护毛泽东八项主张》的宣言，②包括薛愚在内的九三学社十余名社员在该宣言上署名。

---

① 何虎生：《毛泽东初进中南海》，北京：中共党史出版社，2008年，第44-54页。
② 陈民，青莱藻：《中华民国史资料丛稿》，北京：文史资料出版社，1981年，第37页。《九三学社简史》中称该宣言发表于1月26日，且同日，又以九三学社名义发表宣言。九三学社中央研究室编：《九三学社简史》，北京：学苑出版社，2005年，第90页，待考。

四、风雨兼程

经过多次秘密谈判,傅作义接受了毛泽东提出的八项和平条件。1949年1月31日,人民解放军进驻北平城内。谈判的成功、北平的和平解放,使这个文化古都得到了较完整的保存,并大大加速了全国解放的进程,九三学社功不可没。

薛愚自述:1949年1月,解放军兵临北平城下,曙光已经照进了我的房间、我的书桌。在欣喜的气氛中,我伏案写就了《中国药学建设纲领》一文。北平解放后,在我家里召开九三学社欢迎解放军进城,欢迎叶剑英(因公未来)、徐冰、张宗麟的聚会上,我将该文交给了徐冰、张宗麟同志,请他们转交有关方面参考。张是主管教育的,他说:"军委卫生部长苏井观同志,住在背阴胡同医学院宿舍楼上,你可找个时间和他当面谈谈。"数日后,友人周军声介绍我去见殷锡朋同志时,遇到苏部长,相谈甚欢,从此就与卫生部机构有了联系。新中国成立后的药学系应当怎样办呢?因贺诚就职军委卫生部长,我想东北地区解放较早,定有好的经验。于是商请贺诚部长批准我们组织一个参观团到东北去参观学习。暑假期间,我们到东北三省去参观、学习,团长是胡传揆,我任副团长,药学系很多人都参加了。蒙王斌部长等热心指导,在沈阳和负责药学教育及药品生产的龙在云同志畅谈,受益甚多,返校后,多次承苏副部长[①]指示,使我对办好药学教育增强了信心。

在药厂的建设方面,承军委卫生部药政科负责同志李维祯热心指导,使药学系的药厂很快发展起来了。不久,药厂的职工和技术人员达120人之多。产品除一般制剂、酶制剂之外,尚有较简易的化学产品。其经济收入不但能自给自足,还能大量地补助药学系的教学建设。[②]

(六)毛主席的鼓舞

1949年5月14日,薛愚组织并出席"全国科学会议筹备会第一次促进会",并在后期的"自然科学工作者代表会议"筹备会中参与政协提案组的会议讨论。当年夏天,政协筹备会在中南海召开。

> 薛愚自述:1949年的盛夏,我们参观团结束了

[①] 原文中贺诚的卫生部部长与苏井观的卫生部部长矛盾,经查,贺诚时任卫生部部长,苏井观时任卫生部副部长。下同。
[②] 薛愚口述,王广生整理:《我走过的路》,九三学社中央研究室编:《中国科学家回忆录(第二辑)》,北京:学苑出版社,1990年,第57页。

四、风雨兼程

在东北地区的参观、学习,满怀喜悦的心情回到了北平。正在这时,召开了中国人民政治协商会议筹备会议。①我不是筹备委员会的委员②,有一天,我接到通知,参加在怀仁堂召开的文娱晚会。会上演出了一个接一个的欢乐的节目。晚会休息时间,黄国璋和我一起到东厅休息。在这里,光荣地见到了毛主席。黄国璋向毛主席介绍说我是学药的。毛主席笑容满面地说:"学药好嘛,中国人民百分之八十吃的药是草药,也就是中药,百分之二十吃的是西药,而西药中又有百分之八十是外国货,也就是洋药,对嘛?"我笑着点了点头。他接着说:"中药我们要研究,洋药我们要学制,自制。"晚会又开始了,铃响了,临别时他又亲切地说:"搞药好嘛!要努力。"这几句话,使我无限喜悦,我感到只有在新中国,药学才有发展前途,兴奋的心情,思绪万千,使我

---

① 参加筹备委员会的九三学社社员有薛愚、梁希等,但不是以九三学社的身份参加的,据周恩来在政协筹备会《组织条例(草案)》的解释报告中说,中共在哈尔滨确定参加单位时,考虑到九三学社进行秘密工作的益处更大,因此没有邀请参加,希望在正式的新政治协商会议中再邀请。6月17日晚,在讨论参加新政协单位及代表人数的会议上,许德珩提交了由他和薛愚、黄国璋、潘菽、笪移今等5人署名起草的《九三学社概要》。参见刘晓卿:《九三学社与新中国诞生》,2014年9月29日,九三学社中央委员会网站新闻集萃栏目。
② 筹备委员会名单,九三学社参与其中的分别是许德珩、梁希、侯外庐,参见杨胜群,陈晋主编:《亲历者的记忆——协商建国》,北京:生活·读书·新知三联书店,2009年,第184页。

彻夜未眠。第二天一早，我便把受到毛主席接见及毛主席的亲切教导，告诉了药学系的学生。他们听到了这个振奋人心的消息，立刻欢腾起来，高声呼喊着："毛主席说，搞药好，要努力。"①

受到毛主席的亲切鼓励，薛愚感到士气大振，认为"伟大的新时代给药学带来新生"②。不仅仅是药学，新中国成立后，整个教育事业都不再是政治的附属品，薛愚等学者的执教生涯也逐渐走上正轨，不再总是因为政治环境的变化而不断中断教学研究工作。这种宽松而稳定的学术环境给学术研究带来新的生机，薛愚个人的许多重要学术著作也在这个时期开始形成。

> 薛愚自述：欢乐的心情，使大家久久不能平静，药学系的师生员工，都表示要把药学教育办好，不辜负领袖和人民的期望。③

1949年6月17日，新政协小组会议在中南海勤政殿召开。根据周总理的建议，许德珩提交了他与薛愚、黄

---

① 薛愚口述，王广生整理：《我走过的路》，九三学社中央研究室编：《中国科学家回忆录（第二辑）》，北京：学苑出版社，1990年，第58页。
② 同上。
③ 同上。

国璋、潘菽、笪移今共同署名起草的《九三学社概要》，自此，九三学社正式成为我国的八个民主党派之一。

1949年9月21日，中国人民政治协商会议第一届全体会议在北京中南海怀仁堂召开，薛愚作为九三学社的五名代表之一出席会议。

1949年11月，薛愚应卫生部邀请，与孟目的、林启寿等人一起，作为医药专家商讨编纂《新中国药典》事宜。同年，薛愚又编著了《医用有机化学》并于1951年出版。该书是中国第一部医药院校专用的有机化学教科书，具有划时代的意义，也意味着笼罩着药学行业数十年的"重医轻药"阴影将稍微散去。该书除详述有机化学的一般理论外，还尽可能结合了中国的实际情况介绍国内有关有机化合物及天然资源等内容，曾先后再版6次。

有机药物化学对于药学专业的重要之处，除了其与药物的化学合成息息相关，更在于，药物化学中的许多原理亦是从有机化学发展而来，可以说药物化学仍完整地保留着有机化学的基因。近30年来，生命科学和信息科学介入新药创制，在策略、技术和方法上，实际上也都与传统的药物化学不可分割——虽然在今天，新药研究的模式已经改变，但有机化学仍是药物化学最重要的基石。故而薛愚先后在有机化学方面出版的两部专著，对我国整个药学行业的发展都有重要意义。

（七）筹建九三学社北京市分社

新中国建立后，九三学社各种有影响的社会活动明显增多。根据形势的需要，也为进一步健全组织、发展社员，搞好统一战线工作，1950年10月7日，九三学社总社常务理事会第八次会议上决定：筹建北京市分社。薛愚在九三学社北京市分社的筹备、建设工作中，做出重要努力。

1950年10月15日，社中央第三次扩大理事会决定，北京市分社争取在11月成立，在此之前成立筹备委员会。1950年11月18日社中央第四次理事会推定薛愚为筹备会召集人。会后，薛愚积极进行筹组工作，在1950年12月1日召开的九三学社第一次全国工作会议上，薛愚向大会汇报了筹组北京市分社的情况。

在九三学社北京市分社筹备期间，筹委会即已开始参与北京市的许多社会活动，如：参加成立市人民代表选举委员会工作；参加市政府工作；参加新年、春节劳军优抚烈军属工作；发动社员参加捐献活动；参加三八妇女节纪念大会及有关活动；发动社员参加抗美援朝、反对美帝单独对日媾和武装日本；参与拥护土地改革、镇反等宣传教育工作。

经过三个多月的精心筹备，筹委会建立了11个基层组织筹备组,时有社员106人;召开6次会议,并选定和修缮了西四颁赏胡同甲25号(现4号)社址。

1951年4月8日下午二时,在北京饭店举行了北京市分社正式成立大会。大会通过了《九三学社北京市分社暂行简章》,选举薛愚为主任理事,九三学社中央主席许德珩、中共中央统战部副秘书长金城、中共北京市委统战部部长李乐光、市政府代表李宵武、市政协副主席宁武,民革、民盟、民建、民进、农工、台盟、团市委等组织的代表出席了大会,薛愚致开幕词。

九三学社北京市分社成立后,薛愚当选第一届主任理事并连任四届。九三学社北京市分社在中共领导下,为巩固人民民主专政,恢复经济,发展科学文教事业,团结知识分子,都做了大量工作。

除了北京市分社成立时建立的11个支社筹备组,1951年6月正式成立了北大区第二支社和林垦部支社;1951年12月,相继成立了文化部支社和北大区第一支社。至1951年底,已有社员215人。至1952年底,已成立22个支社和小组;1956年底又建立了12个基层组织;1957年底北京市分社基层组织共41个。1951年至1957年期间,北京市分社社员人数也逐年增加。发展对象为"进步的文教科学工作者,有专长的知识分子,以及各种专门技术人才"。至1956年,时有社员人数832

人，1957年1087人，比1951年增加了5倍。社组织在薛愚的领导下，发展呈现出蒸蒸日上的局面。

1951—1958年，薛愚担任九三学社北京市第一届主任理事（后改称主任委员），第二、三届委员会主任委员期间，团结北京市的社员积极参加土地改革、抗美援朝、镇压反革命、"三反"、"五反"和对资本主义工商业进行社会主义改造的运动。响应中共中央向科学进军的号召，多次组织报告会、座谈会、学习会，提高社员的思想认识和水平。1956年举办了"社员科学著作展览会"，展出北京社员著作1527件，内容涉及数学、物理、化学、地学、医学、政治经济等18种学科。[①]

1950年6月25日，美帝国主义发动侵朝战争，10月25日，中国人民志愿军赴朝。12月1日，九三学社许德珩主席在九三学社第一次全国工作会议上提出：我们现阶段最重大、最迫切的第一个任务就是抗美援朝，为了抗美援朝，我们要贡献我们的一切力量。

1951年4月8日，在九三学社北京市分社成立大会上，薛愚号召全社要加强抗美援朝、保家卫国工作，并积极动员组织社员参加各种实际活动。一是发表宣言、声明、文章；召开座谈会、举办报告会；参加游行，宣

[①] 九三学社北京市委员会编：《九三学社北京市代表人物》，北京：学苑出版社，2011年11月，第4页。

四、风雨兼程

传抗美援朝,揭露、谴责美帝侵略罪行。二是参加"拥军优属"工作,送子女参军,投身增产节约和捐献活动,推进爱国卫生防疫运动和反细菌战工作等。三是赴朝慰问志愿军。

随后九三学社北京市分社社员积极组织了一系列活动:1951年1月14日,参加"反美文化侵略座谈会";2月14日,参加春节拥军优属活动;2月15日,参加反美武装日本示威游行;2月28日,参加反美武装日本座谈会;3月4日,参加欢送"抗美援朝手术队"及"国际医防服务队",起到了积极作用。

1966年6月,"文化大革命"开始,九三学社被迫停止活动,在混乱中经受着严峻的考验。直至1979年10月11日九三学社第三次全国社员代表大会召开前后,社的基层组织才开始恢复活动。①

(八) 快速发展期

薛愚在九三学社的组织建设中也发挥了很大作用。袁翰青、吴小如、张道路与张中华等人的回忆中,都曾提到迁至北平后的九三学社很长一段时间内处在"居无

---

① 九三学社北京市委宣传研究部:《社北京市委历次代表大会及历年重要政治活动简介》九三学社北京市委员会 > 社史研究 > 社史社志。

定所"的状态。

造成九三学社长期以来"居无定所"状态的原因很复杂。一方面,抗战胜利之初,国事维艰,知识分子生活颠沛流离;另一方面,九三学社本身是进步组织,在国民党的白色恐怖统治之下,活动困难,更不可能大张旗鼓地固定办公场所。

新中国成立后,薛愚建议解散九三学社。正如他在1985年纪念九三学社建社四十周年回忆时说,在1949年9月第一届中国人民政治协商会议以后,他曾认为九三学社已经完成了历史使命,中华人民共和国已成立了,作为科学技术为主的中上层知识分子的九三学社,革命工作可以告一段落了,九三学社的知识分子以后在党领导下做好本职工作就行了。于是便和张雪岩商议后,致电许德珩,建议解散九三学社。①

那是一段"继续"还是"解散"的迷茫时期。不过很快毛主席便对九三学社自请解散的决定做出回复。毛主席认为,九三学社不仅不能"不要",而且十分"必要"。于是不久,北京市统战部吴惟诚同志开始负责为九三学社"找房子",当时九三学社指定薛愚协助吴惟诚同志。"我们花了一定时间,走遍了西城区,最后找

---

① 《红专》(《红专》即《九三社讯》,1958年12月更名《红专》),1985年第9期。

到颁赏胡同乙二十五号,经许主席亲自看后决定,我们办完移交手续之后,交黄国璋秘书长等负责整修,成为我社中央委员会和北京市分社社址。"①

颁赏胡同乙二十五号院落原是清礼王府的一部分,后来成了大杂院,从国家拨颁赏胡同给九三学社作社址到原来的住户全部搬出仅用了半个月的时间,修缮用了一个月的时间,至1950年10月12日全部完工,九三学社正式迁入新址。

在1950年12月1日九三学社召开的第一次全国工作会议上,许德珩在讲话中谈到九三学社由自请解散到继续发展的转变时说:"去年政协开完以后,九三学社就预备解散,曾经为这件事,开过几次会,并且已经着手草拟解散宣言,南北各地的社员,多半同意这个办法,我个人也主张这么办。故自去年九月到今年五月,九三学社几乎没有做什么工作,而自北平解放到今年五月,九三学社南北各地,不唯没有加添一个新社员,就是旧社员有出社的,我们也是采取一个听其自然的态度。直到今年四月底,与统战部谈话,对九三是解散还是继续,做了一个很郑重的考虑,并经过各方面多次的商谈,才决定仍然继续下去。然而一直到今年八月间,

---

① 《红专》,1985年第9期。

我们才决定吸收新社员,目前社员的人数,虽然增加了一些,但是机构还同五年前一样只有北京、上海、南京、重庆这几处,组织还很不健全,要继续为统一战线尽力,是要大加整顿的。"①

黄国璋作秘书处工作报告时说:"自本年9月份拨得颁赏胡同乙二十五号房屋为本社社址后,即开始领取经费,任用专任人员,展开本社一切工作。"②

自1951年九三学社北京市分社成立以来,薛愚连任三届主任理事,为北京市分社做出不可磨灭的贡献,尤其是北京大学医学院社员队伍的迅速壮大,离不开薛愚的努力。半个多世纪以来,九三学社北京大学第二委员会已经发展成为拥有近400名社员的基层组织。委员会向全国和北京市人大、政协、九三学社中央和北京市委输送了薛愚、方亮、叶恭绍、严仁英、林传骧、王志钧、王序、胡汉升、王光超、蔡孟深、刘世婉、李凤鸣、林琬生、钱宇平、陈求浩、钱玉昆、韩启德、张波、闵燕、蔡少青、李安良、马大龙、吴明、王仁贵、屠鹏飞等领导和骨干力量。

---

① 九三学社中央研究室编:《九三学社简史》,北京:学苑出版社,2005年,第101页。
② 《九三社讯》(一九五〇年度全国工作会议专号),1951年第1期。

五、主政北医药学系

(一) 向当局施压

新中国成立前的一段时期，薛愚将全部精力投入创办学术期刊及参加社会活动，个人学术进展放缓，但他的药学教育理论和对中国药学发展方向的研究却在这一阶段达到了一个较高的水平。薛愚与其他一些药学会专家积极撰文，宣传培养药学人才、建立制药工业的重要性，如《什么是药学》（载《医药学》1947年第5期）、《再论药学教育》（载《医药学》1947年第6期）等都阐明了薛愚一些十分先进的办学思想。

这些文章对药学教育事业意义重大。新中国成立以前，药学不受国民政府重视，根据教育部教育条例的规定，药学学科属于丙类，只能成立专科学校，学制为三年制。当时全国仅有的独立设置的国立药学专科学校及国立上海医学院药学专修科,虽学制是四年制,但也因"丙类学科不能成立学院"的限制,不能称为"院""系",而只能称"科"——这极大地限制了药学学科招生的规模和质量,对药学发展极为不利。故薛愚等药学教育专家共同以药学会的名义提议:在教育部下,专门设一个药学教育委员会,并撰文宣传药学的内容及培养药学人才、建立制药工业的重要性,替广大药学生、药学工作者发出了一声呐喊。

陈新谦在综述当时药学学者的研究成果和教育理论的文章中总结道:"(旧中国)盖有医无药,非特在医学事业上,可生极大之危险,即造就之医学人才,亦徒为推销舶来药品之工具而已。……况国家作育药学人才,其最大之用途,尤在制药。当此非常时期之国防,又在系于药品,而药品不能自制,实于人民生命安危及经济社会各方面必受莫大之影响。今以生命上安危之关系言之,设或世界发生巨变,吾国亦卷入旋涡,各国军用药品禁止出口,卫生材料来源断绝,于是素仰给于外来药品之中国,……视死勿能救,忍令坐以待毙乎?复以社会上经济之消长言之,吾国医疗药品,十八为舶来,农工教育军事用品亦几皆取材于国外,且外人往往采用国产廉价原料,加工制造,复以巨值畅销于吾国,国人欢迎之不暇,夸口赞美,竞用而不自觉,此尤为国家莫大

五、主政北医药学系

之奇辱。"[①]

薛愚、陈新谦这样的药学家,他们所关注的,并不仅仅局限于某一专业、领域的发展前景,而是放眼整个国家、民族的安全和发展——如果没有我国自己的药学工业、药学人才,中国即使获得独立和解放,也不可能真正摆脱西方列强的控制,制药工业将始终是一根"软肋",使国家和民族无法取得真正的安全和独立——并非国民政府的高官们没有这些药学工作者富有智慧,而是他们把攫取政治资本放在了第一位,而无暇考虑那么"遥远"的事情。因此这些高官与薛愚他们这些民主教授的高下,实不在于智力而在于人生格局。

文章又对药学专家们对药学教育工作的意见进行了进一步说明:"盖药学直接关系民族健康,今被忽视,有识之士莫不同声愤慨。药学教育之目的,在造就药学人才,以担负制造及鉴定药品、研究新药等要务,非如一般人士之传统认识以药学教育专以训练调剂人员为目的。战前,国内药学人才缺乏,制药工业不发达,药品多仰给于舶来。比年漏卮,为数甚巨。抗战军兴,交通梗塞,药品来源,几濒断绝,军民不死于战场而死于病者不可胜计。后方药学同志乃急谋药品自给,就地取

[①] 陈新谦:《记解放前的药科"改院"斗争》,《药学通报》,1984年第19卷第11期,第49—51页。

材,制造原料药品达三百五十余种,前后方之卫生及救伤工作赖以维持,足证药学关系国防。曾几何时,其重要性竟为当局忽视,在举世提高药学教育之今日,教育部竟拟降低药学水准。今后制药人才培养何从?国防部并裁撤军医学校药科,根本漠视药学与建国建军之关系,是欲使我国之药品均取之于外国,我民族之健康仰赖外国药品之保育,……果此令实行,我国药学将永无发扬之日,我国药品供应、人民生死,永为外人操纵,实不堪设想。……同学等决定作如下要求,伏望社会贤达同声援助:一、将现有药学专科学校一致改为药学院;二、反对将现有药科改为五年制(收初中毕业生);三、反对将军医学校药科缩编于国防医学院医科内;四、恢复国立英士大学药学系,继续招生。5月1日,'学联'分别在上海、南京两地招待各报记者,揭露国民党当局的倒行逆施。12日、13日、19日三次向教育部及立法院、参政会等请愿。14日,上海医学院药科开始罢课。"[①]

诚如陈所言,旧中国药学发展水平与药学地位严重不符合社会发展的需要,药学得以勉强支撑完全仰赖几位药学家的个人努力。但若长期得不到政府支持、无人

---

① 陈新谦:《记解放前的药科"改院"斗争》,《药学通报》,1984年第19卷第11期,第49—51页。

才培养机制，药学行业也不可能撑得太久，很快就会消亡，并最终影响到国家安全，故此，教授学者纷纷参加学联的请愿，向国民政府施压。旧中国的教育，向不重视专门人才的培养，有识学者常常撰文抨击此类弊端，然国民政府因种种利益关系一直视而不见，不愿改革，故药学专家们对国民政府施压也是无奈之举。

最终，医学教育委员会药学组针对教育部在药学学科方面的短视，议决四点：一、请教育部设置药学院。二、药学教育学制规定为三级制。（1）药学院系，以五年毕业为原则（包括实习在内）；（2）药学专科学校，四年毕业，招收高中毕业生；（3）高级药剂职业学校，三年毕业，招收初中毕业生。三、药学系如在其他学院内办理时，得于理学院内设药学系。四、请教育部将现有全国药学科系尽先改为药学院。

这些决议的要求实际上并不高，但对于我国药学教育事业来说，却已经如久旱甘霖——该决议的许多内容实际上也与薛愚的"三三制"办学思想的形制十分相似，可见薛愚的办学思想确是比较先进和正确的，基本能够代表广大药学家的一致意见，在后来的药学教育中确实起了重要作用。

在学者和舆论的强大压力下，当局不敢继续一意孤行，改学制及裁撤军医药科等事宜只好暂时压下不办。

教育部的参事在接见学生请愿代表时说:"部方认为学联之请愿颇为合理,现部方拟尽量采纳专家意见(指医教会药学组意见),更以最大之努力将学制确定,一俟七月间全国教育会议决定后,即可付诸实施。"教育部部长朱家骅也表示:"如现有各专科,其内部之设备及师资够得上药学院资格者,则升格改为药学院,并非不可能之举也。"朱家骅的这句"并非不可能之举",可知教育部实际上并未认同学联的相关意见,只是迫于专家施加的压力,不得不做出的调整。

(二)扩建药学系

不久,薛愚发表了一系列建设性文章,如《药学建设之我见》,具有很强的指导意义,对药政、药品分配、药品生产、药学教育、药典、药学研究、中药应用研究、药商、药学人才利用、药学组织建设等问题都提出了精到的分析和建议。

文中提到了一些"封建迷信、外行人搞药、医药不分,药学工作者不尽力研究学术而搞派别、闹矛盾,以及制假制毒骗取人民钱财"的问题,[1]既有传统文化中的遗留问题,也有药学在发展中产生的新问题,其中许多

---

[1] 陆杰华在"纪念薛愚教授诞辰120周年座谈会"上的讲话。

问题至今仍是医药卫生领域无法回避又难以解决的重要课题。薛愚还对中国的药学事业提出了较长远的规划和建设性的意见,一针见血——这是薛愚实事求是的一贯作风,也确实引起中国药学界的广泛重视。

薛愚还特别对我国中药研究工作方面的问题提出宝贵意见,可惜未引起有关部门的重视。薛愚说:"研究整理中药要走什么方向呢?首先是鉴别种类,确定效力,推广种植,改良剂型,以供需要,而不是化学研究。只有先解决了人民需要,然后再从事化学研究,因为植物成分是极为复杂的,从事化学方面研究,往往数年而无结果,甚或提取出来的成分,在药理上可能是无效的,因之走化学路线是迟缓的,不能马上解决人民的需要。"

中药化学成分复杂,很多情况下难以确定其主要有效成分,因此即使能够提取出主要成分,也无法确定它是否为其有效成分的完全组成。近年的许多研究亦表明,许多中草药的药效是由多种化学成分互相作用产生的,更不用说复方中成药——这也正是薛愚所说的"提取成分在药理上无效"的现象。故而对中药的研究,既要依靠化学方法,又不能够盲目推翻传统用药经验,而仍需在此经验上进行探索。

中药研究,不能完全依赖于引进西方先进的药学、化学方法,还需要对传统中药学进行相当程度的"继承"——科学本身就是不断地累积,是在前人成就的基础上,不断加以提高和发展的过程。因此,继承工作对新的研究工作是有重大意义的。继承是研究的先决步骤,在原有的基础上加以继承发展和提高,是完全符合于辩证唯物主义和历史唯物主义的。[1]然而由于当时有关部门缺乏这种科学研究观念,因而在很长一段时间内找不出正确的方向,使我国中药发展只能在"大海里摸索"。

在个人学术成就方面,作为知名教授,薛愚未担任过中国科学院学部委员,但薛愚是新中国成立以后首批,也是唯一的一批一级教授[2]。故薛愚虽不是学部委员[3]或两院院士,但当选一级教授,也是国家对薛愚在药学教育事业上的成就的一种肯定。

"一级教授"产生于1956年,仅有当时评定的234

---

[1] 冉雪峰:《关于中药研究的几点意见》,《中医杂志》,1957年第4号,第178—180页。
[2] 一级教授:1956年9月获批,首批共234人,只评定过一届,其中医学类院校70人,薛愚为其中之一。2009年人大重新进行一级教授评定,但为校级评定,并非当初真正意义上的一级教授。
[3] 中国科学院学部委员:是中国大陆最优秀的科学精英和学术权威群体。1955年随"中国科学院学部"的成立,中国科学院产生第一批学部委员,后改制为中国科学院院士。1993年随着中国工程院的成立,又出现了中国工程院院士,部分院士既为"中国科学院院士"也为"中国工程院院士"。1955年至今两院院士共有两千多人。

五、主政北医药学系

人，后来由于1957年反右运动等一系列政治活动，知识分子被定性为资产阶级知识分子，始终是限制改造对象，其中一部分学者更被取消一级教授头衔，故数量就更少了。

一级教授评审标准也比学部委员及后来的两院院士标准更加严格，名单在1956年6月拟定186人后又缩减至118人。又由于医学类院校的特殊性，医学类名单直到当年9月第二次确定名单时才拟定，共70人，薛愚即其中之一。加上增补的艺术类院校，一级教授最终确认为234名，是国家对高校教师岗位分级中最高的级别，它的出现，既是党和国家知识分子政策调整的产物，也是一种学术水平的分级。与薛愚同为一级教授的还有冯友兰、周培源、季羡林、段学复、梁思成等著名学者。

薛愚生活简朴，长期穿一身中山装，[①]与他在中国药学界的地位和他的收入极不相称。薛愚自己是知名教授，有较好的经济条件，却不大在意自己的生活条件，不追求个人享受，一生几乎没有为自己和家人置办过什么资产，生活简朴至晚年不改，而为了北大医学院药学系扩建的事情，薛愚却是积极争取拨款甚至牺牲许多个人利益。

---

① 陈超远，王玉：《访薛愚教授》，《襄阳文史资料第五辑：襄阳民国人物》，湖北襄樊日报印刷厂，1990年，第134页。

李荣芷回忆说，自己和陈雅妍是同班同学，是 1950 年入校的那一批学生。早在嵇静德入校时，一个班是 12 人，李仁利入校时，是 20 人，自己入校时，就已经有了 80 人，这都是薛愚努力的成果。那时基础课还是在沙滩上，后来就有了菜园校区。从三年级开始，分专业，这也是薛愚的教学理念：反对一揽子教学。李荣芷说，当时，薛愚从国外请来了一批在全国都知名的教授，很多学校都请他们去讲课。这些教授也都十分敬业，楼之岑、王序都在工作岗位上去世，一心扑到教育事业中去；林启寿胃不好，在实验台上煮甘草水喝，一煮就煮了两年，后来实在熬不住了才去检查，此时癌症已经到了晚期。这样一批教授能够在北医的药学系聚集，完全是因为薛愚能够团结人，他自己从来都没有摆过留学专家的派头，对其他教授以及系里的年轻人都是同样尊重，因此大家都愿意围绕在他身边。薛愚能够请回那么多国外留学人才已经不易，而这些人才在经历了"反右"和"文革"之后，也一直没有离开，药学系有什么任务，他们从来不推辞。不只是北医药学系，当时全国许多医学院校的老师都来北医邀请薛愚他们讲课。现在，在一线讲课的教授的阵容已经很难像当年那样了。①

---

① 李荣芷在 2015 年 9 月 27 日的"薛愚生平座谈会"上的发言。

五、主政北医药学系

薛愚自述：新中国成立后，党和国家领导人对药学事业的发展十分重视。苏井观部长和办公厅主任薛公绰同志亲自到北京大学第五院我家中来，商谈有关药学的发展问题。在中央人民政府和卫生部成立后，便把北京大学医学院分离出来，改称"北京医学院"，归卫生部直接领导，为了发展我国的医药事业，卫生部曾派人到北京医学院进行深入调查、了解，并认为北京医学院所属的医疗系、齿学系和药学系，以药学系最为薄弱，对药学系的建设提供了较多的设备和经费，从而使药学系得到了新生。①

1952年，在全国高校院系调整中，北京大学医学院脱离北京大学，独立为北京医学院，②而药学系只有几间办公室和两三间小实验室，就连日常教学需求都难以满足，更不用说发展壮大了。因此寻找更大的建院地址是薛愚的首要任务。薛愚开始上下奔走，四处选址，最后在医学院（西什库后库）的斜对面、菜园胡同内，找到了霍家花园。

霍家花园，原为私人花园，后来北医人仍习惯称之

---

① 薛愚口述，王广生整理：《我走过的路》，九三学社中央研究室编：《中国科学家回忆录（第二辑）》，北京：学苑出版社，1990年，第59页。
② 雨儿，合金：《北大向左，清华向右》，北京：北京大学出版社，2013年，第170页。

为菜园，占地 36 亩，除原有的建筑和花园以外，还有大片的空地可以用于基础建设，是一个比较理想的选择。在与房主谈判的过程中薛愚得知，当时军委也有意购买该址作为部队疗养院。薛愚担心，"竞争对手"是军委，药学系的搬迁扩建愿望可能要落空了。薛愚十分着急，于是设法通过卫生部贺诚副部长上书毛主席，陈述关于北医与军委用地方面的问题，希望主席能够顾及药学教育尚在发展初期，从中协调并给予药学院一些关照。毛主席很快做出批示："北大医学院与军委有房屋争执，请聂令朱早观查明处理，以结果告我。如无大碍，宜让与北大。"① 按照毛主席的批示，军委立即做出让步，另寻地址。不久，文教委员会出面，出小米一百万斤，为北医购买了菜园，作为药学系的校址。"1951 年，菜园校址内建成了一座两层的实验楼，作为学生实验室，教员办公室和研究室，还留有大片的空地可供将来建院使用，花园里假山林立，曲径小桥，楼台亭阁，树木葱葱，很是幽静，是个学习的好地方。"②

---

① 中共中央文献研究室编：《毛泽东年谱（1893—1949）》下卷，北京：中央文献出版社，2013 年，第 519 页。
② 李仁利在"纪念薛愚教授诞辰 120 周年座谈会"上的讲话。

五、主政北医药学系

菜园内的培训班合照

学生们在菜园

关于薛愚替北医争取校舍用地的经过，在有关毛泽东生平研究的文献当中也有提到，但如周一平所言："尽管《毛泽东年谱》注释已经相当丰富，但仍可以做更多注释，如《毛谱》下卷第519页记薛愚来信后毛主席做出了批示，但'北大医学院与军委有房屋争执'事情的原委及处理结果可做注释。"[①] 许多细节现已无法考证，的确可惜。

　　薛愚自述：北医药学系实行专业分科、扩大招生以来，人员骤增。原设在医学院内的校舍已十分拥挤，不适应新形势下的教学需要，因而提出了建院问题。药学系改建为药学院本是个老问题，1948年归属于北京大学时，就曾计划于1949年开始创建为药学院，院址设于宣武门内顺城大街北京大学第五院内。新中国成立后，由于该地址被其他机关占用，致使院址落空。对此，我们曾提出异议，并争持不下。后由文教委员会负责召开了一个会议，卫生部的李德全部长和我都出席了会议。我据理力争，最后决定由文教委员会出资（一百万斤小米）为药学系建院另购新地址。不得已，我们只好

---

① 周一平：《毛泽东生平研究史》，北京：中共党史出版社，2006年，第414页。

五、主政北医药学系

另选新地址。经过各方的努力，后选定医学院对过霍家大院的花园，坐落在菜园胡同7号，占地约36亩。该花园虽然占地不大、园内建筑也不多，然而假山曲径，也还小有几分景色。但正在办理成交付款时，忽然传来消息称某机关拟购此花园作为疗养院使用。无奈，我们只得另觅新址。先后找到过祖家街北大工学院、同仁堂养鹿场等，都由于面积狭小，不适宜建设药学院。在这无路可走的时候，乃与药学系秘书见百熙等同志协商，再次上书毛主席。我把给毛主席的信写好，等待机会送呈毛主席。

新中国成立初期，中南海怀仁堂时有文娱晚会，毛主席、周总理等领导同志也来参加。有一天，我接到了参加怀仁堂文娱晚会的通知，我很高兴，认为有机会把信送交毛主席了。我把写好的信带到了怀仁堂文娱晚会上。坐下不久，晚会即将开始的时候，毛主席来了。大家起立鼓掌表示欢迎毛主席。毛主席举手四面致意。待毛主席坐下以后，我把写给毛主席的信，先给贺诚部长看了一下，他阅后说可以送呈，于是我把信交给了坐在毛主席身边的林伯渠同志。林老是我在西安八路军办事处就认识的，他向我点了点头，便把信交给了毛主席。从此以后，建立疗养院的问题便不再提了，可能是这封信起了作用。于是,我们便在霍家花园开始进行建设。由于经费比较紧缺,因此建设是逐次进行的。1950年只建了一层楼房,作为实验室;上课则在花园的其他旧房子内;图书馆设在较大的旧房内,小部分作藏书室,大部分作阅览室,规模虽小,但依然是个图书馆。[①]

在教师队伍建设方面,薛愚任药学系主任期间,先后聘请了蒋明谦、黄新民、王序、楼之岑、诚静容、何茂芝、章育中、赵忠勤、林启寿、金蕴华、庞贻慧、章锜等著名学者。其中,蒋明谦、王序、楼之岑先后被评为院士,北医药学院历史上有五位院士执教(蒋明谦、王序、楼之岑、张礼和、王夔),其中三位是薛愚亲自聘请的。他依靠自己的学术水平和人格魅力,替北医药学院广纳贤才,为北医培养高水平的药学人才奠定了基础——也正是因为当时有了这样一批名家教授的到来,奠定了北医药学系国内第一的位置。其中,楼之岑正是

---

① 薛愚口述,王广生整理:《我走过的路》,九三学社中央研究室编:《中国科学家回忆录(第二辑)》,北京:学苑出版社,1990年,第59—60页。

发现了青蒿素的抗疟有效成分的屠呦呦①的指导老师。

薛愚自述：根据卫生部的指示，药学系扩充了师资。当时聘请的教师有蒋明谦、黄新民、王序、楼之岑、诚静容、章育中、赵忠勤、林启寿、金蕴华、庞贻慧、章锜等。并把预科和本科合并，同时也大量补充了图书、仪器、药品等。

1950年，扩大招生名额，并计划每年招收高中毕业生80名，四年毕业。在专业教育方面为了适应国家建设的需要，也将新中国成立前的一揽子教育改为专业教育，当时药学系分为4个专业：

1. 生药专业：培养有关中药研究的人才，由楼之岑、赵燏黄、米景森等负责。

2. 药物化学专业：培养制药化学方面的人才，由蒋明谦、林启寿、金蕴华等负责。

3. 药剂专业：培养制剂、调剂方面的人才，由

---

① 屠呦呦：女，药学家。1930年12月30日生于浙江宁波，1951年考入北京大学医学院药学系生药专业，1955年毕业。中国中医研究院终身研究员兼首席研究员，青蒿素研究开发中心主任，博士生导师、药学家，诺贝尔医学奖获得者。屠呦呦多年从事中药和中西药结合研究，创制新型抗疟药青蒿素和双氢青蒿素。1972年成功提取到了一种分子式为$C_{15}H_{22}O_5$的无色结晶体，命名为青蒿素。2011年9月发现青蒿素，2015年10月获得诺贝尔生理学或医学奖，是第一位获得诺贝尔科学奖项的中国本土科学家、第一位获得诺贝尔生理学或医学奖的华人科学家。

何茂芝、王鸿辰等负责。

4.药品分析鉴定专业:培养有关药品和毒品的分析、鉴定人才,由赵忠勤、刘书田、杜建业等负责。

在进行专业教育的同时,还设有专修科,招收高中或同等学力的学生,每班60名,两年毕业。分配到医院药房进行制剂、调剂方面的工作。两年后,因工作需要可继续学习两年,以达到药师的水平。[①]

薛愚不仅替北医药学院引进了一批知名的教授,他还亲自主持制定学院学制的设立、专业的设立、课程教学计划、教学内容等事务,奠定了药学院发展的基础。[②] 根据国家建设的需要,薛愚主张改变以前的一揽子教学,分设了生药学、药物化学、药品检验学三个专业,培养各类人才,其中许多人都已经成为建设中国药学事业的骨干。[③]

薛愚自述:1954年,卫生部召开全国药学教育

---

① 薛愚口述,王广生整理:《我走过的路》,九三学社中央研究室编:《中国科学家回忆录(第二辑)》,北京:学苑出版社,1990年,第59页。
② 徐萍在"纪念薛愚教授诞辰120周年座谈会"上的讲话。
③ 顾芸在"纪念薛愚教授诞辰120周年座谈会"上的讲话。

五、主政北医药学系

会议,宣布学习苏联,一边倒,取消药学教育分科制,实行一揽子药学教育,主要培养医院药房的药师,担任制剂、调剂,及药品检定和毒品分析等方面的工作。虽然人们当时已认识到苏联的药学远远落后于美、英等西方国家及日本,但相信党的政策的正确性,因而一致拥护。1954年,我在《药学通报》发表了一篇文章,题目是"对新制订的药学院系教学计划的认识",表示拥护党的药学教育政策。在这年招收新生时,便取消了药学系的专业分科制,而改成了一揽子药学教育制。[1]

"一揽子"药学教育,就是不分专业的教育,是对传统教育理念的延续,但已不适应学科发展的需求了。故薛愚不仅大刀阔斧地将之改为三个专业,为了充实药学系的设备、改善条件和增加经费,薛愚更在院务会议上极力争取。李仁利[2]回忆:"当时在院务会议上争经费、争条件方面,薛愚教授是很有名的。当时北医有几位教授,一个是刘思职教授,一个是沈俊奇教授,再加

---

[1] 薛愚口述,王广生整理:《我走过的路》,九三学社中央研究室编:《中国科学家回忆录(第二辑)》,北京:学苑出版社,1990年,第61页。
[2] 李仁利:薛愚学生,1953年李仁利留校做教学工作,分配到药化教研室,与薛愚成为同事。

上薛愚教授,在院务会议上争经费是非常厉害的。"①

根据薛愚的"三三制"办学思想,他还为药学系筹备了国立北京大学实验药厂,让学生能够充分实践。该址也是颇为"抢手",为了防止药厂被"抢走",薛愚又立即"出手",致信北大秘书长郑天挺②落实此事:

> 薛愚致郑天挺函
>
> 敬启者,药厂地处城南一隅,厂址虽不为大,但因人烟较稀,故极易为求房者所注意。连日来军队欲强行进驻者达数起,应付颇感困难,为求物质与精神均保完整而无损失计,特恳请秘书长代向有关当局交涉,予以相当之证明,则应变既易而安全亦因之获得保障,实为公便。是否当行,静祈指示。谨呈
>
> 秘书长郑天挺
>
>   国立北京大学实验药厂　厂长薛愚
>   十二月十五日③

---

① 李仁利在"纪念薛愚教授诞辰 120 周年座谈会"上的讲话。
② 郑天挺:1899 年—1981 年,又名郑庆甡,字毅生,福建人,中国近现代历史学家、教育家,《中国历史大词典》总编。为第三、五届全国人民代表大会代表,中国民主促进会中央委员,中国史学会主席团主席。时任北京大学秘书长、副校长。
③ 王学珍、郭建荣主编:《北京大学史料(第 4 卷)(1946—1948)》,北京:北京大学出版社,2000 年,第 836-837 页。

五、主政北医药学系

另外还有一件事,也是薛愚"力挽狂澜"才维护了药学系的利益。1953 年,医学院在没有与药学系协商的情况下,就在菜园的空地上建起了一座学生食堂,一栋三层楼的教员单身宿舍,并有几栋单层的学生宿舍。结果药学系好不容易争取来的用地,还未建设,几乎所有的空地都被占用了,药学系原本扩建的计划便难以实施。薛愚便到卫生部去交涉,并且再争取药学系建院的地址。卫生部长禁不住薛愚据理力争,承诺说,不久后医学院全部迁往城外时,北医药学系可以优先选择院址。[①]

> 薛愚自述:基本建设一直在进行中,1951 年又增加了一层实验楼。教师队伍也在继续扩大。1952 年又进行了院系调整,我感到前途光明远大,决心把药学系扩建成药学院并建成全国药学教育的典范。但是,创业不是一帆风顺的,意外的事不断发生。霍家花园明明是文教委员会出资购买,为药学系建院使用的,但 1953 年北京医学院未与药学系协商,便于药学系试验大楼前建了两幢宿舍,供医疗系实习学生使用。于是我们又谒见贺诚部长,请

---

① 李仁利在"纪念薛愚教授诞辰 120 周年座谈会"上的讲话。

求支持建院。贺部长说:"将来整个医学院都要迁出城外,另建新校舍,那时药学系有优先权首先在城外建院。"然而,这一许诺,事后却未能实现。①

此后药学系的设备和条件日臻先进,完全都是薛愚争取来的。在此之前,药学系连个像样的行政楼都没有,教授们的教研室也都是散落在各处,没有熟悉的人引路,根本找不到办公室。后来薛愚不仅给药学系争取到了菜园的校区,还盖起了办公楼、实验楼、宿舍。当时整个药学系热情高涨,业务人员也都参与协助施工人员工作,很快把楼盖了起来。薛愚还给药学系争取到了可以说是全国最好的实验设备。当时北医药学系的实验室,天平人手一架、显微镜人手一架,这在当时的其他院校是想都不敢想的。上海药科大学的老师来参观北医药学系时说,他们的实验设备也顶多是和北医药学系打个平手,绝对不可能超过北医。②

---

① 薛愚口述,王广生整理:《我走过的路》,九三学社中央研究室编:《中国科学家回忆录(第二辑)》,北京:学苑出版社,1990年,第61页。
② 李仁利等在2015年9月27日的"薛愚生平座谈会"上的讲话。

（三）桃李不言

在招生规模方面，李仁利回忆自己 1949 年入校时，药学系招 26 名学生，占当时药学系总人数的 46%，一个班只有五六个学生。而 1950 年以后，药学系每年招生 80 名，1953 年以后扩大为 120 人，北医药学系的不断壮大，很大程度上也要归功于薛愚的努力。

薛愚治学严谨，对学生严格要求也是出了名的，在学习上是绝对不能"糊弄"他的。薛愚在课堂上和很多老师是不一样的，他不喜欢讲那些书本里的内容——薛愚认为读课本是学生应该自己完成的事情，他们也完全有能力自己完成，课堂上就应该讲一些学生从课本里学不到的东西。比如，他常常讲一些药物的合成路径，对比分析各种路径的优劣，并且在实验和考试中也是以这种思路为主。实验报告写得不好、不认真，薛愚不会让学生拿回去修改，而是直接让学生重写，他的学生回忆起跟随薛愚求学的时光，都说那时最害怕听到"重写"二字。当时药学系流传一句话：做不完的单元实验，写不完的操作规程，横批是天天吃冷饭。

当然，薛愚的课显然也是非常有趣的。陈雅妍回忆说:"当时薛先生开了一门课叫'药学概论',我们那时对药学还不了解,只知道点磺胺类的药片什么的。薛先生讲课就是从古讲到今、从中讲到西,什么希腊炼丹、中国炼丹术,无所不包。不仅讲神农尝百草,还引进矿物药的概念,最后讲到中医中药,并且从这个方面对学生进行爱国教育。"

薛愚对学生是有一个明确的培养目标的,那就是要教会学生思考和独立科研,培养一批有理论、有实践,能够有解决实际问题能力的人才。因此,薛愚的课程强调理论联系实际,致力于将药学学科打造成名副其实的应用科学。

虽然学术上,薛愚是个实打实的"严师",但在私底下,薛愚自青年时代起,就与学生们打成一片,不仅交流学术观点,还积极向进步学生们请教共产主义思想,因此到了北医,任了系主任之后,也未改初衷,对学生们依然是十分关照和亲切的。比如,薛愚的学生朱珍燕曾提到,薛愚"喜欢"给学生介绍对象,他也是很多学生的主婚人。

朱珍燕说,自己当时和恋人确定了恋爱关系后很长时间也没有结婚。有一天薛愚突然对她说:"朱珍燕,你怎么还不结婚啊?"朱珍燕愣了一下,半开玩笑地说:"没有房子啊,结不了婚!"——当时朱珍燕毕业后不久留校任教，学校给青年教师的住房还比较紧张，所以朱珍燕和恋人一直没有婚房可以结婚。薛愚听了后，说："我给你要房子，你今天就结婚吧！"朱珍燕的同学跑出来找到朱珍燕的恋人说："你准备准备结婚吧，薛老师说你今天就结婚。"朱珍燕和恋人也不知道薛愚是认真的还是开玩笑，但确实已经到了适婚年龄，此番又被薛老师"催婚"，于是二人匆忙准备，没过几天就办了手续结了婚。薛愚果然没有食言，很快就帮他们争取到了住房。对朱珍燕夫妇来说，人生两件大事，薛先生以开玩笑的方式帮助他们解决了，实际上费了不少心，做了很多工作，用这种开玩笑的方式，只是不希望年轻人为此产生太重的思想负担。

当时北医药学系有很多学生家在外地，逢年过节有时不能回家，就去薛愚老师的家里聊天、吃饭，薛愚从不厌烦。朱珍燕说，那时她住薛愚对门，有一年大年初一，薛愚来她们家拜年。朱珍燕吓了一跳，说这怎么行，薛愚是先生，应该自己去先生家拜年，怎么能让先生来自己家拜年，惊慌尴尬。薛愚忙替她解围说："不要紧不要紧，我不是给你拜年，是给你母亲拜年。"原来那时朱珍燕的母亲刚从南方老家来看望她，得知老人家是第一次在北京过春节，薛愚担心老人家生活上不适应，故特意来看望，也表达学校对孩子的关心爱护，这样家长远在外地，也就能够放心了。这件事情令朱珍燕十分感动，很多年后都印象深刻。

但是可惜，薛愚在一线教学的时光并不多，一方面是因为薛愚身为药学系系主任，行政事务繁多，另一方面，随着反右运动的兴起，薛愚很快就被迫停止了教学工作，所以和薛先生相处的机会是十分珍贵的。①

对学生来说，薛愚既是严师也是长辈；对同事来说，尽管在新中国成立后，薛愚有很高的政治待遇，但同事和他的关系都很近，薛愚自己对于生活条件也不大在意。那时候北大很多教授，尤其是刚从海外聘请回来的教授，大多没有自己的住房，临时住在北大的宿舍里。薛愚家本来是一个独立的小院，他聘请了留学回来的楼之岑后，见楼之岑没有寓所，便把自家南房给了楼之岑；后来聘请了诚静容，又把东房给了诚静容。而薛愚并不认为这是什么大事，只是认为这样的安排能够方便教授们工作、生活，是理所应当的事情——薛愚这种诚心待人的性格，大概也是这些享誉海外的教授愿意接受薛愚的邀请赴任北医的一个原因。

薛愚也很重视师资培养，除了对各学科的奠基人、领军人礼遇有加，他也很重视对年轻教师的培养。1956年，

---

① 朱珍燕在2015年9月27日的"薛愚生平座谈会"上的讲话。

五、主政北医药学系

药学系有年轻教师的提高计划,包括政治、外文、经济学等方面的培训学习,所以当时药学系的年轻教师也都是非常用功的。药学楼晚上几乎都是灯火通明的,办公室里都是挑灯夜读的年轻人,这种风气是很好的。

薛愚平易近人,对那些学生、小青年也都很重视。1954—1956这三届的学生和薛先生是非常亲密的,过年过节聚餐的时候,薛愚也会给所有的小青年敬酒,跟大家说"辛苦了",这些年轻人就都十分感动,感到自己受到了重视和尊重。[1] 后来消息传来说薛愚是"右派",大家都难以相信。

薛钟灵说,自己能够理解父亲薛愚为了药学事业所做出的努力和牺牲,但不大能理解父亲对自己的贡献总不愿承认。每每提及此事,薛愚总是平淡地说:"这没有什么,任何一个人当时处在我的地位都要去做这些事情,凡人做点善事而已。"[2]

薛愚的学生回忆说,薛愚一直觉得我国存在重医不重药的问题——一般药学教育教出来的只能去药房做药剂,所以他提出要建立药学院,医药要分开,把药学院分成三个专业,不搞一揽子教育——屠呦呦获得诺贝尔奖正是说明了发展药学教育的重要性。

---

[1] 朱珍燕在2015年9月27日的"薛愚生平座谈会"上的讲话。
[2] 薛钟灵在"纪念薛愚教授诞辰120周年座谈会"上的讲话。

薛愚作为系主任，提出"三三制"教育，使药学人才队伍得到发展——做出一种新药需要多方面的努力，需要很多方面的专业人才，如果当时药学系不分专业，什么都学，就不可能出现周维善[①]、屠呦呦这种人才。如果没有薛愚的"三三制"，也不会有现在药学界在每个方面都有专家的局面。薛愚在药学发展方面看得很准。

在各种会议活动上，不管是否安排薛愚发言，薛愚都会认真准备，但让许多学生印象最为深刻的是他的一段即兴发言。他说："乾隆皇帝六十大寿的时候，人人都跟他说'万寿无疆'，我今年都八十岁了。人到七十，是一年不如一年；人到八十，是一月不如一月；人到九十，是一天不如一天；要是到了一百，那就是一辰不如一辰了，明天就不一定在了。所以同学们一定要抓紧时间，不要到了我这个岁数了才后悔，那就晚了。"

这段话令药学系的学生们倍受鞭策和鼓舞。嵇静德说，在她那一届，药学院有两个奖学金获得者，医学院只有一个，从入学成绩来说，药学院是比医学院好的，他们也完全有机会进入医科，但是因为对药学有一种向

---

① 周维善：1923年7月14日—2012年8月10日，中国著名有机化学家，屠呦呦师兄兼同事，生于浙江绍兴。1949年毕业于上海医学院药学系。中国科学院上海有机化学研究所研究员。1991年当选为中国科学院学部委员（院士）。长期从事甾体化学、萜类化学和有机合成化学的研究，为中国甾体激素工业的创建和发展做出了重要贡献。一生为了青蒿素呕心沥血，2012年病逝。

往而选择了药学。后来全班十名学生都取得了一些成绩:一位当选院士,两位作为药学专家当选20世纪知名人士,五位在高校担任教授,三位在研究所担任高级工程师。

在那个特殊的时代背景下成长起来的老一辈科学家、教育家,有许多是像薛愚这样,认为"在其位谋其政,任其职尽其责"是一件再正常不过的事情,哪怕有所牺牲也是值得的——或许也正因为有了这种宏大的人生格局,使他们能够在新中国成立早期的艰苦环境中为祖国科学发展做出卓越贡献。而这种忘我的奉献精神,正是我们这个时代所缺少的。

1952年12月,中国政府派出由宋庆龄任团长的108人的代表团参加在维也纳举行的世界卫生和平大会。周恩来在出发前会见代表团时说:"你们这一百零八将都是各界杰出的代表,要各显其能,广交朋友,要如实宣传新中国,让各国代表通过你们,看到新中国人民的精神面貌。"[①]薛愚作为中国医药卫生代表团成员出席了大会并作精彩报告。

薛愚自述:1953年,中央卫生部组织了一个中

---

① 张登德:《20世纪50年代中国对外文化交流的特点》,《当代中国史研究》,2014年第21卷第6期,第53页。

国医疗卫生代表团,拟赴巴黎参加世界卫生和平大会。团长是方石珊,副团长是宫乃泉和季钟朴。团员有林巧稚、钟惠澜、黄家驷、白希清、吴桓兴、诸福崇、柯麟、梁白强和我。除我是学药的,其他都是学医的。由于当时我国与法国没有外交关系,没得到法国外交部的签证。我们到了奥地利首都维也纳以后,便在那里静等法国外交部的签证。奥地利是第二次世界大战的战败国,由美、英、法、苏四国共管,我们住在维也纳的苏联管理区。其他国家如捷克、保加利亚、匈牙利、苏联等国的代表,也在维也纳等候。最后得知法国政府拒绝大会在巴黎召开,于是大会就改在维也纳召开。之后,加拿大,南、北美洲的代表也来到了维也纳。会议程序较简,会期亦较短,主要是分小组座谈。座谈会上各抒己见,对分歧的意见无法取得统一,而且也不必要取得统一。座谈会上谈话的内容也较广泛。有些国家的代表,初次和新中国的代表坐在一起感到很新奇,对新中国也有浓厚的兴趣,很想了解……

这次世界卫生和平大会,很快就结束了。会后便到各地参观。中国代表团由奥地利到捷克和苏联进行参观访问。

五、主政北医药学系

1. 在捷克斯洛伐克参观

捷克斯洛伐克由两个省（邦）组成。战前是奥匈帝国的殖民地。我们代表团住在首都布拉格。这是一个美丽的城市，绿树成荫，花草满布，街道公园星罗棋布，是供儿童游乐的场所。市内教堂很多，每个教堂都有一个钟楼，因而又有钟楼城之称。

我们除了集体参观以外，也进行了分专业小组参观。学药的只有我一个，只好单独参观。在布拉格，首先我了解了一下有关药学教育的情况，知道他们过去的药学教育是沿用奥匈和德国的教育，现改为学习苏联。但在药学教学方面是结合捷克的实际国情的。全国在布拉格和布尔诺共有两个药学院。有关药学教育的问题，我曾在《捷克斯洛伐克的药学教育》一文（《药学通报》，1954年第1期）作了介绍。关于药学研究，捷克政府十分重视。布拉格的药物研究所，设备较完善，研究人员也有一定的水平。研究所大楼的第一层是模型生产药厂，第二、三层是实验室。一个药物在实验室研究成功以后，经过模型生产药厂试制，然后再投入较大规模的药厂生产。这种研究和生产方式比较稳妥，值得学习。此外，还参观了一个设在丛山保密地区的抗生素药厂。通常，这个药厂是不准外国人进去参观的。我能参观这个药厂是特殊的优待,象征着中捷两国人民的友谊。

在布尔诺,我只参观了医学院有关药理学方面的机构。

参观学习以后,我曾写了一篇题为《学习捷克的药学建设》的文章(《中国药学会会讯》,1953年第2期),而且在《捷克药学会刊》(1953)发表了自己的感想。

2. 在苏联学习参观

代表团在苏联的莫斯科和列宁格勒,停留一个月左右的时间。新中国成立后,教育方面主要是学习苏联。因此新中国成立初期,我就选读了有关的资料,并在第一次全国卫生会议上发表了《药学建设之我见》(《北华药讯》,1950年第2期),之后又发表了《向苏联学习药的建设》(同上)。在莫斯科和列宁格勒,我们参观了一般性医院、无痛分娩医院、精神病院、莫斯科大学和博物馆等。在药学方面,参观了列宁格勒药物研究所,李振肃和她的导师负责接待并作了详细的介绍。所内设备尚好,研究人员也有一定的水平。我还见到了学习制药和药品管理专业的中国留学生盆远同志。苏联对制药工业和工厂管理比较重视,也有一定成绩。

在回莫斯科途中,听说马林科夫、莫洛托夫等都下了台,赫鲁晓夫取得了政权。

回到莫斯科以后,由国立药专时我的学生袁承业同志负责洽商参观药物化学研究所。这个所,成绩显著,是和列宁格勒药物研究所齐名并列的药物研究机构。另外,袁承业还介绍我参观了距莫斯科较远的一个植物药物研究所。设备较好,药圃种植面积也较大。我特意参观了关于人参的研究,有收购的中国人参、高丽参,也有自行栽培的人参。据介绍者说,他们用科学方法栽培的人参,成熟期短,效力也与天然人参不相上下。测定人参效力时,是将人参切成相同重量的小块,放在玻璃缸里,缸中放有蝌蚪,观察比较蝌蚪的活动能力。

苏联的药学教育较西欧国家(起步)晚,初期归属于医学院内,1936年独立,属教育部领导。药学院是五年制,药剂生则是三年制。制药工业和药品的分配均归药政局领导。

苏联的药师公会是1895年成立的,最初称药科互助学会。曾出版了《药学》和《药理学与药学》两种杂志。医与药是平等的,没有重医轻药的事。医师待遇按每天诊治的病人数和开出的药方数而定;药师则按每天配制多少药方而定,均实行按劳取酬制。苏联公民都实行公费医疗制。为保证药品供应,生产的药品均送交中央药库,再分配给各级药库。医院药房只供应住院病人用药品,其他病人则到市售药房取药。街道药房按人口比例而设,每个药房均有合格的主任和若干助理员。

苏联医师不能制药,不能开药房。医生开方只限本国生产的药品,外国药品一般不载入本国药典。①

1954年,薛愚作为中国科学院代表团成员出席印度科学年会,作题为《中国文化遗产——中药》的报告。

薛愚自述:印度科学大会是1954年终至1955年初在新德里召开的。中国科学院应邀派了一个代表团,团长是钱端升,团员有侯德榜、狄超白和我等共5人。由中国驻印大使馆的申健同志负责接待工作。出席这次年会的有美国、瑞士、缅甸、苏联和中国等代表团。除中、苏外都是资本主义国家。由于政治立场不同,讲话中有异议、有矛盾、有指责,争端甚多。

---

① 薛愚口述,王广生整理:《我走过的路》,九三学社中央研究室编:《中国科学家回忆录(第二辑)》,北京:学苑出版社,1990年,第63-65页。

五、主政北医药学系

　　在第一次开幕式会议后,与会代表知道我是来自新中国的药学工作者,都想和我面谈。世界卫生组织(WHO)的一位美国医药工作者路易士(R. A. Lowis)再三要和我面谈,想了解新中国的医药情况。我说,面谈可以举行,但时间、地点则由我们的书记指定。路易士提出了三个问题:1.路易士自我介绍说,他是世界儿童卫生基金会的委员,和宋庆龄女士很熟悉,想赠款给中国儿童福利基金会宋庆龄女士收转,不知可否?我回答说,新中国实行自力更生政策,一般不需要国外的赠款。2.路易士说,他想到新中国看一看,是否有可能?我回答说,外国人到新中国参观,我们都欢迎,但须经过外交部门的同意和签证。3.路易士说:"我看印度将来一定要走中国的道路,实行共产党革命,你看对吗?"我说:"一个国家实行的政策和要走的道路,由该国人民自己决定。"

　　我们参观了印度的原子能研究所,并对医药方面进行了解。印度和旧中国一样存在重医轻药问题。全国有33所医学院,学生也学习药剂和调剂课程,医生既开方也配药,医药不分,药房里最多是几个调剂员和学徒。近年来才开设了药学院,有学生230人,药师与人口比例为1∶400万,药师奇缺。1948年,设立了中央药物研究所，开展药物研究。但药品多从英国进口，全国有60多个药厂，但40个是加工厂，其他仅有少数能进行药物提炼与合成。

印度对教育比较重视，尤其是理工科，培养了一些人才，但对初、中级教育重视不够。一般学校，学费高昂，多是男女分校；虽有男女合校的，但男女之间亦有板墙相隔。男女学生只能见到老师讲课，但男女之间因有板墙，不能相见。有一次，我到一个中学参观，并介绍了新中国的教育情况，我说："在中国，大多是男女合校的，学生们自由来往交谈，没有隔离板墙。学生不交学费，只交少量杂费，生活较困难的学生，还可得到补助。学生毕业后，经过考试可升入专科或大学，不能升学的也可找到适当的工作……"学生们听后几乎欢跳了起来，都说让我们到中国去上学吧。

代表团离开新德里到达巴罗达市，在这里停留一天，又到了印度较大的工商业城市孟买。我国在孟买设有领事馆。

印度被英国统治后，印度的旧式医师（印医）遭受歧视，和新医（英国式）发生矛盾。印医有几千年的历史，对人民健康起了一定的作用，而且受到人民的拥护。英国统治下的政府，规定在旧医学教育中要增加新课程,如解剖、生理、药理等并设有医学教育委员会,印医必须学习指定的内容。国家不允许有两种医学制度存在,印医须经医学教育委员会考试,不及格者,禁止行医,因而印医遭到极大的困厄。我到孟买后,有个印医名叫沙马,知道我是学药的,他到中国驻孟买领事馆,要求和我谈一谈新中国中医中药的情况,并请我到他家吃早饭。按着约定的时间,领事馆派人陪我前往沙马家。印度人吃饭不用筷子而用手抓,我第一次在印度人家中吃了"手抓饭"。我向沙马介绍说,中国对中医中药采取实事求是,去其糟粕,取其精华的态度,对中医中药要加强研究,发扬光大,并提倡中西医互相学习合作,对中西医药都要提倡,创立中国新的医药学体系。我把达仁堂炼制的中药"香连丸"和"祛暑片"及其说明书,送给了沙马。他对中国的医药学及医药政策很为赞赏。[①]

1954年至1959年,薛愚任第一届全国人大代表;1955年薛愚出席巴基斯坦科学年会,并作题为《中国药学现状——教育和生产》的报告。

[①] 薛愚口述,王广生整理:《我走过的路》,九三学社中央研究室编:《中国科学家回忆录(第二辑)》,北京:学苑出版社,1990年,第65—67页。

薛愚自述：代表团在印度孟买参观时，接到了中国大使馆电话说，科学院来电称，巴基斯坦邀请中国派个代表团参加1955年1月初召开的科学大会，并指派钱端升（团长），薛愚（团员）和一个秘书，即日离印到巴基斯坦参加大会，其他人员留在印度继续参观。于是，代表团分为两部分，并约定在香港会合，然后一同返回北京。

开会地点，不在首都卡拉奇，而在邦府巴哈瓦尔浦。所谓邦似乎类似中国一个省。邦府首领又像一个小国王。这次会议邀请的国家很多，邦府首领也光临了。开会之前先读一段古兰经，类似基督教开会先读圣经一样（这似乎与开科学大会不相协调）。会址就设在邦政府的办公室（据说邦首领还有宫殿设在别处），邦府的办公室确有相当的气派。大会的当天晚上举行了别开生面的招待会，人们称之为爵士宴会，听爵士音乐，跳爵士舞，招待会十分隆重。会上由各国代表团的首席代表相继讲话，中国代表团讲话的是钱端升同志，他介绍了新中国的建设成就。

在小组座谈会上，我主要介绍了新中国药学教育、药典、药品管理及药物研究等方面的情况，并着重谈到了中西医药结合的问题。

五、主政北医药学系

出席巴哈瓦尔浦科学大会以后,我们到巴基斯坦第二大城市拉合尔参观,我参观了这里的三个药厂,几乎都是加工厂。和印度相似,原料药购自英国。药厂的规模较小,设备亦较简陋,初步估计,三个药厂的设备合并起来,还不及北京医学院药学系的试验药厂。巴基斯坦严重缺乏药学人才,据统计全国医师有5457人,而合格的药师仅有30—40人。全国药学会也只有会员约200人,仅在1934年开过一次药学会议,只出了一次刊物。药学教育远远不能满足社会的需要,全国只有旁遮普一所大学有个药学系,每班只有15个学生。

在拉合尔,也开了几次座谈会,除了互相了解有关医药的情况外,还谈到了两国的互访与合作。[①]

1955年,薛愚参加由郭沫若带领的中国科学院访日代表团,介绍新中国药学事业的发展和药学教育的现状。

[①] 薛愚口述,王广生整理:《我走过的路》,九三学社中央研究室编:《中国科学家回忆录(第二辑)》,北京:学苑出版社,1990年,第67-68页。

1955年12月，中国科学院访日代表团，前排右四为薛愚

薛愚自述：中日两国医药交流历史悠久。《神农本草经》问世不久即传入日本，汉医汉药在日本广为流行。明治维新，吸收了西方医药，将汉医汉药科学化，成为世界医药先进的国家。

1955年11月，日本医药访华团来到北京，其中有东京大学药学系主任不破龙登代先生。中国药学会在同仁医院开座谈会和学术报告会对他表示欢迎。日本访华团的茅诚司先生邀请中国学者到日本

五、主政北医药学系

访问。1955年12月,组成了"中国科学院访日学术视察团",由科学院院长郭沫若为团长,团员有翦伯赞、冯德培、苏步青、茅以升、葛庭燧、尹达和我等。视察团由熊复同志任秘书长。

到达日本后,除了广岛外,几乎看不出战败国的残迹,建设恢复甚速。在茅诚司领导下,日本组织了一个"恳谈会",出席者有日本人文部、科学部、民主团体等约100人,是一个较大的学术座谈会。我拜访了日本药学界许多知名人士,例如:朝比奈教授,他因年高已退休,称退休教授,但仍是一个药厂研究所的研究室主任,每日孜孜不倦,很少闲暇休息。他说:"研究是科学的生命。"朝比奈是日本药学界第二代人物,但也是颇有声望的人物。高木诚司教授,他是日本西京都大学药学部主任,是北医药学系何茂芝教授的老师,与何先生很熟悉,并称何是他们学校的高才生。刘米达夫教授,是日本药物检验所的所长,负责日本进出口药品的检验。柴田承二教授,是比较年轻的一位知名生药学家,研究成绩显著,论著较多……

在东京,日本药学会召开了一次药学教育座谈会。我发言批评了旧中国轻视药物的现象,并主张按照国家的需要培养多方面的人才,还介绍了北京医学院药学系的教学情况。

除了随代表团参观访问之外,我还参观了大阪大学药学部,规模较大,有关学科的设备、仪器,应有尽有,较为完善。

在西京都,也参观了一些学校,还参观了距西京都不远的武田制药厂,在日本是较有代表性的药厂。参观时,按照规定应穿戴专用的衣、帽和拖鞋,否则不能进入车间,只能隔着双层玻璃观看操作的情况。生产车间特别重视清洁和防止污染。这个药厂,设有较高水平的药物研究所。据接待我们参观的人员介绍,研究人员都具有博士或硕士的学位。在从事合成药物方面就有药学博士二百余名,化学博士二百余名,还有许多具有医学学位的工作人员。药品研究的过程,经过了严格的实验与检查。这个研究所,也很重视天然植物药的研究,有较为完善的药圃。规模虽不庞大,但布局合理,管理亦科学化。栽种的药用植物有平地产、山地产、向阳产、背阳产等,按植物生长环境的高度,又分山下、山腰、山顶等不同高度分别种植。对植物生长的土壤,使用的肥料均进行严格的检验,对植物的不同部位例如根、茎、枝、花、叶等均进行深入的研究,并且重视研究成果的大量生产和推广。日

五、主政北医药学系

本药学界十分重视药品的研究、开发,十分重视药品的质量,给我留下了深刻的印象。

日本的一些药厂,送给我一些他们的陈列品、样品。我带回北医药学系,又将其中的一部分,转送给了系里的苏联专家布拉果维多娃同志。①

中国药学会总会欢迎德国药用植物学家华尔特·沃伊特,
前排左三为薛愚

这一系列的访问交流活动,为世界了解中国药学界和促进中国药学界的发展提供了宝贵经验。如周总理所言,由于文化交流不像政治关系那样敏感,故有助于消

---

① 薛愚口述,王广生整理:《我走过的路》,九三学社中央研究室编:《中国科学家回忆录(第二辑)》,北京:学苑出版社,1990年,第68—69页。

除隔阂、加深相互了解，因此在新中国成立初期的外交工作中也发挥了重要作用。中国人民对外文化协会（今"中国人民对外友好协会"）会长楚图南在1956年全国政协第一届第二次全体会议上，对新中国成立以来一系列的文化交流活动也给予了高度评价，称其"对于扩大我国的和平外交的影响、争取团结国际友人和扩大国际和平力量，都起了一定的作用"，"在国际活动中起了开路先锋的作用，其影响是巨大的也是深远的"。[1]

---

[1] 张登德：《20世纪50年代中国对外文化交流的特点》，《当代中国史研究》，2014年第21卷第6期，第54页。

六、狂风骤雨

（一）风云突变

薛愚自述：1955年暑假前，我作为全国人大代表到湖北（我是湖北省选出的代表）参观视察时，忽然接到学校发来的紧急电报，电文称："卫生部拟将药学系迁到山西太原，改建药学院，速去太原进行了解洽商。"我星夜赶赴太原，系秘书嵇静德同志和有关同志也同时到达太原。我们访问了太原当局，并参观和了解有关的医疗卫生机构。经过调查并多次讨论，观点虽不相同，但一致认为在太原建院不适宜。返回北京后，向卫生部做了详细汇报。①

---

① 薛愚口述，王广生整理：《我走过的路》，九三学社中央研究室编：《中国科学家回忆录（第二辑）》，北京：学苑出版社，1990年，第61—62页。

药学系从 1954 年起，就响应中央的号召，全面学习苏联，取消了药化药检和生药专业，只设立一个一般药学专业，主要面向医院药房和药检单位，当时太原的医院太少，且没有建药检所，药厂也少，实在不利于药学系发展。薛愚考察之后，便用这个理由向卫生部陈述，说一般药学专业每届毕业生是 120 人，以后还要扩大到 150 人，如迁往太原，则毕业前的实习根本无法解决，[①] 故药学系才得以留在北京继续发展。

薛愚自述：不久，卫生部和教育部召开了联合会议讨论在太原建院问题。教育部的刘皑风副部长、卫生部贺彪副部长出席了会议，药学系有我和楼之岑教授参加。我们认为太原市医疗卫生机构较少，药厂亦少，而且几乎没有一个药品检验单位。药学系改为一揽子教育后，每年招收学生不少于 150 名，毕业前须到医院药房、药品检验单位和制药厂进行实习，而太原市不具备这些条件，如果仍然要在北京、天津等市安排实习，那就没有迁到太原的必要了。当时有人说："过去药厂是私人办的，资产阶级为赚钱谋利，制造伪药、劣药，如今药厂

---

① 李仁利在"纪念薛愚教授诞辰 120 周年座谈会"上的讲话。

六、狂风骤雨

一律改为国营,不可能有伪药、劣药产生,因而也不必要进行药品和毒品的分析检验,实习也是不必要的了。"对这一论点,实在使人难以接受。有没有假药、劣药暂且不谈,但是物质是不断变化的,好药经过一段时间也要发生变化甚至失效的,药品的检验,当然是完全必要的。辩论得不出结论,建院的问题,只好又一次不了了之。①

尽管药学系响应中央号召,向苏联学习,但薛愚实际上是不同意这种盲目学习的,他认为:"我们学习苏联,是要学习苏联向前发展的方面,不是学习他的过去,而是学习他的现在和将来。"②薛愚的学生王广生对于苏联专家在北医药学系办培训班之事回忆说:"我们的药学院系教师很多都是专家教授,苏联方面一个讲师给我们讲课,实际上讲不了什么。由于向苏联学习,薛愚教授分设学科的工作实际上又被打回了一揽子教育。后来他(薛愚)又受反'右'和'文革'影响,许多有价值的建议都没有被采纳。"③

---

① 薛愚口述,王广生整理:《我走过的路》,九三学社中央研究室编:《中国科学家回忆录(第二辑)》,北京:学苑出版社,1990年,第61-62页。
② 薛愚:《对于一般药学教学计划的几点意见》,《药学通报》,1956年第10期,第467页。
③ 2015年7月笔者与王广生教授通话中谈及。

1956年,薛愚任中国药学会第十四届理事长。薛愚任理事长期间,中国药学会理事会拟定了十二年远景规划和1957年至1959年的三年工作纲要,成为学会一段时间内的工作依据和奋斗目标。1957年,药学会在薛愚的带领下召开会议,专门讨论药学教育与学科规划的问题。

薛愚自述:1956年暑假,药学系学生到医院药房实习,学生们及在药房工作的其他同志,对药房的工作条件,有不满情绪,不安心工作。这种情况,北京有,外省市也有。当时,北京市副市长王昆仑分管医药卫生方面的工作,要求北医药学系负责到医院药房视察一下,提出建议,改进工作,更好地为人民健康服务。药学系女苏联专家布拉果维多娃,是搞药房工作的,有丰富的工作经验,也认为到各医院药房了解情况,是工作的需要,对教育改革也是必要的。于是,北医药学系就接受了王昆仑副市长的意见,作为工作任务,视察药房。当时我是全国人大代表,并任药学会理事长,听到不少同志对药房工作提出异议,因此虽然我正在忙于制定医药卫生十二年规划,但仍决定亲自参加药房的视察工作。视察之前,苏联专家、系秘书及药剂学的有关教师，召开会议，确定了以下视察的内容：

1. 一般情况：

工作量：包括临床、门诊人数，每人每日的药物配方量。

编制：药房主任、药师和药剂生的职务、资历及待遇（政治待遇及工资待遇）。

设备：医院总面积，药房占用面积，剂型室、调剂室、化验室、消毒室等占用的面积以及图书、仪器设备的情况。

学习：政治及业务学习、科学研究、进修提高、升级、职称等。

2. 生活情况：例如值班、休假、健康情况等。

3. 意见与要求：包括工作中存在的困难、不安心工作的原因、工作中发生事故的情况及原因、对领导的意见等。

确定了视察内容以后，又拟定了视察程序。由北京市卫生局和北医药学系各派一个秘书协助工作。被视察的医院药房，应有医院院长、秘书、药房主任和有代表性的药工人员出席参加，先由院长、药房主任介绍一般情况，然后进行参观、视察，最后进行座谈，做出初步小结，不足之处还可进行书面补充。

根据以上视察的内容与程序，按照卫生局的规定，我们从1956年12月11日至25日，共视察了北京市12个医院药房。最后向卫生局长做了汇报，提出了意见和建议。根据我个人及北医药学系临时秘书吴忠恕的笔记，我写了一个总结，题目是"轻视医院药房的工作必须改变"（重医轻药的思想必须改变），这个报告送到了刘少奇委员长的办公室。……我把在视察中亲眼所见、亲耳所闻的事实，如实地写进了这份报告。1957年4月2日和4月5日，卫生部主办的《健康报》连续两次全文发表了这篇报告，题目是"重医轻药的思想必须改变"。这篇报道，引起了药学界很大的反响，并出现了全国关于药学教育百家争鸣的局面，这种情况使我感到震惊。

在视察北京市医院药房之后，人大代表和政协委员医药卫生组召开了几次座谈会，是医药卫生问题组组长李德全、副组长钟惠澜和我负责召开的。1957年1月2日的一次会上，发言者甚多，西单联合所建议药品检验所要有严格制度，好医生不应担任行政职务；王文鼎建议加强中药研究等。在1月22日的座谈会上，金宝善提出加强预防为主等等。

北京市副市长王昆仑和卫生局的严、李两位局

六、狂风骤雨

长,专门召集了北京部分医院药房负责同志座谈药房情况。到会发言的有天坛医院、市第四医院、鼓楼医院、同仁医院等。孟目的同志也参加了会议。座谈会反映药房存在的问题主要有:人员不足,工作量大,医师水平低常开错药方,药房的工作人员不懂药物,工作开展困难,待遇低于医师等。

2月9日,以医药卫生问题组的正副组长三人名义召开了一次较大的会议。并声明从这次会议起,将按下列问题进行讨论,如有其他问题也可提出讨论,计:

(1) 贯彻"预防为主"的方针问题

(2) 疾病统计问题

(3) 公费医疗问题

(4) 宣传避孕问题

(5) 医学(包括药学)教育问题

(6) 药材器械标准问题

(7) 中西药品产、供、销问题

(8) 农村医药卫生问题

(9) 工矿医药卫生问题

(10) 学校卫生问题

(11) 中医问题

(12) 医院药房改进问题

（13）医院管理问题

（14）发动群众参加红十字会问题

这14个问题，包括医药卫生各个方面，问题较多而且复杂，本次座谈会后，又经常开会进行讨论研究。不仅人大代表和政协委员，而且一般群众也认为这是有关人民健康的重要问题，极为重视。

（二）视察天津市医院药房

我在北京市医院药房的视察总结在《健康报》发表以后，引起全国药学教育单位及医院药房工作同志的共鸣。三月份，我接到卫生部一个通知，让我乘机会也到其他城市医院药房视察一下，借以了解全国医院药房的情况，以便改进工作，并把视察工作作为协助党进行整风的一部分。于是，1957年4月7日，我到天津市进行视察。天津市卫生局派李华同志代表卫生局商洽视察事项。商洽后确定视察的内容有：了解药房的业务范围与任务；药房与医疗的配合情况；药师的水平与任务；药品的供应与浪费情况；药房存在的问题及药工人员不安心工作的原因等。自4月8日至13日，共视察了10个医院药房、一所卫生学校。视察程序和在北京一样，先由卫生局、医院、药房负责人介绍一般情况，然后亲临现场视察。卫生局、医院和我本人

六、狂风骤雨

都进行了现场记录,并召开了两次座谈会作进一步的了解,最后写出视察总结向卫生局汇报。回北京后,再一次进行材料的整理,送呈全国人民代表大会委员长办公室。

(三)视察武汉市医院药房

北京、天津医院药房的视察工作,由于限于暑假前结束,时间较为短促,因而又选定了武汉市继续进行视察。这三个城市大体上可以代表我国南北各地医院药房的情况。遂于1957年4月29日至5月11日视察了武汉市10所医院药房,参观了武昌卫生学校、武汉市药检所。在武汉市还作了一次学术报告,并出席了中国药学会武汉分会的会议。

视察的内容与程序,与京、津二市基本相同。视察工作由武汉市卫生局负责同志陪同指导,到达各视察单位后,由院长、秘书、党的负责人、药房主任、药师等作了简要的介绍,我们又进行了实地参观了解。10个医院视察结束后,最后又召开了座谈会进行总结,并将结果送交武汉市卫生局。

在武汉视察时,5月1日,《人民日报》发表有关党整风的文章社论,内容是请党外人士本着"知无不言,言无不尽,言者无罪,闻者足戒,有则改之,无则加勉"的精神提出意见,协助党整风。不久，在我准备把武汉市医院药房视察的情况写成书面总结，送呈全国人民代表大会委员长办公室之际，反右派运动行将开始，因而视察报告停写了。在武汉视察的内容，向武汉市卫生局做了汇报，而未呈送人大常委会办公室。

  北京、天津、武汉三地医院药房的视察情况是有一定代表性的，都存在着"重医轻药"的思想和事实。我认为医与药的关系是密切的。犹如枪与弹，缺一不可，应当互相协调，齐头并进，才能促进中国医药事业的发展。中国有一段时期依赖外国的药品推动医学的发展，这是不正常的现象，医学也是不可能得到发展的。①

  同年，中国药学会召开有关协助中国共产党开展整风运动的座谈会，薛愚主持并做了会议总结，他总结了十点意见，涉及药政、药学教育、药房、药检、《药典》、中药研究、中药生产、药学研究、药品的产供销结合等方面。其中药政工作部分提到，中央卫生部药政司人员太少，方针制度不健全，中央与地方药政被轻视；药学教育方面，现行一般药学教育是机械地学习苏

---

① 薛愚口述，王广生整理：《我走过的路》，九三学社中央研究室编：《中国科学家回忆录（第二辑）》，北京：学苑出版社，1990年，第70–73页。

六、狂风骤雨

联,教学计划课程种类过多,基础科学和理论科学不够,因而使学生负担过重,学习无重点,更谈不上具有初步科学研究的能力,应有所改变;药品的生产、供销和使用分属几个部门管辖,人民用药得不到保证;卫生部希望药学会起什么作用不明确等问题,[1]引起了相关部门一定的重视。1957年下半年,薛愚被错划为"右派",被停止理事长职务,由副理事长龙在云代行理事长职务,薛愚的很多建设性意见和计划都随之流产。

薛愚自述:药学工作者和药房的药师应担负什么样的工作呢?根据1951年卫生部的规定,药学院校毕业的学生应能胜任社会主义建设,为人民保健事业服务,具有全面系统的现代药学理论知识,掌握现代制剂、调剂、管理、分析检定、药品生产的技术,并具有初步科学研究的能力。但是自1954年后,药学课程复杂,基础太差,根本不能从事科学研究工作,不可能在12年内完成药科研究规划,更不可能赶上世界药学先进水平。因此,1956年我在《药学通报》(第10期,465页)发表了一篇《对于一般药学教学计划的几点意见》的文章,

---

[1] 田颂九主编:《第十四次全国会员代表大会及会后相关活动》,《中国药学会百年史》,北京:中国人口出版社,2008年,第35-37页。

主张一揽子的一般药学教育计划要改革。我认为药学教育培养医院药师是必要的。世界各国人口与药师之比约为2000—5000比1，先进国家约为1000比1，而我国这种比例是更低的，相差甚远。其次，学习苏联是肯定的，是国策，但要结合我国的实际情况，不能生搬硬套，例如苏联药房设备充实、药师有用武之地；另外，苏联专供药科学生进行实习的检定机构就有2000余所，而我国有几所呢？我国药学教育任务只培养药房的药师是远远不够的。我国药学界还面临着世界各国所没有的特殊而光荣的任务，就是祖国医药宝库中传统中药的研究与整理，这些任务又应由谁去做呢？因此，新中国不仅要培养制剂、调剂方面的人才，还要重视培养中药研究、药品检验、药品生产等方面的人才，否则我们就不可能继承和发扬祖国的医药遗产，也不可能赶上和超过世界先进水平和对世界药学做出特殊贡献。西欧和日本等国对我国的医药遗产都十分重视。特别是日本的"汉药"研究，已走在我们的前头，日本人声称："汉药生在中国，长在日本。"难道这不值得我们惊醒和深思吗？

中国的科学发展过去有辉煌的成就，举世瞩目的中国科学发展史告诉我们，先有药学（炼丹）而

六、狂风骤雨

后有化学。化学科学是从药学衍生来的。反过来说，化学是为药学服务的。世界药学先进的国家，其化学的研究也是先进的，二者有密切的关系。化学治疗学产生以后，化学结构对药物疗效的影响，愈来愈显其重要。改变药物的分子结构，增加其疗效，减少其毒副作用，从而筛选出优良的药物，因此，化学研究也是发现新药的重要途径之一。1950年，徐仁美在《浙江医药》发表论文，题目是"近五十年来药学中有机化学的发展"，对药学与化学的密切关系作了较详细的阐述。因而，我主张药学教育分科制，设立药物化学专业（化学也是其他专业的必修课），学生毕业时要考虑专业，避免用非所学。全部学生都分到医院药房去，不一定有利于我国药学的发展。这些，就是我当时对药学专业的主要论点。

一次，北京市副市长张友渔同志，在台基厂市委会新楼召开座谈会，讨论党与民主党派的关系及外行领导内行问题。出席座谈会的还有当时北京市委统战部部长崔月犁同志。崔部长谈到有一种说法，认为党与民主党派之间有"一堵墙"或"一条沟"，我曾发言说九三学社和党是亲密无间的，不存在"墙"或"沟"。但事实上我个人和崔月犁同志现在来往不像在新中国成立前搞地下工作时那样多了，这是因为新中国成立后职位变了、事情多了、大家都忙于工作，见面谈话的机会少了，这也是自然的事，但不存在"墙"与"沟"的问题。关于外行不能领导内行问题，我曾说，党能领导一切，也能领导科学，但党能领导科学，不等于每个党员都能领导科学。

1957年5月17、22、29日，在大家的敦促下，中国药学会也召开了几次座谈会，参加会议的有卫生部的领导李德全部长和徐运北副部长等，及各阶层的药学工作者。作为药学会的理事长，我把大家的意见归纳为以下几条：

（一）现行的一般药学教育是机械地学习苏联，应有所改变，使之适应国情；

（二）药学教育应分专业，目前应设药物化学及生药—中药基础专业；

（三）学制定为四年或五年；

（四）过去的药学专修科学生要求进修，有必要也是合理的，因为过去卫生部曾宣布过二三年后可以进修；

（五）可考虑举办药师进修学院、夜大学及函授大学等，以解决在职的药师、药剂士的进修问题；

六、狂风骤雨

（六）应明确规定中级药科学校的教育方针和目的；

（七）中药人才的培养问题，应考虑解决。

由于以上问题，1957年我被划为右派分子。我采取一切"是非"都承担下来，都包揽在自己身上的态度。我怕连累别人，更怕牵连广大的青年学生。相信"是非"自有公论。我始终以对党忠诚的信念而工作。然而使我感到难过的是，药学教育的设想将更难以实现了。①

1951年底，"三反"运动开始。九三学社成立了"节约检查委员会"，机关工作人员以壁报形式，对许德珩进行了批评，随后，薛愚、黄国璋、孟宪章等领导也在大会上进行了自我检讨。薛愚在北医药学系的工作也同样受到影响，薛愚在全系大会上检讨自己的"资产阶级个人主义"、"成名成家"思想、"崇美弘美"思想，当时全体学生也都参加了大会，对薛愚等教授的检查提出了意见。

李仁利回忆说，当时每周六下午，都是政治学习时间，有时是全院活动，即听政治报告、时事报告；有时

---

① 薛愚口述，王广生整理：《我走过的路》，九三学社中央研究室编：《中国科学家回忆录（第二辑）》，北京：学苑出版社，1990年，第74-76页。

是小组活动，即学习《人民日报》社论或讨论政治报告。薛愚的社会活动比较多，经常不能参加小组活动。"但是只要他参加的时候，就是他唱主角，我们主要是听他的发言。薛教授所谈的，都是表示对当时的各项运动，农业合作化运动，工商界的公私合营运动，等等的拥护和支持，并且介绍他的所见所闻。"①

1943年"抢救"高潮中，康生捕人过多，并准备开杀戒，延安上下人人自危，毛泽东于8月15日公布了"审干九条方针"，改变策略，使"抢救"愈演愈烈，直到12月22日季米特洛夫来电后，"抢救"才真正落潮。②然而，就是这一个把"抢救"普遍化的"九条方针"，毛泽东后来也认为"右"了。在1955年4月七届五中全会上，针对饶漱石、潘汉年问题，毛泽东自我纠正地说："因为党在过去肃反问题上曾犯过错误，以后采取九条方针生了效，因而形成了一种右的倾向，总是原谅自己而丢失应有的警惕，今后必须纠正。"③

1949年以后，民主党派不仅保留了下来，还被赋予参政党的地位。但参政党不是在野党。统战部当时的工

---

① 李仁利在"纪念薛愚教授诞辰120周年座谈会"上的讲话。
② 高华：《红太阳是怎样升起来的——延安整风运动的来龙去脉》，香港：香港中文大学出版社，2000年，第576—592页。
③ 杨尚昆：《追忆领袖战友同志》，北京：中央文献出版社，2001年，第307、308页。

六、狂风骤雨

作之一是帮助民主党派整顿组织,要求把那些混进民主党派组织的反革命分子和政治面目不清的人清洗出去,把领导机构健全起来,在各级地方领导机关尽可能做到:左派加中间偏左的分子占优势,同时包括一些中间分子和少数有影响的右翼分子。

单世联在《读李维汉〈回忆与研究〉》中提到,在1958年民主党派"加速改造"运动中,方法之一是向党"交心"。①天津民盟是当时的典型,1958年3月23日是天津民盟的"全盟交心日",457个盟员分区集中,"奋战一昼夜,到24日为止,用大字报、小字报的形式,交出了5029条错误言行和错误的思想活动。群众在交心时提出了'比快、比广、比真'的口号,又提出交心要交深、交透、交净"②。主委张同蕃在1958年4月12日《天津民主党派开展交心活动的经验》中说:"民主党派是资产阶级政党,知识分子是资产阶级知识分子,因此交心首先要交政治立场问题,要把思想行动违背毛主席指示的六项标准的、非工人阶级的东西都谈出来。""因为交心是要交黑心,要把心里隐藏的不可告人的东西交出来。"在此过程中,李维汉指出:"不少地方

---

① 单世联:《读李维汉〈回忆与研究〉》,《单世联文集》,和讯读书专栏馆,http://data.book.hexun.com/chapter-114-2-14.shtml。
② 穆欣:《办〈光明日报〉十年自述》,北京:中央党史出版社,1994年,第105-106页。

在交心过程中又把一些人打成右派分子。"①

这种跃进式改造显然是有问题的,但这也正是反右扩大化中民主党派和知识分子的真实处境。

1957年4月27日,中共中央在《人民日报》发表题为《关于整风运动的指示》的文章,决定开展以"反官僚主义、反宗派主义和反主观主义"为内容的整风运动。然而,由于错误地估计了阶级斗争的状况和右派进攻的形势,把本属必要的反右派斗争严重扩大化,一批学术界的大家被打成"右派"。九三学社被划为右派分子的共649人,占据社员总数的10.4%。其中中央委员13人,占中央委员的15.8%;分社委员75人,占分社委员总数的19.9%。②

> 薛愚自述:1957年以后,我进入社会主义学院学习。1958年,商务印书馆编委会来人说:"你编著的《医用有机化学》,很多读者来信要求重版,我们决定再次出版此书,你费神修改一下好吗?"我回答说:"我现在是右派分子,右派分子还能再写书吗?"他回答说:"来以前,请示了领导,领

---

① 李维汉:《回忆与研究》,北京:中共党史资料出版社,1986年,第847—850页。
② 王世铎:《九三学社史话》,北京:社会科学文献出版社,2015年,第139页。

六、狂风骤雨

导说,右不右是政治问题,编著书籍是学术问题,二者要分开。请放心从事改写,出版的事由商务印书馆负责。"这样,我就开始了著书的工作。然而,祸不单行,虽然我想再为人民做点工作,但新的灾难又降临了,我患了白内障。一场同命运的斗争激烈地开始了。当时我已经六十多岁,"失明"的幽灵,时时在威胁着我。要编书,可不是一两天就能完成的事;要编书,眼睛将更趋恶化,医生已经多次提出过警告了。但我决心不在命运面前低头,迎难而上。白天在社会主义学院学习,晚上伏案修订《医用有机化学》。1959年,《医用有机化学》第六版经过艰难的历程,终于出版了。这一年,社会主义学院的学习也结束了,我回到了北医药学系。当时北医的院长曲正对我说:"不要灰心,辅仁大学校长陈垣,年过八十,不是还参加了共产党吗?1956年,由于你参加统一战线的工作,党对你采取慎重态度,入党的事暂时搁下来未提。你放心照常工作,药学系的事不要管,让他们按时向你汇报。"[①]

---

① 薛愚口述,王广生整理:《我走过的路》,九三学社中央研究室编:《中国科学家回忆录(第二辑)》,北京:学苑出版社,1990年,第76页。

1958年1月,毛主席在最高国务会议上提出社会革命要"天天革"的要求,各行各业都要"多快好省"。2月27日,民主党派召开以"自我改造"为主题的座谈会,许多人认为,通过整风,"从资产阶级的两面性跃进到无产阶级的一面性;从对共产党和社会主义事业的三心二意跃进到全心全意;从资产阶级立场跃进到无产阶级立场,在几年内成为又红又专、更红更专的知识分子"。当时还有"一年改造成左派,二年加入共产党""半年改造成左派,一年加入共产党"的说法。① 统战部于3月8日发出《关于帮助和推动各民主党派组织进行一般整风的工作中应注意的几个问题的通知》,在工商界、知识分子和民主党派内部开展"加速改造"的运动。

在这种政治氛围下,大批九三学社的领导和著名专家被打成"右派",党外高级知识分子集中的北医也不例外。起初北医党委还划不出右派分子,中共北京市委专门派两名副部级干部"坐镇督导",中央统战部点名要求北医揭发批判两条"大鲨鱼"②,药学系的薛愚教授和公共卫生系的金宝善教授最先被揪出来"杀鸡儆猴",成为北医的两条"大鲨鱼"。接着在北医师生中划了200

---

① 穆欣:《办〈光明日报〉十年自述》,北京:中央党史出版社,1994年,第101页。
② 大鲨鱼:典型的、有代表性、有影响力的"特大右派分子"。

六、狂风骤雨

多名右派分子。彭瑞聪时为北医党委责任领导之一,他说自己"讲了许多错话、办了许多错事",但是终究是以"不整人"作为原则底线,实避免了更多学者牵涉其中。①

薛愚被划成"右派"时,也遭到了许多人的反对。这主要是因为,自新中国成立前,薛愚就积极参加进步活动、配合共产党的工作,与共产党关系十分亲密友好,显然不可能是反党分子。薛愚的"问题"是,他对药学在卫生系统没地位、药师在医院中"没地位"的状况有很大意见,竭力呼吁卫生部解决,并且是"时时谈、处处谈",不断强调"药师在医院没地位,办公室最小,过的是暗无天日的日子"。因此卫生部便认为薛愚有敌对情绪,说"薛愚对药师们煽风点火"。②

所谓"煽风点火",事缘1956年暑假,药学系实习生及药房许多工作人员对药房工作条件不满,于是北医接受王昆仑副市长的指示视察药房。1957年,薛愚以人大代表的身份赴京、津、鄂等地视察,深入了解医院药房的问题和情况,整理成报告和文章送呈有关部门。薛愚当时也已经意识到这样一份报告呈交上去,后果可能

---

① 陈新:《党外高级知识分子的导师诤友》,http://www.bj93.gov.cn,2014年12月23日。
② 彭瑞骢,孟馥,张大庆:《医学院的灵魂之旅》,《书屋》,2010年第11期,第28页。

会比较严重:"我写这个报告时,思想斗争了很久,怎样向党汇报呢?多少年来,我热爱党,跟党走,党对我是信任的。但我又是人民的代表,应当代表人民说话还是代表自己说话?人民的利益第一还是个人的利益第一?说真话还是说假话?思想斗争十分激烈。最后我还是选择了说老实话、做老实人的道路。"①

"重医轻药"的问题,是从国民政府时期起就存在的,即使在新中国成立后,也是经过了漫长的改制改院,药学地位才稍有改善。早在1955年,薛愚就曾在《药学通报》上发表过题为《整理和研究祖国科学文化遗产》的文章,认为行业中普遍存在的重医轻药,尤其是轻中药的现象,是因为从上级部门起,就未对药学表现出应有的重视,致使研究领域资源浪费,药学发展缓慢。薛愚说:"研究中药的人,没有找到正确方向,致走错路,因而这些研究成果,不合人民需要,未给人民解决问题。新中国成立后的中药研究,虽然是针对着治疗我国最流行的疾病的药物,如驱虫、抗癌、抗痢、治结核病和高血压等药物,但由于领导部门不够重视,甚至轻视、歧视中药,没有正确的领导方针,只是些敷衍应付,以致研究机构不健全、不统一,研究力量分散,

---

① 薛愚口述,王广生整理:《我走过的路》,九三学社中央研究室编:《中国科学家回忆录(第二辑)》,北京:学苑出版社,1990年,第71页。

六、狂风骤雨

又无组织联络,因而研究工作无计划,各搞各的,甚而彼此争夺,互相重复,未获得人民所需要的结果。"[1]

尽管受到很多不公正待遇,薛愚仍然积极投入"除四害""讲卫生""卫生大跃进""大炼钢铁"等运动当中去。当初药学院用地被占,教育部曾答应薛愚,迁校时药学院可以优先选址。谁知真正到了迁校的时候,薛愚却已经离开领导岗位了。1958年暑假,包括药学系在内,整个北医全部迁出到城外(现在的地址)。没有政治职务和教学任务,薛愚便开始积极地做些整理和清洁卫生工作——那时薛愚已经60多岁,并且仍然是一名一级教授。当时北医新址几乎都是荒地,杂草丛生,"卫生大跃进"的任务更加繁重,薛愚便又积极参加除草。除草的时候,那些蒺藜和带刺的杂草,把他的手和手臂都划破了。

频繁的政治运动,令药学系的教学工作也受到一定影响,教师经常停止教学,参加各种政治运动。

1958年,"科研大跃进"全面展开,北医响应"超英赶美"的口号。在这种形势下,薛愚开始了"中药挥发油的成分"的系统研究。他集中做了六十余种中药挥发油研究,并写成了论文准备发表在北医学报上,但是

---

[1] 薛愚:《整理和研究祖国科学文化遗产》,《药学通报》,1955年第3卷第1期,第5页。

都因为他的"右派"身份，未获准发表——遗憾的是后来连手稿也遗失了。20世纪60年代，薛愚转而研究炼丹术中的化学应用，撰写文章《道家仙药之化学观》，从道家丹药角度推溯中国古代化学成就，立意十分有趣，还在药学系做过相关学术报告。此外，薛愚还着手整理了中国药学史，但当时已经进入古稀之年的薛愚，因为白内障的困扰，看文章非常吃力——当时治疗白内障的方法，并不像现在可以在发现早期就进行手术治疗，那时还必须要等完全成熟以后才能做手术。于是薛愚就用放大镜来看文章，写字的时候，就用灌注碳素墨水的粗尖钢笔写，许多学生都见过薛愚伏案吃力地读书写字的背影。

所幸薛愚一直以来积极参加中国共产党的进步活动，表现一直很好，所以他的"右派"问题是到了1957年10月份，反右运动进入尾声时才完全定下来的。

有一天晚上，薛愚在政协礼堂被批斗后回到家里，躺在床上流着泪说："在旧社会，当局常把我视为赤色危险分子，屡遭解职、解聘迫害。新中国成立后的今天，我竟然被划为反党反社会主义右派，人间究竟有无是非。"①

---

① 张英侠：《从牧童到教授——忆薛愚》，《襄阳文史资料第五辑：襄阳民国人物》，湖北襄樊日报印刷厂，1990年，第127页。

六、狂风骤雨

(二) 冰释前嫌

其间还有一件事令薛愚身边的人印象深刻。那时薛愚住在北屋，对门南屋住的是金宝善。薛愚有一天对秘书郭述贤说："到金先生那儿去一下。"郭述贤不知道去了说什么好。薛愚说："你就说，薛先生想去看看他。"于是郭述贤就去敲门，对金宝善说："薛先生让我来看看您。"金宝善显得十分高兴的样子，说："也别让薛先生来看我了，我跟你走，咱们一块儿去看看薛先生吧。"于是两人又一起回到了薛愚住的这边，薛愚也十分高兴。两人攀谈了许久。①

薛愚早年在国立药专任校长时，被朱家骅撤职，时任卫生署长的金宝善即聘请他到上海药厂任总工程师，二人虽然在药学改革的理念上颇有分歧，但仅止于学术。而到了反右扩大化时，两人各自成为右派分子，不便继续交往，后来竟断了联系。此次重聚，金宝善说，因为"右派"的事情，与薛愚这么长时间都没有联系了，心里感到十分遗憾。薛愚劝慰道："都是过去的事情了，以前的事情就不提了，凡事要向前看。"

---

① 郭述贤在 2015 年 9 月 27 日"薛愚生平座谈会"上的讲话。

后来雷兴翰[①]也来了,薛愚说:"药学会还有很多事情要做,我们年纪大了,以后要靠你们了。"雷兴翰便说:"以前的事都过去了,以后还要一起做事情,一起搞好中国的药学事业。"

1958年1月,九三学社中央四届三次会议,根据《各民主党派中央关于处理党派内部右派分子的若干原则规定》,对社中央委员会中的右派分子做出社内处分决定。薛愚、袁翰青、陆侃如等12人被撤销了社内职务。[②] 对于自己受到的批判,薛愚做了深刻的检查,对自己的言论也进行了自我批判。

自1957年以后,薛愚不仅变得更加谨慎小心,也变得更加沉默寡言。王广生说,那时他和宋之琪常去薛愚家做客,有时是谈论文的事情,有时只是去拜访一下。谈学术问题的时候,薛愚就严肃地谈,谈家常的时候,则多是张英侠谈,薛愚只是听着,很少说话。

被打成"右派"后,薛愚的一些待遇标准并没有取消。但薛愚去药学会开会的时候,每次用餐都会让秘书

[①] 雷兴翰:1904年—1989年,药物化学家,湖南麻阳人。1930年毕业于清华大学化学系。1938年获美国威斯康星大学药学院博士学位。1939年回国。曾任国立药学专科学校、重庆大学教授。新中国成立后,历任华东人民制药公司化学制药一厂厂长兼总工程师、上海医药工业研究院副院长、名誉院长。

[②] 王世铎:《九三学社史话》,北京:社会科学文献出版社,2015年,第138页。

六、狂风骤雨

郭述贤去把自己高于普通工作人员的部分补齐，免得给会务方面带来麻烦。南京药学院召开茶话会，薛愚也受邀出席。薛愚就让郭述贤先去向工作人员问清楚，有没有安排自己讲话。如果有，就要准备讲话稿，如果没有，也要准备一些闲聊的或祝贺的话，总之要问清楚，有讲话和没讲话的准备是不一样的。郭述贤很替薛愚感到委屈，认为薛愚这样的教授，根本没有犯过什么错误，怎么会落得这样的地步。①

（三）学报沦陷

随着薛愚被划为"右派"、其在北京大学医学院药学系主任的职务被撤销，被迫停止授课；在薛愚参与主编并经常发表文章的《药学通报》②等学术刊物上，也开始出现专门的版面对他进行批判。学术刊物沦为了政治运动的新"战场"，薛愚在新中国成立前就熟识并共事多年的同事，如时任《药学通报》主编的孟目的、副主

---

① 郭述贤在 2015 年 9 月 27 日"薛愚生平座谈会"上的讲话。
② 《药学通报》：创刊于 1953 年 1 月，在合并《北华药讯》《药学学习》《南京药讯》的基础上创办，为月刊，由林启寿任主编。1957 年改由徐玉均任主编。内容有实验研究、技术交流、科研简讯、综述、问题讨论、药学人物、新药介绍、药学史、读者来信等，主要报道药学各科的科研成果及技术经验，反映国内外的学术动态。1980 年 7 月起对国外发行，附有英文目录。

编陈新谦等人,也被迫加入到批判薛愚的队伍当中。

《药学通报》当时曾刊登一篇题为《中国药学会召开会议揭发批判薛愚的反动言行》的文章,里面提到许多薛愚的"右派言论",如:"太阳的光和热被乌云遮盖了,没有照到药学身上来""药工人员没有解放""药工人员说愿我子子孙孙再不要搞药了"。①

薛愚认为卫生部重医轻药的根源是卫生部长不懂医药卫生,因此他说:"卫生部应该受党的领导,但至少应该有一位懂药学的副部长展开药学工作。"为证明自己的论点,薛愚举了一个例子说,他作为人大代表进行考察的时候,许多医院药房工作人员对他说:"药工人员不受重视,工作条件很差,有的在地下室工作,整天不见阳光。解放了,红太阳的光辉照在了翻身人民的身上,却没有照在药工人员的身上。"②

批判会上还说薛愚不关心学生实验,只喜欢听学生们吹捧,他的这种思想,是因为他有旧时学阀之恶劣作风,他自命药学家,瞧不起药学界同仁。③

薛愚1955年发表在《药学通报》上的《整理和研

---

① 孟目的:《中国药学会召开会议揭发批判薛愚的反动言行》,《药学通报》,1957年第5卷第11期,第341页。
② 李仁利在"纪念薛愚教授诞辰120周年座谈会"上的讲话。
③ 孟目的:《中国药学会召开会议揭发批判薛愚的反动言行》,《药学通报》,1957年第5卷第11期,第341页。

六、狂风骤雨

究祖国科学文化遗产》一文中,在谈到应如何对待中医药研究的问题时,曾说:"首先要澄清轻视中药的思想——尤其是领导部门负责的同志要澄清思想,过去我们思想中认为药物可以进口,可以交换,中国可不必研究和制造。中药更是些草根树皮,不科学、原始、低级,轻视中药,认为其没有研究价值,这种资产阶级的腐朽思想和数典忘祖的亡国奴思想,必须彻底地予以批判和纠正。其次,有些药科毕业的同志,自认为自己所学的一套洋药是科学的,知道他的药性药理,而对于中药毫无所知,不肯虚心学习,在药房中不愿购买中药和使用中药。在研究中药过程中,临床试验是必需的,但是有些临床医师在思想上存在着中药不科学,有危险的想法,就不肯给中药做临床试验,对于中药研究是有阻碍的,这种思想障碍必须彻底扫除,才能保障中药研究的顺利进行。"[1]

该文发表时间远早于批斗会召开,文中明确指出,一部分留洋回来的学者,不肯虚心学习中药相关的研究,不肯做临床试验,阻碍了中药的发展。并且,也正是薛愚撰写了我国第一部实验教程。

北京医学院药学系讲师"揭发"薛愚"利用人大代

---

[1] 薛愚:《整理和研究祖国科学文化遗产》,《药学通报》,1955年第3卷第1期,第6页。

表身份视察药房时到处点火",他说:"我陪薛愚一同去视察,他要专找'问题多'的医院。他事先告诉药房主任:'大家当面不好谈,可以先写书面材料给我。'他视察的条件是:不许院长陪同。一到药房,就问:'有什么问题,人民代表替你们说话!他把从这医院听到的埋怨领导的话,到另一医院去散布,'启发'别人也跟着说,起点火作用。"[1]

薛愚的"暗访"工作,本来属于协助党进行整风的一部分,其间《人民日报》还曾发表有关党整风的文章社论,主要内容即"请党外人士本着'知无不言,言无不尽,言者无罪,闻者足戒,有则改之,无则加勉'的精神提出意见,协助党整风"。[2] 薛愚的"暗访"工作是完全符合中央的指示的。

薛愚认为:"党员不能领导科学,卫生部里大多数是'外行',应该请一位'内行副部长',才能领导起全国药政工作,才不至于'上梁不正下梁歪'。"薛愚的这种认识,并不是在新中国成立后才产生的。新中国成立前,国民政府教育部几乎完全被中统把控,药学院系人事变动常为中统内部派系斗争左右;新中国成立后,薛

---

[1] 孟目的:《中国药学会召开会议揭发批判薛愚的反动言行》,《药学通报》,1957年第5卷第11期,第499–502页。
[2] 薛愚口述,王广生整理:《我走过的路》,九三学社中央研究室编:《中国科学家回忆录(第二辑)》,北京:学苑出版社,1990年,第73页。

六、狂风骤雨

愚认为,卫生部里也出现了"党员领导专家"的情况。薛愚在自传《我走过的路》中也曾解释说,他从没有认为"党不能领导科学",而是说"党能领导一切,不等于每个党员都能领导科学"。[①]周总理在第一届全国人民代表大会第四次会议上所作的政府工作报告中也曾指出:"对于科学事业的领导有两个方面,一方面是学术领导,另一方面是政治思想上行政上的领导。"实际上也是关注到了科学研究领域的特殊性,承认科学事业需要两方面的领导。

薛愚的观点确实存在无法解决的矛盾:他既不赞成"党员领导科学",也不赞成科研人员担任行政职务,那么究竟应该谁来领导卫生部呢,薛愚也给不出一个方案,除非是有自愿放弃学术生涯的专家坐镇卫生部展开工作,但科研领域日新月异,长期脱离研究前沿的话,内行也要变成外行了。因此有人说是薛愚自己想当卫生部长——薛愚当时气得回应道:"对!我就是故意丑化卫生部!我想当卫生部副部长!"

在批判会上,《药学通报》主编林启寿、副主编陈新谦也都被迫分别对薛愚进行了"揭发"——林、陈二人对薛愚被划成"右派"是不赞成的,甚至曾设法保护

[①] 薛愚口述,王广生整理:《我走过的路》,九三学社中央研究室编:《中国科学家回忆录(第二辑)》,北京:学苑出版社,1990年,第75页。

薛愚。《药学通报》曾刊出一份自我检讨，说编辑部一些领导在批判薛愚时"态度暧昧、有抵触情绪"："更为严重的是，在六月底召开的常编会会议上很多人已指出薛愚文章有问题，应该主动组织稿件批判，但右派分子林启寿对此却表现出抵触情绪，不积极组织批判稿件。加以编辑部其他成员立场不坚定，对于薛愚这种向党向社会主义的猖狂进攻无动于衷，也没有积极主动组织稿件，克服出版时间上的困难，加以反击，以至批判稿件终于未能在七月号中刊出。"

其实，不管是当时撰稿的薛愚还是把关的林启寿，都是本着科学的精神，对我国药学教育事业的问题和发展进行合理的探讨，编辑部也是同意发表的，但最终迫于"读者来信"的压力，为防止整个刊物受到波及被停刊而临时组织稿件对薛愚进行了"批判"。"同时，就在这期七月号中，由于林启寿的把持操纵，却刊登了北医药学系应届毕业生右派分子姚林富所写的一篇《谈目前的药学教育和药房问题》。这篇文章恶毒地攻击卫生部1954年药学教育方面的学制改革，并传播了薛愚、林启寿之流的谬论——现阶段药房不需要大学毕业生。此外，在这一期的封面里面，我们还错误地把一个十分狂妄的右派分子——非法产生的北医学生代表在中国药学会鸣放座谈会上的发言照片登了出来，无怪读者来信责问我们'是

六、狂风骤雨

站在什么立场',这又一次证明我们丧失了立场。"①

如果真如编辑部所说,当时是受薛愚胁迫而刊登其文章的话,则不大可能在同一期刊登两篇意见相似的文章,并且其中一篇来自学生投稿。故可见林在甄选稿件的时候,是同时参考了以薛愚为代表的权威观点和以姚林富为代表的学生观点的,这是一种科学的态度,也是对薛愚意见的赞同,可惜后来竟连林也被牵连进去。

因为林、陈二人在批判薛愚中的"暧昧态度",《药学通报》在该期刊物上还以编辑部的名义发表了一篇题为《本刊在整风初期所犯错误的检查》的文章,检讨编辑部对薛愚、林启寿等人的"问题",批评林启寿对稿件把关不严:"经过本刊读者的帮助,我们才擦亮了眼睛,辨清了是非,除积极参加对右派分子薛愚的斗争并在本刊上驳斥其谬论以清除遗毒外,还对右派分子林启寿的错误言行进行了揭发与批判,对于在他的错误领导下本刊编辑工作中所犯的错误也作了检查。"②

虽然参加了对薛愚的批斗,但陈新谦本人对薛愚一贯是十分尊敬的,在其撰写的回忆文章中,提到薛愚被打成"右派"的事情时,激动地说:"这样热爱党的一

---

① 《药学通报》编辑部:《本刊在整风初期所犯错误的检查》,《药学通报》,1957年第5卷11期,第494页。
② 同上。

个人，1957年竟被划为'右派'！"①即使在对薛愚的批判会上，陈新谦实际上也表现出对薛愚的尊重。陈新谦说自己在处理薛愚的稿件时，由于"思想上存在着旧社会遗留下来的宗派主义行会观点，错误地认为领导上重医轻药，因此与薛愚文章有一些共鸣……使薛愚利用本刊向党进攻的阴谋终于得逞"②。反右扩大化中，陈对薛愚最严重的指控也仅仅是"施加压力强迫期刊刊登其文章"——薛愚在专家教授当中也是比较"另类"的，写稿、发稿十分积极，也从不避讳在自己主办的刊物上多占版面，一切以交流思想、传播真理为目标。

虽然很不服气，言辞激烈，但为了尽快回到讲台上，薛愚还是作了自我检讨：

第一次检讨内容：

    1. 没有贪污，有公私不分，拿学校盖房木头做克朗棋球，住房子很多不照顾系中其他教授。

    2. 浪费，对自己个人东西爱惜但对系中存在的浪费严重情况平常不注意以至药学系有三亿多的浪费。

    3. 官僚主义作风。

---

① 陈新谦：《我所知道的薛愚教授》，《民主与科学》，1996年第5期，第33页。
② 陈新谦：《中国药学会召开会议揭发批判薛愚的反动言行》，《药学通报》，1957年第5卷第11期，第499–502页。

4. 骄傲自满,高高在上。

5. 工作没计划,策略性不够,一如对教育制度有过三次主张,第一次"三三制"为了做国立南京药专校长,计划找朱家骅;第二次"三三制"为了刚解放做系主任使人知道自己是个药学专家;第三次是彻头彻尾的专科制,目的是为了显示自己新颖。做药学系主任时找胡适迎合他的心理同时培养研究人才取得经费来发展。主要是向上爬而没有真正地想想到底药学教育应该如何进行。

6. 不相信群众,不依靠群众。许多组织不能发挥作用如教学研究小组,系常务会议全流于形式,原因是认为自己知道得多,自以为是,药学系是自己一手打下的天下,别人不提意见就认为自己的意见准确,搞得很好,觉得别人做可能靠不住。

7. 奢侈主义,院务会议为争房子寻求经费常不合作,造成积压浪费。

8. 家派主义,不团结,对陈同度打压(因理论化学一事),对蒋明谦报复,相信自己的学生(助教)。

9. 做事粗枝大叶,又不了解情况,如加薪。

10. 无原则地迁就同学。

11. 思想报告:贫农出身,以为自己个人奋斗取得成绩,觉得自己过去做了革命工作,因此看不起群众。

群众的意见:有一部分是深刻的,如第一部

分，暴露了自己往上爬的思想。不深刻的部分：人事问题没讲自己的思想动机，立场问题如对胡适的态度等，许多打击别人抬高自己的坏作风没有深入检讨，没坦白讲其他的事实，有许多回避。

第二次检讨：

思想根源：资产阶级的剥削思想产生个人主义思想，受帝国主义教育的结果，自己一心一意往上爬，功绩是自己的，错处是别人的。

不相信别人，害人之心不可有，防人之心不可无，主观地戴着有色眼镜，疑惑别人团结问题，自己是搞民主党派统一战线工作的反而以解放前侧面打击敌人的办法来对待今天的朋友，也用过去的手段是不对的。

在九三搞过整风的工作，但只是搞别人，"三反"开始也只是去检查别人，不检查自己，第一次检讨时不大老实想轻轻地整自己，听说要做第二次检讨不高兴。

最大的收获是肯自己检查自己了，翻身了，过去是一切错全往别人身上推，现在知道自己穿的是人民代表政协代表的衣服，而自己内心是肮脏的，对不起人民给自己的信任，毛主席给自己的任务，药学事业没有做好。

六、狂风骤雨

有关政治历史问题审查结论或意见

在五四、大革命、土地革命时期都是清楚的，1925年曾在清华加入国民党，蒋介石叛变后即脱离，解放前在反美、反蒋的学生运动，一直是积极拥护的，具体表现在罢课、教授签名，他积极响应，"七五"惨案教授参加游行队伍人数不多，薛走在队伍的最前方，公开讲演反对美蒋。

但在历史上，由于薛极端的个人名利向上爬的思想，1928年在成都齐鲁大学时期由于反对该校校长被扣以"共产党嫌疑"的帽子，薛害怕而向国民党当局要国民党党证以保身，1945年为指定的三青团顾问，并在活动中讲过一次"和平奋斗救中国"。

其他需要说明的问题：

解放后曾三次参加中国学术代表团出国访问。

一、1953年，中国医学代表团去苏联、捷克访问。

二、1954年，中国科学代表团去印度、巴基斯坦等国。

三、1955年，中国科学代表团去日本。

在技术业务上的主要成就

著作：

1. 实用有机药物化学：1939年出版（中国第一本用中文书写有关药物制配的著作）

2. 普通化学定性分析系统教程：1938 年出版（自己创造的定性分析方法）

3. 医用有机化学：1948 年第一版，1959 年出版（为医学专业参考书）

4. 药学常识：1950 年（科学通俗读物）

……

教课：药物化学、有机化学

在教学中的体会

1. 在课堂学生要学习

2. 讲课中提问

3. 开卷考试有一定好处

关于薛愚同志政治历史问题的审查意见

薛愚，男，1894 年，家庭出身贫农，本人成分教员。

1925 年国共合作期间，薛愚同志在山东齐鲁大学读书时参加国民党。1927 年蒋介石叛变革命，张作霖实行白色恐怖，为此躲避到湖北乡下。1928 年暑假后国民党在北平公开，薛愚到国民党北平市党部重新登记，领取了国民党证，在此之前薛愚曾担任清华大学国民党区分部下设一个小组的组织委员，发展过国民党员。1929 年退出国民党，与国民党脱离了关系。

抗日战争期间，1942年薛愚在齐鲁大学任教时参加一些反蒋抗日活动，为反对国民党特务刘世传、汤吉和，被诬告：言行违反了"党纪国法"，薛为了保护自己，曾经要过一张国民党的党证，据本人讲未参加任何国民党的活动，1944年已将国民党证销毁。

上述问题，薛愚同志过去曾向组织做过交代，经调查，与本人交代相符，属一般政治历史问题。①

（四）暗中保护

随着反右斗争扩大化，九三学社的发展陷入困顿停滞，随着社员陆续退社和去世，北京市的社员人数逐年递减。有社员在失望和迷茫中提出：民主党派内部出了大量右派分子，给党带来了麻烦，不如解散、取消算了。其余社员也就此保持缄默，不再发表意见。

1958年11月底—12月中，九三学社召开第二次全国社员代表大会。大会通过了新修改的《九三学社章程总纲》和《九三学社改造规划》，其中，改写社的性质为"以资产阶级知识分子为主要成分的资产阶级政党"；社的任务是"帮助社员进行根本改造"，"把自己改造

---

① 薛愚档案，北大医学部档案室藏。

成为又红又专的工人阶级知识分子",把九三学社"逐步改造成为在中国共产党领导下的为社会主义服务的政党"。会议决定将社刊《九三社讯》更名为《红专》,以此来对应当时受到批判的"资产阶级学术权威"和"白专"道路。而随即被迫开展的"拔白旗"①等一系列运动,也伤害了一些社员的感情,使社的工作雪上加霜。

当时,许德珩作为分管组织的社中央主席,在推动组织发展方面做了很多工作,但不时有关于民主党派"带病延年"的论调出现,而九三学社在1956年到1957年间组织发展迅速,列民主党派首位,许德珩因此事"备受关注"。

另外,许德珩还因签发毛泽东讲话记录而于1957年8月29日被新华社点名批评:"由于这一错误文件的下达,在鸣放期间给很多九三学社的地方组织、基层组织和社员引出了错误的政治方向,在不少高等学校起了点火作用,

---

① 拔白旗:在1958年的"大跃进"过程中,曾把一些坚持实事求是、反对浮夸的人,以及一些所谓具有资产阶级学术观点的人都作为"资产阶级白旗"加以批判、斗争甚至处分,当时把这种做法叫作"拔白旗、插红旗"。文化教育领域是"拔白旗、插红旗"运动的重灾区。毛泽东说过:对于资产阶级分子,应当继续帮助他们批判个人主义和学术思想。在思想战线上我们要拔掉资产阶级的白旗,插上马列主义的红旗。通过搞红专辩论,把那些对"大跃进"、浮夸风错误持批评、怀疑态度的专家、教授当作"白旗"拔掉。打击了大批专家、教授。仅北京大学就拔掉了冯友兰等几百面"白旗",著名数学家华罗庚也被当作"白旗"拔掉。

六、狂风骤雨

给党、给人民、给九三学社带来了不可弥补的损失。"①

尽管自身情况不容乐观,但九三学社仍然对包括薛愚在内的被错划的社员采取了保护措施。《各民主党派撤销被定为右派分子者的领导职务》一文载:1月18日—24日期间举行的九三学社第四届三中全会中,组织决定撤销包括薛愚、袁翰青等5人在社内的职务。②表面上看,是社组织对社内右派学者的严肃处理,但同时在另一篇反映当时民主党派反右斗争进度的文章中则记载:"至新华社记者27日报道为止,九三学社和民主促进会的北京市领导成员并没有积极领导反右斗争。虽然九三学社北京市组织已将右派分子从反右派领导小组里清除出去,但由于现有领导小组人员中右倾情绪占优势,反右派斗争仍开展得没有力量。"③

薛愚很快即被"摘了帽子",虽仍不能恢复教学和人大代表身份,但亦未受到社组织的进一步处理。当时统战部负责处理民主人士,分五类作处理,各地酌情。以北京市为例,包括开除、监督劳动、留用察看、降级

---

① 王世铎:《九三学社史话》,北京:社会科学文献出版社,2015年,第137页。
② 中共中央党校理论研究室:《各民主党派撤销被定为右派分子者的领导职务》,《历史的丰碑:中华人民共和国国史全鉴政治篇》,北京:中共中央文献出版社,2005年,第462、463页。
③ 张新军:《各民主党派组织反右斗争进度悬殊》,《图文共和国年轮1949—1959》,石家庄:河北人民出版社,2009年,第508页。

降薪，甚至还有逮捕法办等处理办法，薛愚受到的处理是"保留教师职务，撤销其他职务，但不降级，不降薪"。在后期由中共中央选择出了96名右派分子作为"参考标准"时，薛愚也属于程度最轻的"撤销一部分或大部分职务，降职降级降薪"一类。

1959年，中华人民共和国成立十周年。作为庆典的一项内容，8月24日毛泽东致信刘少奇，提出分期分批为右派分子摘帽和赦免一批罪犯的建议。9月17日，中共中央发出关于摘掉确实悔改的右派分子的帽子的指示。12月5日，《人民日报》刊出了《中央国家机关和民主党派中央机关摘掉一批确已改好的右派分子的帽子》的消息。消息说："这一批被宣布摘掉右派帽子的有：黄琪翔、费孝通、叶恭绰、林汉达、潘光旦、浦熙修、向达、薛愚、袁翰青、陶大镛、陈铭德、谢家荣、费振东、谭志清、金芝轩、吴文藻、刘瑶章、曾彦修、王曼硕、范澄川、雷天觉、彦涵、董守义、陈明绍、裘祖源等一百四十二人。"其中：薛愚、袁翰青、谢家荣、陈明绍、裘祖源为九三学社在京社员。① 薛愚获得平反，也证明了九三学社当时的判断和处理都是比较正确的。

---

① 江沛等：《老新闻——共和国往事（1959—1961）》，天津：天津出版社，1998年，第38页。参见《中央国家机关和民主党派中央机关摘掉一批确已改好的右派分子的帽子》，《人民日报》1959年12月5日。

六、狂风骤雨

（五）疾风劲草

1960年7月25日至9月5日，九三学社召开五届三次扩大会议，九三学社的发展迎来了一个短暂的"小阳春"，然而"文革"的"严冬"也即将到来。

1966年8月1日，中共八届十一中全会在北京召开，通过了《关于无产阶级文化大革命的决定》，并对中央领导机构作了调整，"文化大革命"全面开展。8月24日，九三学社被迫宣布停止活动。①

"文革"开始后，薛愚这样的学者再次受到冲击。不过所幸因为当初的"右派"问题，"文革"时薛愚已经没有任何职务和权力了，"主任也不是了，院长也不是了"，不是"当权派"，红卫兵也就对薛愚失去了兴趣；而且，当时北医贴大字报的，就是薛愚的学生，毕竟有师生情谊在，不仅未对薛愚多加刁难，还颇为恭敬客气。另外，也得益于薛愚在新中国成立前与叶剑英的深厚友谊，叶剑英向相关部门打了招呼，一定程度上起到了保护作用。②当时，叶剑英不顾自己也正受到来自

---

① 黄琳：《九三学社北京市委组织发展55年》，北京市政协文史和学习委员会，中共北京市委统战部编：《北京市民主党派工商联史料选编》（下），北京：北京出版社，2009年，第859页。
② 范硕：《"文革"初期的叶剑英》（下），《纵横》，1999年第9期，第93页。

林彪和江青集团的"挑衅",提供了一份老干部和学者名单给周总理,希望周总理能够加以保护,周总理全部应允,名单中便包括薛愚。①

薛愚为人耿直,"眼里不揉沙子",对于"四人帮"的倒行逆施,薛愚曾于1968年底,在"牛棚"②中作七绝一首:

七绝

跳梁小丑称英雄,志士仁人住牛棚。
拳打足踢身未死,留颗丹心贯长虹。

薛愚自述:1966年,"文化大革命"开始。我当然不免被批斗。批斗之余,我尽量为药学事业做点工作。在动荡不安的十年浩劫中,我在防治心血管药物、防治气管炎药物、药学发展史、译文等方面完成了约五十万字的论述,其中包括水蛭、黄瓜、白屈菜、6-氨基酸、E.V.E,磺胺嘧啶等方面的研究文献综述。……十年动乱,党和国家、民族,乃至我个人都受到了极大的灾难。但我相信乌

---

① 《叶剑英传》编写组:《叶剑英传》,《当代中国人物传记丛书》,北京:当代中国出版社,2006年,第341页。
② 薛愚在《我走过的路》中称是牛棚,但薛德灵回忆说:"并不是牛棚,是住在生化楼的一层,但是没床,地铺,我给送过大衣,一共十几个人住,就一个月。"参见采访薛愚家属,于2014年12月30日上午于薛德灵家。

六、狂风骤雨

云终将过去。[1]

但薛愚有一种清醒而乐观的认识:历史发展的轨迹显然不可能是一条康庄大道,各种艰难险阻都会遇到,但也都是可以克服的。当时北京医学院院长曲正也鼓励薛愚说:"不要灰心,辅仁大学校长陈垣,年过八十,不是还参加了共产党吗?1956年,由于你参加统一战线的工作,党对你采取慎重态度,入党的事暂时搁下来未提。你放心照常工作,药学系的事不要管,让他们按时向你汇报。"[2]

这些话虽然并不能在政治处境上给薛愚带来什么实际的利益,但也给薛愚带来了一些希望,支持着他暂时忘掉自己蒙受的委屈而专注于学术研究。但很可惜,他这段时期的研究成果仍大多不能发表,例如北京医学院学报不发表薛愚的文章,后来竟连底稿也遗失了。

> 薛愚自述:按照领导的意见,我不管药学系的事。当然,也是不能让我上讲台讲课的,但我仍然

---

[1] 薛愚口述,王广生整理:《我走过的路》,九三学社中央研究室编:《中国科学家回忆录(第二辑)》,北京:学苑出版社,1990年,第78页。
[2] 同上。

想做点工作。1959年开始①，技术员张淑玲协助我进行芳香性中药的研究，对六十多种中药，进行了挥发油含量测定，理化性质及药效学方面的研究。芳香性中药不仅有杀菌防腐作用，而且对心脏方面有开窍的作用。我用了两年多的时间把实验结果进行了详细总结并写成论文，送交北京医学院学报发表，但该学报未予发表。这也是意料中的事。然而，底稿也未退回。这份底稿，在十年浩劫中化为乌有，我多年的心血竟付之东流。

讲课不成，从事研究也不成。我想，只好做点文字方面的工作。于是，由技术员李宝路同志协助从事《中国炼丹（炼药）化学史》的编著工作。人老体弱，眼不明，腿不灵，迎着困难，我奔走于北京图书馆、医学科学院图书馆、中医研究院图书馆，查阅了多种资料、图册、医籍等。寒来暑往，步伐也越来越沉重。但是，到1964年初，我终于完成了约二十六万字的《中国炼丹（炼药）化学史》一书。当然，这本书稿，和我的芳香性中药研

---

① 据宋之琪描述，这一时间点为1957年后，参见宋之琪的《薛愚传》，《中国现代医学家传（第二卷）》。部分文献记载为1957年，参见崔月犁、韦功浩主编的《药物化学、药学教育家薛愚》，《中国当代医学家荟萃（第一卷）》，长春：吉林科学技术出版社，1987年。

六、狂风骤雨

究论文一样,也是不能和读者见面的。①

多年的心血付诸东流,但薛愚没有被击垮,并且一直保持着乐观的情绪直至晚年。他还有一句口头禅:"过去人生七十古来稀,现在呢,生活条件改善了,八十岁是小弟弟。"②

尽管自己的教育生涯一步一个坎儿,薛愚在自传中仍写道:"总之,自1957年至1977年,20年的'坎坷'生涯中,我在药学著作、译文和审阅方面共完成了约150万字的工作。环境是艰难的,道路漫长而曲折,但是我为中国药学事业奋斗的决心是抑制不了的。至于我个人,则像疾风下的劲草,虽然风雨不停地袭来,但依然生活在人间。"③

确如他对自己的评价那样,薛愚可以说是"疾风劲草",百折不屈。在特殊的历史环境下,这些具有真正爱国主义情操的学者,从不同的渠道走向了与对社会主义追求相一致的方向并且矢志不渝。也正是这样一个又一个历史的插曲,使我们见证了老一辈进步科学家们心

---

① 薛愚口述,王广生整理:《我走过的路》,九三学社中央研究室编:《中国科学家回忆录(第二辑)》,北京:学苑出版社,1990年,第78页。
② 李仁利在"纪念薛愚教授诞辰120周年座谈会"上的讲话。
③ 季元龙:《爱国传统 源远流长——读〈中国科学家回忆录〉第一、二辑》,《民主与科学》,1990年第5期,第38页。

灵深处的那种"虽九死其犹未悔"的爱国主义情操。季元龙在忆及中国科学家们的奋斗与坚持时，说："在顺境中，一个人能为祖国和人民有所奉献，诚然是可贵的；在逆境中，一个人依然能为人民和祖国有所奉献，那就不仅可贵，并且难能了。"①

薛愚也是一个有些"侠义精神"的学者。从反右运动开始到十年浩劫结束，薛愚从未对其他学者进行过攻击，甚至对许多"罪名""大包大揽"，以免祸及他人。薛愚自己回忆说："1957年我被划为右派分子，我采取一切'是非'都承担下来、都包揽在自己身上的态度。我怕连累别人，更怕牵连广大的青年学生。"②

钱钟书在1979年出访美国时，谈及吴晗一家的悲惨遭遇，他忽然对着费孝通说："你记得吗？吴晗在1957年'反右'时期整起别人来不也一样地无情得很吗？"——在特殊的历史时期，能够坚守自己的原则和信仰是非常困难的，亦可见，几十年间，众多知名学者教授都愿意与薛愚交往、愿意接受薛愚的邀请回国任教，与薛愚宽厚正直、宁折不弯的性格是有关的。

薛钟灵1983年赴德留学时，一次行至丹麦，碰到

---

① 季元龙：《爱国传统 源远流长——读〈中国科学家回忆录〉第一、二辑》，《民主与科学》，1990年第5期，第38页。
② 薛愚口述，王广生整理：《我走过的路》，九三学社中央研究室编：《中国科学家回忆录（第二辑）》，北京：学苑出版社，1990年，第77页。

六、狂风骤雨

一个中国留学生,正是1957年沈阳药学院①的毕业生。薛愚1957年到全国"煽风点火"时,发现沈阳药学院重医轻药现象非常严重,便替药学毕业生说了几句话,随后沈阳药学院便出了毕业生不服从分配的事情,"影响十分恶劣",当即全国通报,薛愚当然就是"罪魁祸首",回到北医药学院后,他也受到了一系列的处理。薛愚因为替沈阳药学院的学生说话而吃了许多苦头,故而学生都十分感激他。薛钟灵遇到的那位学生就表示,"老先生为我们药学界受苦受大了。"

但薛愚自己却认为,自己受一点委屈不算什么,而且常说周围的年轻学者比自己受到的委屈更大。他说:"我看那些年轻的好多人都因为我这个事情当了'右派',他们受苦比我受的多。"

运动不断的这十几年中,牵涉其中的学者颇多,他们受到的不公正待遇也颇多,薛愚替他们不平,但更令薛愚痛心的,是这些运动对药学发展造成的破坏,他

---

① 沈阳药学院:是国家医药管理局直属高等药学院校之一,坐落在辽宁省沈阳市浑河之滨。它的前身是中国工农红军卫生学校调剂班,创建于1931年。1941年迁延安,改建为中国医科大学药科。1946年迁往东北佳木斯市,1948年迁沈阳,合并了沈阳医学院药学系,定名为东北药学院。1955年将原浙江和山东医学院药学系的一部分并入,改名为沈阳药学院。(参见黄永昌:《沈阳药学院简介》,《中国高等医学教育》,1990年第4期。)1994年,经国家批准,更名为沈阳药科大学,与中国药科大学并称为中国的"南药"与"北药"。

说:"因为我成了'右派',这么多年轻人受了这么多苦,药学的窘境到现在并没有多少改变,重医不重药还是存在的,当然后来 10 多年药学界也发生了很多变化。"① 薛愚尽管身处漩涡之中,但心里挂念的,仍然是药学事业。

(六)拨云见日

"文革"期间,九三学社各级组织受到重创,相当一部分社员被打成"反动学术权威",遭到许多非人磨难。社中央原名誉主席严济慈曾回忆,"文革"中,九三学社接到红卫兵的通牒,勒令停止活动、解散组织。1966 年 8 月 24 日,红卫兵在西四颁赏胡同社中央办公地点召开批判会,严济慈和许德珩双双站着挨了一上午的训斥。他们相顾无言,却深深理解彼此的忧心。②

1976 年 10 月"四人帮"被粉碎。1977 年 10 月始,在举国欢腾中,拨乱反正工作开始。"反右"的"重灾区",民主党派也逐渐雨过天晴,阴霾消散。中共中央统战部同各民主党派、工商联的负责人协商恢复和

---

① 薛钟灵在"纪念薛愚教授诞辰 120 周年座谈会"上的讲话。
② 严济慈:《深切悼念德珩同志》,《民主与科学》,1990 年第 3 期,第 428 页。

六、狂风骤雨

开展各民主党派、工商联组织活动事宜。同年冬季,九三学社由许德珩、周培源、潘菽、茅以升、严济慈、孙承佩组成临时领导小组,开始着手调查、了解社员情况,着手重建基层组织,但至1978年12月时,社员总数仍仅有4148人。[①]

> 薛愚自述:1976年,一声霹雳,"四人帮"被粉碎了,沉闷的空气被驱散了,阳光又照耀到人间。全国人民沉浸在从未有过的欢乐之中。
>
> 经过党的十一届三中全会,党总结了历史的经验教训,制定了一系列新的方针政策。药学事业像其他事业一样,重新走上了新生的道路。伟大的共产党,以其大无畏的气概,提出了拨乱反正、落实政策的问题。[②]

1978年12月,党的十一届三中全会召开,会议决定逐步消除"文革"和"文革"以前的"左"的错误,并恢复了党同民主党派密切合作的关系。1978年春,邓

[①] 黄琳:《九三学社北京市委组织发展55年》,北京市政协文史和学习委员会,中共北京市委统战部编:《北京市民主党派工商联史料选编》(下),北京:北京出版社,2009年,第859页。
[②] 薛愚口述,王广生整理:《我走过的路》,九三学社中央研究室编:《中国科学家回忆录(第二辑)》,北京:学苑出版社,1990年,第78页。

小平在全国科学大会上指出：从旧社会过来的知识分子，"绝大多数已经是工人阶级和劳动人民自己的知识分子，因此也可以说，已经是工人阶级的一部分"①。在1979年的政协五届二次会议上，邓小平再次指出：国内的阶级状况已经发生根本变化，民主党派"已经成为各自所联系的一部分社会主义劳动者和拥护社会主义的爱国者的政治联盟，都是在中国共产党的领导下，为社会主义服务的政治力量"②。这一论断，尤使以高、中级知识分子为主要构成的九三学社倍受鼓舞，反右斗争以来给民主党派戴上的"资产阶级政党"帽子从此摘掉了。

> 薛愚自述：1979年1月26日，《北京日报》登载新闻，其中一段称："著名教授向达、陈达、钱端升、薛愚等人，1957年被错划为右派分子，最近经北京市委批准，已予以改正。"1979年2月3日《人民日报》报道："被错划为右派分子的知名教授钱端升、向达、陈达、薛愚、金宝善等，已得到改正。"党的政策，深入人心，我犹如得到新的生命，

---

① 潘琦：《在全国科学大会开幕式上的讲话》，《邓小平大辞典》，南宁：广西人民出版社，1998年，第574页。
② 邢贲思：《我们的统一战线也进入了一个新的历史发展阶段》，《〈邓小平文选〉大辞典》，北京：中共中央党校出版社，1994年，第354页。

六、狂风骤雨

更加拥护和热爱伟大的共产党。①

北医为复查"文化大革命"中的冤、假、错案,成立了落实政策办公室,对"文化大革命"中立案审查的专案,全部进行了复查,并根据中央政策,认真进行处理。对冤、假、错案给予彻底平反,为被诬陷的人员恢复名誉并安排适当工作。对于年老体弱不能担任实职的老干部,安排担任顾问;对于老专家、老教授,酌情安排院系和科室领导的职务;年老体弱的,安排名誉职务,如金宝善担任卫生学系名誉主任,薛愚担任药学系名誉主任,胡传揆担任医学院名誉院长。②

> 薛愚自述:为此,北京医学院也召开一次教授座谈会。我在会上表示:"决心不到长城非好汉,努力学习、改造,成为一个真正的工人阶级的知识分子。"③

薛愚重获清白后,与反右斗争中曾被迫针锋相对的学者也恢复了正常交往。

---

① 薛愚口述,王广生整理:《我走过的路》,九三学社中央研究室编:《中国科学家回忆录(第二辑)》,北京:学苑出版社,1990年,第78页。
② 罗卓夫、孙敬尧:《北京医科大学的八十年》,北京:北京医科大学、中国协和医科大学联合出版社,1992年,第222页。
③ 薛愚口述,王广生整理:《我走过的路》,九三学社中央研究室编:《中国科学家回忆录(第二辑)》,北京:学苑出版社,1990年,第79页。

陈新谦在回忆中说，他第一次见到薛愚是在1945年的秋天。那时，他是经朋友介绍，到国立药专（即国立药学专科学校，时在重庆歌乐山）工作。当时，薛愚也刚刚任药专校长不久，对药专建设有许多设想和计划，故而见面时，薛愚对陈新谦说的第一句话是："药学工作太需要人了！欢迎你来，年轻人！"薛愚对年轻人一向是非常热情，尤其陈新谦是药学界的后起之秀，薛愚对他更寄予了很大希望，对他说："药学是一门重要的科学，在保卫人民健康、在国计民生和国防建设等方面都有重要作用。我国药学远远落后于外国，我们搞药的人，必须发展它，赶上人家，造福国民。"[1]

这既是薛愚对陈新谦的叮嘱，也是薛愚内心的迫切想法，给陈新谦留下了深刻的印象，也给了他鼓舞和希望。也因此，陈在反右运动中批判薛愚时，也实在找不出薛愚什么原则性问题，挑了个"不疼不痒"的事情说薛愚为人比较专制蛮横，算是应付交差了——陈还因此被批评是"严重的存在着资产阶级办报观点，脱离政治，对于如何正确地协助党整风及解决人民内部矛盾的问题，对于如何正确地贯彻党的百家争鸣的方针，都学习得不够……"[2]

---

[1] 陈新谦：《我所知道的薛愚教授》，《民主与科学》，1996年第5期，第32页。
[2] 《药学通报》编辑部：《本刊在整风初期所犯错误的检查》，《药学通报》，1957年第5卷第11期，第494页。

七、老骥伏枥

(一) 半退休生活

自 1957 年被错划成"右派",薛愚便被解去除政协委员外的一切职务,亦不再进行教学工作。一开始是政治环境不允许,后来随着年纪渐长,身体也大不如前,故自己亦有"引退"之意,① 退而著书。

薛愚孙子薛立回忆,薛愚那时在家每天都要听英语、日语、法语等外文广播。薛立当时很惊讶爷爷怎么会这么多种语言,后来对薛愚的经历渐渐了解后才知道,薛愚在教会学校长大,英语水平是比较高的;后又留学法国,所以又会法语;在法国期间,为了方便阅读外文文献,故又自学了一些日语。并且,要做到既能听懂广播,又能读懂文献,可以推测,薛愚对这几种语言

---

① 2014 年 12 月 30 日上午在薛愚幼子家中采访薛愚家属。

薛愚在书桌前整理书稿（王广生拍摄）

1986年，薛愚在家中（王广生拍摄）

七、老骥伏枥

的掌握程度还是相当高的,这都源于他对药学事业的热情,薛立也说,"虽然我觉得英文不会比爷爷差,但是其他的确实不行",对爷爷薛愚非常崇拜。

薛愚晚年因受"反右"及"文革"影响,鲜少讲课。不过也"拜'文革'所赐",薛愚晚年有了一段与儿孙相处的宝贵时光,有时,他也抽出时间接送孙子上幼儿园,享受含饴弄孙之乐。薛立说,自己与爷爷在一起最开心的事情,就是每天中午,薛愚听完外语广播后,还会跟他一起听一会儿广播里的评书、故事。就像薛愚童年时认为母亲陪着自己灯下读书是最幸福的时光一样,薛立也非常珍惜和薛愚相处的时光。很多时候薛愚的活动项目是非常神秘、新奇的,比如薛立说:"那会儿爷爷给我留下的印象,就是好像他哪儿也不去,什么也不干——那是因为他不能去上班了,或者不让他去上。但是他还是带着我去白塔寺的药店,给我印象很深,我就写了那篇作文就是他(薛愚)要看虎骨酒里面的成分,后来自己还做一些不知道是研究还是什么,反正是写东西。然后带我去过当时在北海的图书馆,那会儿叫北图,就带我去那儿,我自己玩,他查资料什么的。"[1]

此时薛愚已经没有什么课题、研究方面的任务和压

---

[1] 2014年12月30日上午在薛愚幼子家中采访薛愚家属。

力，但仍然维持了极高的学术热情。

薛立也不是没有闯过祸。薛愚晚年生活规律，每天早上起来要先打太极拳、吃早饭，吃完早饭就要看书、写诗。中午吃完饭、听完广播之后午睡，午睡起来之后，或读报纸，或写东西，生活十分规律。

一天，薛愚正在会客，薛立一个人无聊，看见爷爷的木剑，就拿着一个人在客厅里挥舞着玩儿。舞着舞着想起爷爷给他读过小说里面的那些招式，便要"练一练"，结果一回头刚要"犀牛望月"，一下就把剑锋杵在爷爷脸上了。当时薛立已经吓傻了，家里又没有别人，幸好有客人——客人具体是统战部的还是九三学社的薛立也不记得了——反正要感谢客人直接把薛愚送到医院去，否则后果不堪设想了。①

薛愚的眼睛可以说是"多灾多难"，在"文革"期间，已经因为白内障，视力受到严重影响。②当时我们国家的医疗水平有限，白内障治疗需要等到病情完全成熟、稳定才能实施手术，故薛愚需要边著书边等待白内障发展到可以手术的程度，很长时间内都受到失明的威胁。晚年又险些被孙子刺坏眼睛，好在每次都是有惊无

---

① 2014年12月30日上午在薛愚幼子家中采访薛愚家属。
② 薛愚口述，王广生整理：《我走过的路》，九三学社中央研究室编：《中国科学家回忆录（第二辑）》，北京：学苑出版社，1990年，第76页。1957年左右患白内障。

七、老骥伏枥

险,否则中国药学领域大概会损失很多有价值的专业著作了。

但在这半退休的几十年间,薛愚对药学的热情并未减退。从"反右"开始,他就坚信乌云必将过去,曙光终会到来,故在逆境中坚持学术研究工作。后来赋闲在家,还编著《中国药会会史》作为中国药学会成立70周年的献礼,以及《中国药学会史料》等宝贵资料。①

薛钟灵说,薛愚晚年还著有一部关于中国古代道教炼丹术中的化学应用的书,即《中国炼丹药化学史》。薛愚起先是不相信炼丹术的,认为炼丹是封建迷信活动,不但不能使人长生不老,还会置人死地。可是在研究中薛愚发现,炼丹术里有非常多的化学的基础应用,与药物化学颇有关联,梳理中国人对药物化学的应用历史,可以从中吸取经验,产生新的思想,故在被"雪藏"的那段时间里,薛愚也花了相当多的时间整理这部

---

① 张英侠:《从牧童到教授——忆薛愚》,《襄阳文史资料第五辑:襄阳民国人物》,湖北襄樊日报印刷厂,1990年,第128页。

关于薛愚临终未著完之作品,薛愚三子薛惠灵认为应是《药学史》和《中国炼丹药化学史》;薛愚夫人张英侠忆薛愚文章说《中国炼丹药化学史》完成于1964年,只是未整理出版;薛愚孙子薛立回忆称薛愚80年代前后同天宁寺白云观的道长交好,故认为炼丹药研究应主要完成于那一阶段。但80年代薛愚年事已高,且著名汉学家施舟人在《道教在近代中国的变迁》一文中说:20世纪80年代以来,中国学术界和出版界出现了一股"道教热"。参见《中国文化基因库》,故出版社不应以"宣扬封建迷信"为由不予出版,《中国炼丹药化学史》成书年代应以张英侠回忆为准,待考。

炼丹史。《夏鼐日记·卷 6 1959—1963》载：

> 2 月 28 日　星期四（1963 年）
> 上午赴所，北医药学系薛愚教授来谈关于编写我国炼丹史事。①

可见最晚始于 1963 年，薛愚已经开始着手整理撰写《中国炼丹药化学史》一书。因为炼丹史的资料大部分存于道教书籍，所以薛愚开始经常去白云观收集资料。白云观有许多道长，许多书籍，薛愚通过与这些道长交流，查阅他们的文献，获得许多有价值的资料，写成《中国炼丹药化学史》。但可惜的是，在交付出版社时，却被告知这是宣扬封建迷信，不予出版，所幸薛愚子女还一直保存着手稿。②

薛愚八十寿辰时，曾挥笔抒发情怀云：

> 齿落发白视不清，四时运转不由人。
> 人届八十不算老，再学再改二十春。

---

① 夏鼐：《夏鼐日记（1959—1963）》，上海：华东师范大学出版社，2011 年，第 317 页。
② 薛钟灵在"纪念薛愚教授诞辰 120 周年座谈会"上的讲话。

七、老骥伏枥

薛愚被平反后，他还曾激动地对夫人张英侠说："母亲至爱儿，但也时常打错儿；母亲知'今是昨非'，当儿女的，也要深刻反省。"①可见薛愚豁达乐观，并不被坎坷的经历所击倒，反而时常自省，体现出对祖国深沉的爱。

1959—1988年，薛愚任中国人民政治协商会议全国委员会委员（第一届、第三届、第四届、第五届、第六届）。第一届政治协商会议前参与科代会分组讨论，通过了关于科学院组织、全国资源调查机构、复员军人进修教育三项提案。这些提案，后来经大会通过，由科代会出席新政协的代表向新政协提出。

（二）枯木又逢春

薛愚1979年获得平反后，坦言自己"犹如得到新的生命，更加拥护和热爱伟大的共产党"，但是同时也担忧自己"已在人生的道路上度过了八十五个春秋，已到了垂暮之年，还能为党做些什么呢？"②他深感时间宝贵，但并未就此湮没报国志向，认为自己在"四化"途中还大有可为，故写诗云：

---

① 张英侠：《从牧童到教授——忆薛愚》，《襄阳文史资料第五辑：襄阳民国人物》，湖北襄樊日报印刷厂，1990年，第129页。
② 薛愚口述，王广生整理：《我走过的路》，九三学社中央研究室编：《中国科学家回忆录（第二辑）》，北京：学苑出版社，1990年，第79页。

薛愚传

> 大地春回万象更,年届八五老还青。
> 攀登高峰吾老矣,四化途中一小兵。

薛愚自述:但是,这时我已在人生的道路上度过了八十五个春秋,已到了垂暮之年,还能为党做些什么呢?上讲台教课吗?不行;到实验室做实验吗?不行。①

薛愚对自己、对时间有一种"矛盾"的认识。一方面信心满满,认为自己还可以像年轻人一样通过努力奋斗来贡献力量;另一方面又常怕自己时日不多,不能再为国家做更多贡献。

暮年的薛愚,比起几十年前的意气风发、慷慨激昂,更多了一份恬淡宽容和谨慎自省。1984年5月,年近九旬的薛愚光荣地加入了中国共产党。关于像薛愚这样的民主党派人士纷纷要求加入共产党的趋势,周恩来曾经提出:都入党了,还有什么多党合作?要劝说老一代民主人士留在党外。②这也正是薛愚晚年才加入中国共产党的主要原因。

---

① 薛愚口述,王广生整理:《我走过的路》,九三学社中央研究室编:《中国科学家回忆录(第二辑)》,北京:学苑出版社,1990年,第79页。
② 胡治安:《知名民主人士的中共党籍问题》,《炎黄春秋》,2011年第8期,第15页。

七、老骥伏枥

薛愚曾三次申请加入中国共产党，但前两次都阴差阳错地与中国共产党擦肩而过。第一次是1930年赴法留学前，好友马适安曾发展薛愚加入中国共产党，但薛愚因要留学而犹豫了，随即马适安被捕，故未如愿；第二次是1956年在北医申请入党，但因薛愚的党派成员身份，党委统战部需要慎重考虑，随后反右运动开始，薛愚被打成"右派"，故又未能如愿。第三次是1979年薛愚彻底平反后，再次申请入党，最终由自己的学生李仁利、刘振宇作为入党介绍人，经北医党委批准，加入中国共产党。

薛愚入党申请：

我申请入党，是经过比较长时间的思想斗争和走过比较曲折的道路。

我是贫农家庭出生的一个穷孩子，在洋学堂里读书长大的，幼年时又不断地受洋人们的欺凌，稍大时又看到帝国主义等对我国进行无数次的侵害，从而就有了反欺凌、反侵害的爱国主义思想。1925年在济南召开孙中山先生追悼大会，我出于爱国热忱，签名参加了国民党。是年秋到清华大学教书时，接触到共产党人，受到他们的一些启示，同时事实也教育我认识到国民党是个争权夺利、贪污腐化的集团,不能救中国,1929年就退出了国民党。

1930年,我中小学同学马适安(马游,地下党员)告诉我说:"××同学牺牲了,××老师也牺牲了,共产党是穷人的党,是救中国的党,你这个穷光蛋出生的,前进一点吧!参加共产党吧!"虽然我自己不甘落后,但终究还是名利思想浓厚的人,当时我有一个机会出国进修,就说:"留洋进修的机会是难得的,入党的机会还是比较多的。"因而未果。在国外进修时,适逢九一八事变发生,蒋介石的不抵抗主义令东北沦亡,使我受到外国人的嘲笑、讽刺,从而使我回想到"共产党是救中国的党",马适安的话是对的。1933年回国后,知道他被捕,押入南京陆军监狱,我到南京去监狱看他,见到他被迫害的惨状,目不忍睹,他是共产党员,是我的朋友,因而千方百计地设法营救他,1936年经过冯玉祥将军把他营救出狱了。

1936—1938年,我到西北农专(现西北农学院)教书时参加了该校组织的"抗日救国后援会"。我极力主张宣传把劝募的物资寒衣钱币等捐给抗日主力,生活最艰苦的军队——八路军,经大会一致同意,最后送交到八路军西安办事处。1938年春,我到八路军西安办事处谒见林伯渠同志,和林老谈了两件事:

七、老骥伏枥

（一）请林老到农专讲一次抗日救亡问题，他说去讲话是可以的，但恐与你们师生不利；（二）请他介绍我到延安去参加前线抗日救国工作。林老说：我们现在是实行孙中山先生亲手制定的三民主义，蒋介石不实行，我们实行，他还要反对我们，打我们，抗日救亡工作多得很，前方后方是一样的，不一定要到前方去，抗日统一战线工作，可能后方做起来更方便些。我听党的话，从1939—1949年解放前，在党领导下进行反蒋、抗日、反美、反内战、反饥饿、反迫害等爱国民主运动，和全国人民一样，只有一个心愿，盼望共产党崛起，盼望中国早解放。

1949年春，这个日子终于来到了！北平解放了！在《没有共产党就没有新中国》的歌声中，我在《华北药讯》上发表了《迎接伟大胜利的新时代》一文表示我的心意，也表示了药学界同仁的心意。

旧中国被人称为"东亚病夫"和"无药之国"，一切药品都仰赖于舶来，人民的健康和生命，掌在外人手里，何等危险！由于党对人民健康关怀，对药学事业的重视，解放后，在短短的时间内，"无药"的帽子就脱掉了，使我认识到"没有共产党，就没有中国的新药学"。

1956年，我欢情不尽，申请加入共产党。当时院党委阎毅同志说:"你想加入党,当然欢迎,但你是在搞统战工作,入党是否适当,容我们考虑一下。"不久,整风反右运动开始了,我本着爱党爱国爱护党的药学事业,遵照党指示的"知无不言,言无不尽,有则改之,无则加勉"等把自己知道的有关药学方面的问题,向党如实反映,供党参考。千万想不到因此而(错)划为右派分子,我的心情非常沉痛,认为我入党的夙愿成了泡影了!这辈子没有入党的机会了!但我在工作方面、药学等从未间断,反而较前更为积极。

十年浩劫中我是戴着"右派"帽子的知识分子,是双料臭老九,自不免被批判、斗争、劳动改造、隔离审查,有时还脖子挂着"右派"牌子进行批斗。当派系发生武斗时,不仅打死人,还要毁机器,烧房子……使我不得不想道:这是党的政策么?"文化大革命"是毛主席亲自发动的么?是毛主席亲自领导的么?当群众小组起来闹革命时,大喊"踢开党闹革命",他们到处"打砸抢烧",使我认识到这是一小撮跳梁小丑,一时的乌云遮不着太阳的。我写道:"跳梁小丑称英雄,志士仁人住牛棚,拳打脚踢身未死,留颗丹心贯长虹。"当我想到乌云只是一时的,红太阳总是要出现时,我入党

七、老骥伏枥

的夙愿又产生了，认为"人是可以改造的"，当学习改造够党员资格时，还是可以入党的。1974年当我八十岁时，又写道："发白齿落视不清，四时运转难由人，年届八十不算老，再学再改二十春。"

1976年天空霹雷一声，乌云驱散了！红太阳出现了！"四人帮"被粉碎了！全国欢庆。三中全会提出拨乱反正，伟大的光荣的正确的共产党真面目出现了。全国各族人民精神焕发，踊跃地进行"四化"，要在二十一世纪赶上世界先进水平，我鼓舞万分，写道："大地春回万象更，年届八五老还青，投笔从戎吾老矣，长征道上一小兵。"

1979年1月26日是我难忘的一天，错划为右派分子得到改正，第二天全院教授座谈会上，我情不自禁地提出要用"不到长城非好汉"的精神加强加速改造，把自己改造成为一个真正合格的工人阶级知识分子，在我提出申请入党时，又想到像我这样的老人能批准么？曾错划为"右派"的人还能入党么？曾一度是民主党派部分负责人能入党么？后来看到比我年龄还大的，有错划为"右派"的，还有民主党派的头头——领导人都入了党，于是我就大胆地写了入党申请书，同时努力为建设"四化"做好添砖加瓦的工作，写了一本《中国药学史》

（正在排版中）、一本《中国药学会史略》作为礼品献给了中国药学会成立七十五周年纪念，及其他有关药学的文章。

虽然我现年快九十了，我不计一切把生命献给党，只要我还未死，党叫我干什么，就干什么，干好什么。

生命不息，工作不止。①

入党介绍人的意见：

高秀云 / 系党总支书记

薛愚同志解放前由于爱国反帝曾参加了民族民主运动，并由于党的教育和指引走向革命道路，在党的领导下做了一定的工作，解放后更加热爱党热爱社会主义并决心投身于革命斗争，经过长期与党合作和经受考验，在党的多年教育下，具有一定的政治觉悟，入党动机正确，入党决心坚定，愿把他的全部精力贡献给党的事业。薛愚同志一贯关心政治，努力学习，勤奋工作，我认为他基本上具备了共产党员的条件，愿介绍他入党，希望薛愚同志今后加强党的基本知识学习，在党的教育下不断克服

---

① 薛愚档案，北大医学部档案馆藏。

七、老骥伏枥

自己身上存在的缺点，加强党性的磨练，努力发挥党员先锋模范作用。[①]

薛愚重视传统中医药的发展并鼓励创新提高。在学生王广生经过发掘中医药遗产研制成功国际唯一具有升高白细胞作用的化疗抗癌药物的鉴定会上，薛愚给予客观的学术评价。

新中国的民主人士中出现过两次"入党潮"。第一次是1957年前后，一是由于社会主义改造完成，理论上认为阶级关系变化、知识分子成了工人阶级的一部分，要求入党；二是由于反右斗争的"阴影"，民主人士、知识分子认为只有加入中国共产党才能证明自己的政治立场；三是共产党要积极建立自己的知识分子队伍，也大量吸收大知识分子进入党内。第二次是"文革"以后，特别是中共十一届三中全会为"文革"中的"臭老九"平反恢复名誉，感染了一批知识分子、民主人士参加共产党，为党做贡献。薛愚晚年加入共产党，除了圆一生的共产主义理想之梦，也是对自己多年"右派"问题的一种回应。

新中国的政治协商制度虽然经历了"反右""文革"的洗礼，但其优越性是不容置疑的。九三学社是以学者

---

① 薛愚档案，北大医学部档案馆藏。

去甲斑蝥素鉴定意见

斑蝥是我国古代应用的昆虫抗癌药物，历史悠久。文献研究中发现有抗癌作用，而且中毒剂量下可出现白细胞升高。北京市第四制药厂工程师王广生同志自斑蝥中提取出有效成分斑蝥素，经过制剂方面及化学结构方面的多次改造最后基于去掉斑蝥素结构中的二甲基，人工合成了去甲斑蝥素消除了斑蝥素的泌尿系刺激作用，并提高了斑蝥素的抗肿瘤及升高白细胞的作用，而且制备简便，成本低廉。经全国18个单位协作临床实践244例，证明其对肝癌有效率达58·6%。这次研究是斑蝥抗癌研究的突破性的进展，首次以人工合成的化合物代替了天然资源，开始了无骨髓抑制并具有一定升白作用的抗癌药物的研究与生产。

该项研究经历了斑蝥、斑蝥素、斑蝥酸钠、去甲斑蝥素每个阶段，组织了六省市有关单位进行协作，每一化合物都已先后批准投入了生产。是一项艰苦而复杂的研究过程。完成了大量工作并更正了国内外某些文献医籍中的错误，受到国内外学者的关注和重视。去甲斑蝥素对抑制肝癌的疗效，较其它斑蝥素类型化合物及某些化疗药物均有所提高，而且副作用低，是一种创造性的发明，这次研究结果以及研究过程中的艰苦奋斗精神等都应予以高度评价。本研究可列为国家一等科学技术研究成果。

北京医学院教授，药学系名誉系主任
中国药学会名誉理事长 薛愚
1984. 11. 24

1984年，薛愚在学生王广生研制成功具有升高白细胞作用的广谱抗菌药物去甲斑蝥素的鉴定会上，给予客观的学术评定

七、老骥伏枥

去甲斑蝥素鉴定会鉴定委员名单

	姓 名	职称、职务	签 名
主任委员	薛恳	教 授	建议为国家一等奖 薛恳
委 员	谷钰之	教 授	建议为国家一等奖 谷钰之
	陈鸿珊	研究员	建议为国家一等奖 陈鸿珊
	金有豫	教 授	建议为国家一等奖 金有豫
	杨宝印	主任医师 肿瘤科主任	建议为国家科研成果一等奖 杨宝印
	张玮	教授 主任医师	建议国家一等奖 张玮
	于中麟	教授 主任医师	国家一等奖 于中麟

去甲斑蝥素鉴定会鉴定委员名单。对于该研究到会专家均建议为"国家一等奖"

和高级知识分子为主要构成的，关于学者"从政"或"参政"问题，胡适在担任北大校长之初，傅斯年就曾劝诫他应"参政而不从政"。傅斯年认为：学者一旦加入政府，就没有了说话的自由，也就失去了说话的分量。[①]薛愚也曾表示知名学者不宜担任行政职务。但新中国的政治协商制度，正是为了防止知识分子、民主学者的意见失去分量而产生的，故中共中央也一直强调应将一部分优秀人士留在党外，以便他们能够放心说话，说有分量的话。不过，从第二次入党潮之后可见，新中国与国民政府政治环境已经不同，学者加入政府，并不像傅斯年担心的那样，说话就失去了分量。

关于薛愚究竟何时加入中国共产党，薛愚家人回忆认为，薛愚早在青年时代就已经入党，只是当时政治环境不允许薛愚公开身份[②]，这种说法现无法考证，但薛愚一生为共产主义事业所做出的贡献是有目共睹的。1930年薛愚赴法留学前，薛愚同乡好友、共产党员马适安确已提出发展薛愚加入中国共产党，可惜由于薛愚随即就赴法国三年，未能实现；1956年因"右派"问题入党事宜又被搁置；五十年后，薛愚才正式得偿夙愿。

---

① 傅斯年：《致胡适》，中国社会科学院近代史研究所中华民国史研究室编：《胡适来往书信选》下册，北京：社会科学文献出版社，2013年，第190、191页。
② 2014年12月30日上午在薛愚幼子家中采访薛愚家属。

七、老骥伏枥

平反事宜尘埃落定后,薛愚的学术生涯也迎来一段坦途,此间,他开始频繁地发表文章、参加学术交流。用薛愚自己的话说,这是他"枯木又逢春"的一段时光,这一阶段的薛愚也的确在学术上做出许多成绩。

1979年11月,中国药学会在南京召开全国性学术会议。其间,薛愚见到了许多久别重逢的老朋友,包括孟目的、陈新谦等人,"大家都怀着感激的心情表示要为药学事业继续工作"。薛愚同李维桢、陈新谦等人向中国药学会第16届大会正式提出:组建中国药学会药学史专业委员会,出版《中国药学史料》。

前排中间为薛愚,右二为陈新谦,后排左一为薛愚学生宋之琪

薛愚自述：1979年11月，中国药学会在南京召开了全国性的学术会议。这是自"文化大革命"学会停止活动以后的第一次全国药学会议，由卫生部主办。我已经85周岁，还赶上了这枯木逢春的新时代，感到欢欣鼓舞，决定亲自参加这次大会。北医药学系派人陪我到达南京，受到会议很好的照顾，使我很为感激。会议期间，有幸会见了久别多年的老朋友，大家都怀着感激的心情表示要为药学事业继续工作。会议选举我和孟目的同志为药学会顾问，并建议我编写《中国药学会史》。在这次大会上，武汉代表再次反映了"重医轻药"的问题。

1981年开始，我又奔走于各大图书馆，查阅资料，访问有关同志，至1982年我已完成了约12万字的《中国药学会史略》，并献给了中国药学会，作为药学会成立75周年的纪念。之后，在同志们的协助下，我又主编了《中国药学史略》一书，共约三十余万字，1984年由人民卫生出版社出版了。此书虽然不够完善，较为简略，但它却是第一本关于中国药学史的著作。

在不平坦的路途上，为药学事业奋斗了数十年，但苦无成绩可言。我对中国药学的理想——医药协调，齐头并进，中药西药融合，去粗取精，建

七、老骥伏枥

立拥有第一流专家、发明者、各种人才齐全配套的药学体系，虽尚未实现，但我深信，在具有中国特色的社会主义的新中国，是一定能实现的。[1]

1983年9月22日，中国药学会药学史专业委员会正式组建，薛愚出任第一届名誉主任委员。该委员会主要为推动药学院系及中药系开设药学史课程以及对中国药学会会史进行整理总结，同时，在维护中国药学会宗旨、发展组织、团结会员、开展学术活动、培养人才方面均有所建树。1987年，委员会出版《中国药学会史略》一书，收载中国药学会[2]自1907年建会起至1986年近80年间的学术活动，如实反映了中国药学会的变迁与发展经过，为研究我国药学会发展的历史沿革提供了宝贵资料。

1947年至1958年，薛愚就曾担任北京医学院药学系（今北京大学药学院）系主任，至1979年后，任名誉系主任。1984年，薛愚任中国药学会第十七届名誉理事长。

---

[1] 薛愚口述，王广生整理：《我走过的路》，九三学社中央研究室编：《中国科学家回忆录（第二辑）》，北京：学苑出版社，1990年，第79页。
[2] 中国药学会：1907年冬由王焕文、伍晟等成立于东京，称留日中华药学会，其宗旨是团结药学界的科学技术工作者共求学术上的进步，推动中国药学事业的发展。1912年迁回国内并改称中华民国药学会，1942年在重庆重新组织，改名为中国药学会。1945年至1951年先后迁至南京和上海。新中国成立后，学会于1951年迁至北京。

薛愚自述：1984年10月18日，在全国政协礼堂，由中国药学会、九三学社中央医药工作委员会、北京医学院联合举行了我执教六十周年及九十寿辰的庆祝会。有关领导、知名人士以及我的学生出席甚多，使我深为感动，并受到来自各方面的鼓励。我感到庆幸，再次身逢盛世，决心不辜负党和同志们的期望，生命尚存，工作不已。

在这次庆祝会上，各地送来了不少贺词和诗篇，……诗中的过誉之言，我受之有愧，但最后两句却说出了我的心里话，并以此自勉。①

1984年10月18日，中国药学会、九三学社中央医药工作委员会、北京医学院在政协礼堂联合为薛愚举行纪念会以表彰其卓越成就。薛愚表示，在自己收到的众多贺礼中，他印象最深的，是河北医学院药学系寄来的一首诗：

> 薛老执教六十年，经历新旧两重天。
> 一生奋斗多坎坷，呕心沥血苦登攀。
> 学识渊博勤攻读，德高望重常自勉。

---

① 薛愚口述，王广生整理：《我走过的路》，九三学社中央研究室编：《中国科学家回忆录（第二辑）》，北京：学苑出版社，1990年，第80页。

七、老骥伏枥

薛愚与返校学生在生化楼前合影,前排左四为薛愚

高风亮节广胸怀,创建药业功如山。
举贤荐才胜伯乐,年届九十志不减。
老骥伏枥志千里,只争朝夕献暮年。

这首诗可以说是薛愚一生的写照:他历经各种艰难险阻,但对"民主"与"科学"的追求从未停歇,也从未对党和国家失去过信心。

1985年10月,薛愚作诗纪念九三学社成立四十周年,并表达薛愚一生坚守民主科学信念,始终献身报效国家，追求进步思想，与共产党肝胆相照，为药学事业鞠躬尽瘁的决心[①]：

四十年前乾坤翻，民主科学换新天。
草故去者尘与土，鼎新来哉金玉言。
长期共存跟党走，肝胆相照赋新篇。
十年浩劫心向党，政策落实喜开颜。

（三）再次见哈雷彗星

陈新谦在回忆薛愚的文章中提到，薛愚曾"炫耀"两度看见哈雷彗星的经历。"薛先生晚年曾向我谈起一件事，就是他一生中有幸两次观看到哈雷彗星，为此而感到自豪。1910年他在湖北樊城鸿文学校上学时，天空曾出现一颗大尾巴像扫帚的星，老乡们叫它为'扫帚星'，当时人们缺乏科学知识，充满封建迷信，传说出了扫帚星天下要大乱，人心惶惶。76年之后，1986年5月，哈雷彗星又出现于我国的上空，他有机会去北京沙河天文台用天文镜再一次看到了这颗彗星。两次见面，前一次，清廷危在旦夕，人心惶惶；后一次国家兴隆，如日中天，

[①] 陆杰华在"纪念薛愚教授诞辰120周年座谈会"上的讲话。

七、老骥伏枥

人民意气风发。抚今追昔,两次见面两重天。"①

薛愚为自己有幸两度见到哈雷彗星而兴奋不已,这种激动中,也有薛愚经历了大半生风雨后的感悟。少年时代,蒙洋人校长释疑,薛愚第一次明白了彗星的出现是一种再正常不过的天文现象而非什么不祥的预兆,那时,旧中国处在风雨飘摇之中,这种对世界客观理性的认识,给薛愚带来了改变自己命运、改变国家命运的信心,薛愚也是从那时起开始产生对西方先进科学的向往。彗星76年后再次出现时,薛愚还特意跑去天文台观看。

> 薛愚自述:前已说明,1910年我在湖北樊城(襄樊市)鸿文学校读书时,天上出现了一个大尾巴像扫帚的星,人们叫它为"扫帚星"。虽然距现在七十有六年了,我记得还比较清楚,用肉眼可以看清楚,它的头向西北,尾向东南,光彩夺目,绚丽壮观。1986年5月5日,我又有机会到北京沙河天文台用天文镜再一次看到了这颗哈雷彗星,并只见到它的头,似一团棉花球,但不是很圆,色微黄,时隐时现,时明时暗,可能与天上云雾有关,也可能是它与地球距离较远所致。我从来也没有想

---

① 陈新谦:《我所知道的薛愚教授》,《民主与科学》,1996年第5期,第32页。

到我还能活到今天——76年之后,又幸运地第二次看到哈雷彗星,真是喜之不尽,精神抖擞而去、抖擞而归!随笔拈来一诗:

生逢盛世精神叟,哈雷彗星找吴刚,

借我桂花酒一杯,一国两制史无双。

感觉欢喜之外,引起了一点回忆:新中国成立前,我在齐鲁大学,当时,全国只有齐鲁大学开设有天文学系专业,天文学系教授王锡恩是个土洋结合的天文学家。他的父亲是土天文学家。当时烟台有个教会大学——"文汇馆"(齐鲁大学的前身)是狄考文创办的,狄氏是洋天文学家和数学家。王锡恩被送入"文汇馆"学习,从而逐渐变成了一位著名的土洋结合的天文学家。我在预科时,由于好奇心,选修了一门"普通天文学",王锡恩教授亲自授课。齐鲁大学还有一个天文台,有观察天象的望远镜,又名天文镜,当天空无云之际,哪怕是深夜,王教授也亲身领着学生到天文台上用天文镜观察天象。记得有一次看到"土星"上有个星环,十分美丽,王教授告诉学生们说:"天文学和数学是中国的科学,我国历代历史上不断地有有关天象的记载。自清入关后,中国一切科学都落后,天文学更没有人或少有人学习研究了。"当时全国只有

七、老骥伏枥

一个天文台——上海徐家汇天文台，还是天主教外国人建立的。全国各大学内又只有我们学校设有天文学系专业，也只有我们学校有个小而又小的天文台，也是外国人办的。上次哈雷彗星出现时，除了迷信、造谣之外，几乎没有人出来进行观测研究。有清一代对于天文方面的建设，仅仅是把前人建立的"观星台"改为"观象台"而已。

清朝整个统治时期，特别是慈禧太后秉政以来，几十年对人民进行残酷镇压，天灾人祸此起彼伏，连绵不绝。农民起义蔓延全国，安抚和镇压贫于无力。对外，除了割地赔款或外逃避乱，以安残生，别无他法。当然不可反省自悟强国利民之道的科学了！1910年哈雷彗星一出现，无道王朝内心有疚，自知多行不义必自毙，惶惶不安，坐以待毙，是清王朝唯一之途。

76年后的今天，换了新天。科学治国深入每个人民心里。在哈雷彗星行将来临之际，报章、杂志就有详细的报道和解释；来临之时，我国各大小天文台的工作人员进行仔细的观测记载，各天文学家又到海南岛、新西兰、澳大利亚等地同国外专家们进行观测研究，科学探讨；行将离去之际，各地天文台又不失时机地招待国内外人士前去做最后的观看,送别哈雷彗星,并欢迎 76 年后再来。在北京沙河天文台录像室里,听到已故九三学社中央委员、南京紫金山天文台原台长张钰哲教授说:哈雷彗星是我国历史上记载武王伐纣(公元前 1072 年)时就出现的彗星,今后它还会再来。使我明白了哈雷彗星不是我们的"新客",而是"旧友",76 年前我欢迎了它,76 年后的今天,又参加了送别。两次见面,诚幸事也!①

果然,76 年后再见哈雷彗星,整个国家和民族的命运都进入了崭新的阶段。薛愚从少年时起就相信,一切困难都可以通过人的努力去克服,每个人如此,国家民族亦然。而薛愚两次见到彗星,国家和个人的境遇也大不相同。

(四)写在病床上

挺过了半生波折,薛愚老了。他说:"我的时间不多了,应该加快步伐,编好《中国药学史料》。"于是,当时已经 90 岁的薛愚还经常到北京图书馆查阅资

---

① 薛愚口述,王广生整理:《我走过的路》,九三学社中央研究室编:《中国科学家回忆录(第二辑)》,北京:学苑出版社,1990 年,第 80–82 页。

七、老骥伏枥

料，挤不上车，就拄着拐杖步行，风雨无阻。在他的不懈努力下，《中国药学史料》于1984年由人民出版社出版了。当时，薛愚还有继续编写《中国药学教育史》的计划，不料突然心脏病加剧，住进医院。直到临终前几天，薛愚还用颤抖的手，书写着该书提纲以及发展我国药学事业的意见。

> 薛愚自述：1987年，是中国药学会成立八十周年。中国药学会于八十年前在日本成立，由于成立日期距今已久，而且经过不同的政治时代，变迁亦多，因而对中国药学会成立的情况，可能有不同的观点，或与事实不相符合。由于宋之琪同志的协助，我在1986年第3期的《药学通报》上，曾撰文《中国药学会成立前后存在的几个问题》，对中国药学会成立的时间、名称、参加人士、当时学会办的刊物等方面，作了简要的阐述，供同志们参考。[①]

1985年1月，91岁的薛愚写下遗言安排自己身后之事。在去世前几天，薛愚叮嘱身边的子女，"你们要在党的领导下好好为'四化'建设，为和平统一祖国大

---

① 薛愚口述，王广生整理：《我走过的路》，九三学社中央研究室编：《中国科学家回忆录（第二辑）》，北京：学苑出版社，1990年，第80–82页。

业贡献力量",并且将这些话也都写入了遗嘱。最后,在他的遗嘱中,薛愚还要求在他去世后要将他的遗体捐献给北医进行解剖,为科研事业再做一点事,也为解一个20年前的谜题。①

1961年前后,薛愚体检时查出胸动脉长了一个比较大的肿瘤。薛愚感到不可思议:胸动脉这样的关键位置长了一个大肿瘤自己怎么会一点感觉都没有。他想到自己的朋友当中,黄家驷、吴英恺都是名医,于是便决定请黄、吴二位专家帮自己会诊。

他先找到黄家驷,黄家驷是当时我国胸外科的权威,他看了薛愚的片子后,说"你这个十分麻烦,是癌症②",并当即通知薛愚的夫人张英侠说,薛愚的肿瘤太大了,不及时手术恐怕就要准备后事了,要求薛愚的家人配合尽快安排薛愚做手术。张英侠听后吓坏了,可是薛愚自己总觉得难以置信,说:"我身体没有什么反应,就是透视的时候看见有个东西,怎么会就要准备后事了呢?"

于是薛愚又去找吴英恺,吴英恺也是专家,但他看了片子之后说:"我觉得不是癌,是个血管瘤。一是你

---

① 顾芸在"纪念薛愚教授诞辰120周年座谈会"上的讲话。
② 肿瘤分为良性和恶性两大类,良性肿瘤在体内不具有侵染性和恶性增殖性,易通过手术和药物治愈;癌症即恶性肿瘤,由于具有很强的恶性增殖和侵染性,在体内极难清除,难以根治。

七、老骥伏枥

这个肿瘤形状很完整,而动脉瘤扩散的情况很不清楚,所以我认为是血管瘤,不是动脉瘤。"

黄、吴二人最终也没有形成统一的意见,薛愚还是倾向于认为,如果是恶性肿瘤,自己的身体应该出现比较明显的恶化,于是在他自己的坚持下,决定不做手术。没做手术,薛愚又生活了20多年,没有出任何问题。普通人大概会感谢命运的厚待,可是薛愚偏偏还有一种"刨根问底"的学术精神,无论如何要弄清楚自己身体里到底长了一个什么东西,到底是黄家驷说得对,还是吴英恺说得对。于是执意要求在自己死后,让学校对自己的遗体进行解剖——即使自己不可能知道是什么东西了,但至少让家人弄清楚到底是一个什么性质的肿瘤,让黄、吴二人的争论画个句号。

薛愚一贯将个人的事情看得很轻,因此对捐献遗体供医学解剖一事就看得十分平常。但是北医的领导却坐不住了,认为薛愚为中国药学界、为北医做出了巨大贡献,解剖薛愚的遗体有些不恭敬,于是亲自去到薛愚家对薛愚的家人做思想工作,"还是算了,老先生别解剖了,解剖以后对老人家不太尊重"。薛愚的家人一时也拿不定主意了。后来薛愚过世后,出于对薛愚的尊重,北医由党委书记彭瑞骢做主,硬是"违背"了薛愚的遗愿,未对其遗体进行解剖,故最终也不知道到底薛愚是

遗言——寄语党支部

我现在已经年过九十岁了，自去年（1984年）8月出院之后，身体方面，精神方面，都感到不如以前了。这是自然发展规律不依人们的旨意为转移的。在我未死之前写一句遗言如下：

目前我国形势大好，四化精神建设运动发展，蒸蒸日上，你们要在党领导下，好好地搞四化建设，为完成祖国统一大业努力奋斗。

死后，丧事从俭，不举行遗体告别不开追悼会，遗体交北京医学院解剖，弄清楚关于我二十多年来我的难题问题——肺癌。可为对教学和科研有所裨益。

你们的母亲——张美俊是我几十年的伴侣，也是我的亲密战友，她为我也为你们操劳了几十年，我死后，你们要一定要爱护她，孝敬她，使她过好晚年生活。

你们兄、弟、姐妹妯娌之间，本着至孝、至悌、至让至爱的精神，团结友爱，似妹工作小妹（小灵）虽在国外，但也需要你们对她加以关心。

我是穷人出身，干了一辈子教育工作家中稍

七、老骥伏枥

有点滴积蓄,是你们妈妈节衣缩食所致,因此,我死后,这笔户小细微的积蓄,由你们的妈妈全权处理,任何人不得干予。

父亲 薛愚 1985.1.10

薛愚遗嘱

否罹患恶性肿瘤。不过从薛愚的身体状况看起来，大概是吴英恺对了。①

忆慕回在病床上

张英侠

1987年8月中旬，慕回又犯了气管炎心脏病。

我劝他去医院看病，他不肯去，他说："像我这样的人去看病，医生一定要留下住院，可我实在不愿住。我知道每次住院，用的多是进口药，要花很多医药费，我先吃点药，过几天可能就好了。"8月24日晚10点钟左右，慕回的病情突然加重，不得不住进医院，经过一段时间的治疗，不觉好转，慕回就感到这次病情与过去不一样，他对我说："这次住院恐怕出不了院了，我还有许多工作没完成，我想编写一本药学教育史，已经搜集了一些资料，脑子也有了一些想法，本想组织几个人一块写，因为我怕我年纪太大了，没等写完我先完了，组织几个人写，我完了，他们还可能继续写，结果也没有把人组织起来，另外我还想写一篇有关药学教育的文章，也没有正式写好。"我安慰他："等你

---

① 薛钟灵在"纪念薛愚教授诞辰120周年座谈会"上的讲话。

七、老骥伏枥

病情稳定了,出院后再组织人,再写文章吧!"

又住了一段时间,病情确有好转,慕回精神轻松了些,他即在病床上开始写关于药学教育的文章,其实慕回病情虽有好转,但很不稳定,大夫也将此情况告诉了他,我们也劝他过几天再开始写吧,他不但不听,反而说:"你们老不许我写,可能过几天,又不能写了。"他不听劝、非写不可,结果挣扎着写出的字歪歪扭扭,也认不大出写的是什么,如果不让他写,他就不高兴,还发脾气,只好让他写。写了不到两天,病情又恶化了。慕回沉重地对我说:"我这次病是好不了啦,不但写书不成,连文章也不能写了!"我安慰他说:"你现在的主要任务是听大夫的话,好好治病,好好休息,不要去想那些,等你病情稳定了,出院以后再说吧!好不好?"过几天病情又稳定了些,他又高兴地说:"我争取再活两年,把我想写的药学教育史这本书准备个眉目出来,列个提纲,有关药学教育意见的一篇文章我一定写出来……"但无情的恶魔老是缠住他不放,病情急转,更加恶化!慕回去世的前10天左右,他对在病床旁照顾他的孩子们一再沉痛地嘱咐说:"我是不行了,你们以后一定要在党的领导下,好好工作,你们都是中年知识分子,正是你们发挥作用的时候,你们又是北大、清华等校毕业的,你们都有一定的科学技术水平,一定要发挥中年知识分子的作用,要为'四化'建设、为和平统一祖国大业贡献力量!"又说:"我的书不能再写了,就是那篇文章也不能写了!"我又再次安慰他说:"你不能写,叫小灵(小女儿)她们给你记录下来好么?"慕回说:"她们不成,宋之琪、王广生才行。"由于他病情越来越重,我没有去找宋之琪、王广生两位同志。慕回于1988年1月17日晚离开了我们,与世长辞了!慕回为党的药学等事业春蚕丝尽,丹心永存,鞠躬尽瘁,死而后已。我们一定遵照他的遗志——为祖国"四化"建设、为和平统一祖国的大业做出贡献!

慕回,安息吧![①]

1988年1月17日,薛愚于北京病逝。

1988年1月29日,《人民日报》刊发讣告,全国政协副主席杨静仁、周培源和首都各界人士400余人在八宝山革命公墓向这位祖国药学事业的奠基人作遗体告别。

---

① 薛愚档案,北大医学部档案馆藏。

（五）怀薛愚教授

1994年，薛愚去世六年后，陈新谦作诗缅怀薛愚：

怀薛愚教授
随心药学毕生中，不息攀缘九十翁。
涉尽急流翻尽岭，名家来自牧牛童！ ①

2014年12月30日，九三学社北京市委、九三学社北京大学第二委员会共同举办的纪念薛愚教授诞辰120周年座谈会在北京大学医学部会议中心举行。九三学社、北医部分领导出席，薛愚家属代表、生前同事好友、北京大学第二委员会社员代表共三十余人参加座谈会。

薛愚虽然辞世，但他对中国药学以及药学教育事业的贡献并不会随着他的辞世而湮灭。在之后的几十年里，有许多教授、学者曾经撰文研究薛愚的教育观点，纪念薛愚的生平。薛愚的许多办学设想和建议被沿用至今。薛愚一生恪守"勤于职守，忠于职守，宁愿人负我，决不我负人"②的原则，为我国药学事业的发展做到

---
① 陈新谦：《新谦绝句稿存》，武汉：中华诗词出版社，2005年，第44页。
② 陆杰华在"纪念薛愚教授诞辰120周年座谈会"上的讲话。

了"鞠躬尽瘁,死而后已"。

薛愚的学生朱珍燕回忆说:

> 我1951年进北医,药学院有今天的地位都是薛先生斗争来的,我用三句话总结我们药学院的成长过程——在斗争中产生,在艰境中成长,在摸索中完善,而薛先生亲身参与了前两点。
>
> 1940年,薛先生在西南联大初建药学教育时说,为什么药学不受重视?因为药学是丙级学科,最初的定位就是刷刷瓶子,干干基础工作。薛先生从法国回来后,在西南联大、国立药专、齐鲁大学这期间,一直在为提升药学和药学教育的地位做斗争。药学不受重视的另一个原因是因为新中国成立前我们的药学是殖民地性质的,我们自己没有药物生产,全部都是进口的药品,连制剂都是全部进口的,没有独立的药学实验。另外就是药房,药房老板需要一个药师,那城里就培养一个药师,这些人只要有大专水平就可以,所以我们大学里药学院就算学了四年,同样是考进去的大学生,出来仍然是药学专修生。当时全国都是这样,但是北医是五年制的药学,是大学,不是大专,这都是薛先生斗争的结果。我们上海医学院为药学院的独立争取地位,曾经到

七、老骥伏枥

南京去请愿,闹过罢课,斗争很激烈,但是没有实现,我们1951届毕业的时候照片上还是专修。

薛先生为了坚持五年制药学,维护药学院的地位受过很多歧视和压迫,但是都压不倒他。他认为:"珍惜药学事业,绝对不能靠进口,一定要自力更生,杜绝进口,这是爱国,这是事业,殖民地是靠进口,所以要自己自力更生,所以要搞药化专业,要办药厂,以后全国都要办药厂,药厂的骨干就是我们的使命。""药物不是一般商品,是一个特殊商品,这关乎人民安全,是特殊商品,要有一个有学问的人来掌管这些,不只是个卖货的,药房的药师也不应该只是个卖药的。所以一定要发展药检事业。"

新中国成立前,全国没有药检所,药检机构只有上海海关有一个实验室,帮助海关检查进口药品的质量。药品质量没有保证,新中国成立以后1951年中央药检所刚刚成立,还在筹备中,部分实验室在开展工作。这时薛先生就提出:"药检所省省都要有,哪里有药厂,哪里就有药检所,要办药检专业,药学教育要和社会需要紧密结合,所以要省省办药检所。"

另外,当时薛先生还想办一个药品与食品检验的专业,假如我国1951年就能办起药品与食品检验的专业的话,现在药品和食品的混乱,危害人民的情况就会杜绝。现在药品没有出现质量问题安全问题,只是上海出了点事,这就是一个机构在保证,安全检测在保证,有一批人才在保证,有药学教育在支撑。

薛先生很重视生药,因为他就是中药化学出身,那时候别的人经常贬薛先生说他没有发表著作,实际上不是的,他做过挥发油的测定,川芎的研究,做过很多,文章也发表了一些,后来就没有时间,一个人精力有限,薛先生的精力后来都投入到了药学教育事业中了。他在很早的时候就有8篇论文,当时来说是很了不起的,都是中药化学、化学成分的研究。四十五年以后,薛先生的主要精力都投入了药学教育事业,专业的研究就少了,他是一个事业家,所以说当时药学院"在斗争中产生、在艰境中成长"。

薛先生有个特点,就是要分专业,重视人才,同时在北医内部争药学系的独立行政编制。很多医学院重医轻药,上海医学院就是这样,连药学系都没有,没有独立研究的系。薛先生就认为,药学应该有独立的体制,独立的管理制度,"我们不能副

七、老骥伏枥

设在医学院里,不然我们就发展不了",这是他的观点。所以我们菜园很独立,有自己的图书馆,还有一个药学楼。当时建设药学系非常艰苦,在药学楼建立之前,连药学系的办公室都没有,教授分别在不同的办公室。后来药学楼建立起来之后,我们有独立的体制,所以视野就不一样了。

当时药学楼的建设很不容易,我们的积极性很高,大家都没有怨言,都协助工程队把药学楼建好,后来我们就自成体系了,教研组就完善了,有行政办公室了,不是过去那么零碎了。1951年进校的学生马上就分专业了,分了三个专业。1955年毕业的,后来做了社会调查,都是全国药厂、药检所、药学教育、生药整理的骨干,这是不可磨灭的功劳,正因为有了这批人,现在药检所才能有省省有、县县有的局面。

药学教育要为生产、社会建设服务,这点我是很有体会的,没有药学教育也就谈不上药学建设了。后来专业成立,设立教研组,很快教材、教员就去了第一线。当时药检专业最可怜,没有教授,没有教材。那时候开设课程很不容易,比如药品检定,微生物化学等学科,正因为薛先生海纳百川,有容乃大,才能很快完成学科建设。当时薛先生很快就将专业教材准备齐全了。药学楼建好后，也是他前后奔走，为我们争取了仪器设备以及经费，那时我们的天平室是全国最好的，学生上分析化学，一人一架天平，这是上医或者其他医学院做不到的；显微镜室也是一人一架显微镜。这些待遇靠老师不行，靠教员不行，只能是靠领导费力气东奔西走。

有人说他是野心家，闹分裂，搞独立，这是冤枉他了。要是没有他的奔波，现在药学院的这些东西从哪里来？当时的上医和北医比差远了，他无愧于称为药学教育的奠基人。记得他第一次在西南联大上课，别人贬他是通才，教有机化学、药物化学，没有专业性，但是他就认为专业需要什么他就要教什么，要"哪里需要哪里搬"，对学生是用心良苦。

他没有文人相轻的思想，当时下面有两个教授不是很团结，他就从中做协调，真的是胸襟开阔，作为一个领导者，能够把大家的积极性都调动起来。还有就是他很能发掘人才，1951年春季，他派秘书来上医选拔优秀学生，那时我在读四年级，就被选中了。他不仅是重视老教授，还重视青年人才，经常派人去各地选拔优秀的毕业生。当时北医还有个药厂，药厂负责人是刘树田，也是我在北医第一个认识的老师。这个药厂很有规模,很像样,就在天坛,有针剂,有片剂。①

薛愚的学生刘镇宇回忆说:小小的药学系在全国能够做出这样的成绩、榜样,是和薛先生的努力分不开的,包括药学系直到现在出过五六个院士。我们药学院招生人数是最少的,一年才招120人,南药一年能招两三千人,从数量上来说是远远比不过的,但是从质量上讲,不管是中央药检所还是各个省的药检所包括北京药检所,历届的所长都是我们药学院的。②

---
① 朱珍燕在2015年9月27日"薛愚生平座谈会"上的发言。
② 刘镇宇在2015年9月27日"薛愚生平座谈会"上的发言。

年　表

1894年11月24日生于湖北省襄阳东乡峪山镇。

1906年入读当地私塾。

1910年入读鸿文中学小学部。

1911年入伍作"小伕子"。

1915年入读鸿文中学中学部。

1919年毕业于鸿文中学，获得河南、湖北、湖南三省信义会设立的教会中学联合毕业会考第一名，代表学生与驻樊城军阀赵荣华谈判。

1920年参加鸿文中学"国耻日"纪念大会并演讲。

1920年任教于太平店小学（一说淑华女中）。

1921年入读齐鲁大学理学院化学系（获鸿文中学奖学金）。

1923年底与马久达、王伯训、孝启道、吴振钟等人组建科学研究会，次年始，出版《科学会》季刊。

1925年毕业于齐鲁大学理学院，获理学学士学位。

1925年3月于追悼孙中山先生大会上，签名参加国民党。

1925年任教清华大学（助教、讲师）。

1926年参加清华大学大地社。

1929年退出国民党。

1930年赴法留学，师从布礼德（M.Bridel）教授。

1933年获巴黎大学药学院理学博士学位，宣读博士论文《中药醉鱼草的成分研究》、报告《植物体中苷类成分的形成与变化》。

1933—1935年任河南大学理学院教授（有机化学）。

1935—1936年任教上海暨南大学（分析化学、生物化学），兼任上海同德医学院化学教授。

1936年两赴南京，营救共产党员马适安。

1936年10月出席中国化学会和国民党政府军政部在南京组织的研究和讨论防空防毒问题的研讨会。

1936—1938年任教西北农林专科学校（现西北农学院）创建农化系，教授有机化学并兼农化系主任。

1936年参加西北农专"抗日救亡后援会"，并成为负责人之一。

1938年编著《普通化学定性分析实验教程》。

1938—1939年任国立药学专科学校（现中国药科大学）教授兼教务长，教有机化学、药物化学。

1939—1944 年任齐鲁大学教授。

1940 年创建齐鲁大学药学系,任化学系、药学系主任,理学院院长。

1941 年著《实用有机药物化学》。

1943 年在《科学世界》杂志上发表《论药学教育》,首次阐述"三三制"办学观点。

1943 年加入"唯民社"进行反蒋、抗日活动,并受地下党员薛宝鼎的指示,组织"中国西部青年科学工作者协会"并担任会长(该组织被校长汤吉禾以"是共产党的外围组织"为由解散)。

1944 年任教同济大学理学院(有机化学、高等有机化学)。

1945—1946 年组织"药专复员委员会"重建国立药学专科学校,并任校长、教授。

1946 年加入九三学社、中国民主革命同盟(小民革)。

1946—1950 年任国立北京大学医学院药学系教授(有机化学、药物化学),兼任药厂厂长。

1947 年 1 月签名赞同民主教授发表的反美反蒋宣言,于天津北洋大学发表反蒋演说《警惕秦始皇再生》,被国民党特务列入黑名单。

1947 年春,在寓所参加九三学社宴会,为中共代表团撤离北平送行。

1947年任国立北京大学医学院药学系系主任。

1947年创办药学刊物《北华药讯》。

1947年联合赵燏黄、周冠军重组中国药学会北京分会，任分会理事长、中国药学会第十三届副理事长。

1948年掩护地下党员张昕若等人脱险。

1949年5月14日组织并出席"全国科学会议筹备会第一次促进会"并在其后的自然科学工作者代表会议筹备会中参与政协提案组的会议讨论。

1949年6月17日，许德珩、薛愚、黄国璋、潘菽、笪移今等五人联合署名起草的《九三学社概要》在中南海新政协筹备会议中通过。

1949—1954年任中国人民政治协商会议全国委员会第一届委员。

1949年9月21日代表九三学社出席中国人民政治协商会议第一届全体会议，在中南海怀仁堂受到毛主席的亲切接见。

1949年11月应卫生部邀请，编纂《新中国药典》。

1950－1988年任北京医学院药学系主任、教授。

1950年3月，九三学社恢复中央理事会，薛愚任中央理事。

1950年12月任九三学社中央理事会常务理事。

1951年3月，九三学社北京市分社成立，薛愚任主任理事。

1950—1957年任北京市人大代表、市人民政府委员。

1951年出版《医用有机化学》。

1952年续任九三学社北京市分社主任理事。

1953年5月23日出席维也纳世界卫生和平大会。

1954年出席印度科学年会，作《中国文化遗产——中药》的报告。

1954—1959年任第一届全国人大代表大会代表。

1955年出席巴基斯坦科学年会，作《中国药学现状——教育和生产》的报告。

1955年参加中国科学院访日代表团，作报告介绍新中国药学事业的发展和药学教育的现状。

1956年任中国药学第十四届理事长。

1957年被错划为右派分子，被撤销国立北京大学医学院药学系系主任职务并停止授课，其间进行了60余种芳香性中药挥发油的含量测定及特性方面的研究，编写再版《医用有机化学》《中国炼丹药化学史》等著作（因"右派"问题均未能发表）。

1958年出版《中药简史》（叶剑英元帅作序）。

1959年摘掉"右派"帽子。

1959—1964年任第一、二届中国人民政治协商会议全国委员会委员。

1969—1984 年任中国人民政治协商会议全国委员会委员（第三届、第四届、第五届）。

1979 年 1 月党的十一届三中全会召开后得到平反。

1979 年与李维桢、陈新谦提出组建中国药学会药史专业委员会，编写《中国药学史料》。

1979 年至 1988 年任北京医学院药学系（今北京大学药学院）名誉系主任。

1982 年出版《中国药学会史》。

1983 年 9 月 22 日任中国药学会药史专业委员会第一届名誉主任委员。

1983 年拟定文章《对中国药学教育的设想》。

1984 年任中国药学会第十七届名誉理事长。

1984 年 5 月加入中国共产党。

1984 年 10 月 18 日中国药学会、九三学社中央医药工作委员会、北京医学院在政协礼堂联合为其举行纪念会以表彰其卓越成就。

1987 年出版《中国药学史料》。

1988 年 1 月 17 日逝世于北京。

1988 年 1 月 29 日《人民日报》刊发讣告，全国政协副主席杨静仁、中国科学院原副院长周培源和首都各界人士 400 余人在八宝山革命公墓，参加薛愚的遗体告别仪式。

主要成就

1. 社会活动

1.1 爱国民主活动

薛愚从青年时期开始一直积极参加爱国民主活动。

1919 年薛愚作为学生代表与樊城驻守军阀谈判。

1925 年薛愚在鸿文中学发表进步演讲。

1926 年薛愚在清华大学加入进步学生组织"大地社"。

1936 年薛愚营救共产党员马适安;参加西北农专的"抗日救亡后援会",为前线筹款。

1943 年在齐鲁大学参加进步组织"唯民社",并组织"中国西部青年科学工作者协会"。

1946 年薛愚参加了九三学社和中国民主革命同盟,积极投身中国共产党领导的爱国民主运动。

1947年5月22日，在北平的九三学社社员袁翰青、薛愚、樊弘等联合28位教授共同发表了《北京大学教授宣言》。该宣言代表了薛愚等进步学者、民主教授对时局的关心和立场，具有民主性、先进性。同年，他又接受地下党员沈渔邨同志的指示，于天津北洋大学发表反蒋演说《警惕秦始皇再生》。

1948年6月29日，九三学社社员许德珩、樊弘、袁翰青、薛愚、严济慈，与其他民主人士如吴晗、张昕若等104名北平各大高等学府的教授联合发表宣言，抗议轰炸开封，有力打击了国民党的法西斯气焰，对于保护城市中的古文化遗产有相当的积极作用。

1949年1月17日，薛愚与许德珩等民主教授共同代表北平文化界人士发表《北平文化界民主人士拥护毛泽东八项主张》，敦促傅作义投降，促进北平的和平解放。

1949年新中国成立后，薛愚受到党和人民的关怀信任和各方面的重视，先后任全国人大代表、全国政协委员、九三学社中央常委，在多党合作、参政议政工作中发挥了重要作用。

1.2 学术交流活动

1.2.1 创、编药学期刊

药学期刊是发表药学科研成果、开展国内外学术交流的重要园地,是促进药学学术发展的有力工具,是发现和培养人才的"大学"。在半封建、半殖民地的旧中国,也曾短暂出现过一些药学期刊,但由于国民政府轻视科学文化事业,故新中国成立前出版的药学期刊数量极少,且时办时停,无一本期刊能够保持正常出版。

1949年,薛愚创办药学学术期刊《北华药讯》。该刊最初为四开报纸,由北京中国药学会(现中国药学会北京分会)主办,薛愚任发行人兼常务编辑,至1950年改为月刊。主要内容有专题论述、技术介绍、基本科目讲座,国内外药学发展动态、通讯消息等。

1952年,中国药学会将《北华药讯》并入《药学通报》。根据全国科协调整学术期刊的指示,药学会将各地药学会及药学机构主办的期刊加以整合,最终在北京创办两份全国性学术期刊。一份为以体现我国药学学术水平、发表研究论文为主的《药学学报》,薛愚任编委会召集人。其内容以药物合成、药物分析、药理、植化、药剂、生药等方面的研究论文及研究简报为主,间有综述、述评、学术动态等文章,附有英文摘要。[1] 另一份则是将提高与普及相结合、注重交流技术经验的《药学通报》,薛愚主编的《北华药讯》并入《药学通报》。

---

[1] 陈新谦:《我国药学期刊简史》,《药学通报》,1982年第17卷第10期,第34—37页。

1.2.2 对外交流活动

1953年5月,薛愚出席维也纳世界卫生和平大会,并赴捷克斯洛伐克及苏联进行参观访问。① 在世界卫生和平大会上,中国代表团作了题为《战争对于人类健康的影响》的报告,大获好评,印度代表说:"我希望中国第一个五年建设计划成功。它将给印度36500万人民以更大的鼓舞,我们一定要走中国的路。"② 报告还纠正了一些资本主义国家代表在反动统治者的歪曲宣传之下产生的对新中国的错误认识,如一位西德的代表说:"要不是亲自与中国代表谈话,真不知道新中国进步的真实情况。"③ 此次交流活动对中国的外交形象具有积极意义。

1955年,薛愚作为中国科学院代表团成员参加印度科学大会。印度科学大会第42届年会于1955年1月4日到1月10日在巴罗达举行。应印度政府和印度科技大学协会邀请前往出席印度科学大会协会第42届年会的中华人民共和国科学院代表团,在1954年12月29

---

① 大会原定于1951年9月在意大利首都罗马召开,由于受到意大利反动政府的阻止,改于1952年10月在意大利北部温泉召开,再次受到意大利反动政府的阻挠。最终定于1953年5月23—25日在奥地利首都维也纳召开。
② 薛愚:《参加世界医学会议纪要》,《科学通报》,1954年第1期,第70页。
③ 同上。

日到达新德里。代表团由首席代表钱端升,代表侯德榜、狄超白、汪胡桢、薛愚等组成。① 这些学术交流活动为世界了解我国药学教育事业的发展起了积极的作用。

1955 年,薛愚赴日本访问参观,作报告介绍了中国药学事业的发展与药学教育的现状,并且促成中国药学会与日本药学会建立了初步联系。

中日两国于 1972 年 9 月 29 日恢复建交,但早在 1955 年末已经有中国访日科学代表团开始对日开展交流活动。万隆会议结束不久,国际上的反动势力屡屡阻挠我国代表团的活动,但代表团不辱使命,不仅向国际社会展示了新中国的科学、文化事业,并向世界展示了新中国的外交政策和友好态度,更直接促进了中日友好,推动了中日文化和科学交流。②

这一系列的访问交流活动,为世界了解中国药学界和促进中国药学界的发展提供了机会,同时一定程度上消除了国家之间的隔阂,对新中国成立初期的外交工作发挥了积极作用。

1.2.3 参加社会组织

20 世纪 30 年代初,薛愚参加了中国化学会、中国

---

① 《人民日报》1955 年 1 月 2 日。
② 葛庭燧:《热爱祖国,献身科学》,《院士成才启示录》(上),广州:广东科技出版社,2003 年,第 75 页。

化工学会、中国药学会、中国科学社、中国科学工作者协会等团体，从事学术活动，并担任某些领导职务。①

30年代初（赴法留学期间），薛愚参加法国生物化学学会。

50年代，薛愚联合赵燏黄、周冠军等人重新组织中国药学会北京分会，并被选为分会理事长。中华人民共和国成立以后，也是薛愚力促中国药学会迁到北京。

1956年，薛愚被选为中国药学会第十四届理事长，在薛愚的领导下，中国药学会工作成果丰硕：推动药学院系及中药系开设药学史课程；组织委员为中国中医研究院研究生班讲本草史课程；参加有关专业研究生的毕业论文考评；组织力量对中国药学会会史进行整理研究；编辑《李时珍研究论文集》书稿（1985年湖北科技出版社出版）；编辑《药史及本草研究专辑》（作为《中国药学杂志》增刊，1992年10月出版）；筹办药史本草期刊等。②

1979年，薛愚等人向中国药学会第16届大会正式提出成立药史学会的提案。1982年4月24日，中国药学会举行的常务理事会议上决定成立药史学会筹备组，

---

① 中国科学技术协会编：《中国科学技术专家传略：医学编：药学卷（一）》，北京：中国科学技术出版社，1996年，第49—50页
② 郝近大，陈新谦：《10年回顾纪念药史专业委员会成立10周年》，《中国药学杂志》，1994年8月第29卷第8期，第503、504页。

薛愚、马继兴、陈新谦为筹备组负责人。1983年9月22日，委员会正式组建，薛愚出任第一届名誉主任委员。该委员会主要为推动药学院系及中药系开设药史课程以及对中国药学会会史进行整理总结，同时，在维护中国药学会宗旨，发展组织，团结会员，开展学术活动，培养人才方面均有所建树。1987年，委员会出版《中国药学会史略》一书，收载中国药学会自1907年建会起至1986年近80年间的学术活动，如实反映了中国药学会的变迁与发展经过，为研究我国药学会发展的历史沿革提供了宝贵的资料。

1.3 九三学社组织工作

1950年以前，九三学社尚无专门办公地点，薛愚受许德珩委托，替九三学社购置了位于颁赏胡同4号的办公地点。后薛愚又参与组建九三学社北京市分社（现九三学社北京市委员会），并任第一届主任理事（现主任委员），为九三学社的组织建设贡献力量。

九三学社北京市分社第一次代表大会于1952年12月27日召开。会议选出第二届分社委员会，薛愚当选为主任委员，劳君展、王之相为副主任委员，陈明绍为秘书长。北京市分社成立时，建立了11个支社筹备组，1951年6月成立了北大区第二支社和林垦部支社，

1951年12月相继成立了文化部支社和北大区第一支社，1952年底已成立22个支社和小组，1956年底又建立了12个基层组织，1957年底北京市分社共有基层组织共41个。北京市分社在薛愚的组织领导下，社员人数逐年增加，至1956年时有社员832人；1957年1087人，比1951年增加了5倍；社组织发展呈现出蒸蒸日上的局面。

薛愚在对北医的九三学社组织建设方面也提供了很多指导帮助，北医许多药学专家如方亮等人，均是通过薛愚加入九三学社。1951年九三学社北京大学医学部（当时为北京大学医学院）小组成立时，虽只有十几名社员，但为医学部最早的民主党派组织。至目前为止，北大医学部九三学社发展了400多人，无论在本职工作还是党派工作，方方面面都取得了显著的成绩，做出了突出的贡献。[①]

2. 药政建议

薛愚认为，我国药学领域的乱象主要是以下几个方面，"缺乏药学人才，科学管理水平不高，药品质量标准不能保证"；"基层单位医药人员比例失调，尤以中药

---

① 顾芸在"纪念薛愚教授诞辰120周年座谈会"上的讲话。

行业是重灾区,不仅人数少,而且水平低";"药剂工作存在'三低一乱'现象,即药剂人员水平低,药品质量低,工作效率低、差错多;乱是指药品管理混乱"。导致这些问题的根源在于:中央卫生部药政司人员太少,方针制度不健全,中央与地方药政被轻视,药品的生产、供销和使用分属几个部门,人民用药得不到保证,卫生部希望药学会起什么作用不明确。

薛愚还首次提出药品质量问题,认为保证药品质量,不仅在外部,更要关注内部,故建议如下:

2.1 建议成立药品生产委员会

建议成立药品生产委员会,由权威专家组成,对制药流程进行标准化规定,解决化学药品存在的药品质量问题。例如:药品合成路线的规定;所用原料药、试剂中杂质的规定;仪器及溶剂的规定;冲洗、烘干、温度等操作的规定。此外,还建议对药品包装、运输进行检查,标签上注明出厂及有效日期;建议药厂内检,内检完毕后再送政府规定的合法机构进行抽查。[①]

2.2 建议成立药品质量审批委员会

建议成立药品质量审批委员会,委员会可对生产机

---

① 薛愚,孙定人:《我们要药我们要好药——热烈拥护〈中华人民共和国药品管理法〉》,《中国医院药学杂志》,1985年第5卷第7期,第44-46页。

构颁发生产执照，但保留审批权，对社会上应用的生产药品，加强执照管理权，以加强监督。任何环节发现问题，委员会可随时撤销其执照、令其停止生产，并建议成立"三致"委员会，监督药品生产"致癌""致畸""致突变"的情况，发现相关问题令其停止应用、禁止生产。①

薛愚的许多宝贵建议，在当时都因"右派"问题及"文革"的原因未获实施，但由现在所实施的许多药政措施来看，薛愚的建议是十分先进和准确的。

3. 药学教育成就

薛愚从事教育工作 60 余年，严谨认真，一丝不苟，讲授过有机化学、药物化学、生物化学、分析化学、普通化学、药剂学、调剂学、药学概论等科目的课程。早在 1943 年，薛愚就发表了《论药学教育》，首次系统阐述了他的"三三制"办学思想，就如何发展我国的药学教学事业提出专业见解，为我国现代药学教育奠定了坚实基础。这之后，薛愚又发表了《再论药学教育》《中

---

① 薛愚，孙定人：《我们要药我们要好药——热烈拥护〈中华人民共和国药品管理法〉》，《中国医院药学杂志》，1985 年第 5 卷第 7 期，第 44-46 页。

国药学建设纲要》等文章，对我国药学事业提出了长远的规划，引起了药学界的广泛重视。[①]

3.1 "三三制"办学思想

1943年，薛愚在《科学世界》上发表《论药学教育》一文，阐述了"三三制"办学思想。该思想旨在改变以往"一揽子教育"的状况，建议分设生药学、药物化学、药品检验等三个专业，以培养各类专门药学人才。这一套较完整的药学教育思想和具体措施，对药学界产生深远影响。

"三三制"即三级制、三系制、三关制。

三级是指药学教育应分初、中、高三级分别培养专门人才，即：药剂科培养药剂生，使其具有调剂能力；药学院培养药师，使其具有药学特长及药师的专门技能；药学研究院培养具有发明创造能力的专家及研究人员，使其具有发明新药与整理国药的才能。

三系制是指药学院应设立药物化学系、生药学系及药理系。药物化学系培养学生作药师，并具有药品制造和检定的技能；生药学系培养的学生除作药师外，并具有整理及检定国药的能力；药理系培养的毕业生除作药师外，并具有解决药效、毒药检定及解毒的能力。按照

---

① 顾芸在"纪念薛愚教授诞辰120周年座谈会"上的讲话。

上述三个专业培养人才，以满足社会和科学发展的需要。

三关制指设立三个场所：学校、药房和药厂。药学校应附设最完善的示范药房，作为学生的实习基地；还应设药厂，除作为学生实习场所外，并作为制药的中心。学校借药房、药厂为实习的基地，而药房、药厂则借学校培养人才，推进生产技术，学校与社会需要密切结合。

3.2 药学教育机构建设

3.2.1 各高校药学院系建设（新中国成立前）

1940年，薛愚创建了齐鲁大学药学系，将齐鲁大学药学专修科改为药学系，学制改为四年，隶属于理学院。

1946年，薛愚争取并组织了国立药学专科学校复员南京，为药专以后的发展奠定了基础。

1947年，薛愚任国立北京大学医学院药学系主任时，聘请优秀专家教授，制订教学计划，改革课程设置，并向教育部医学教育委员会争取到诸多贵重仪器、药品等；同时聘请高级工程师负责药厂工作，扩大、健全药厂作为学生的实习基地，为学生理论联系实际创造条件，使基础薄弱的药学系教师阵容不断加强，仪器设备不断扩充完善，教学质量日益提高。

3.2.2 北医药学院建设(新中国成立后)

薛愚 1946 年起受聘于北京大学医学院药学系,一年后担任系主任。新中国成立之初,北京医学院从北京大学独立出来以后,薛愚上书毛主席,确定了北医药学系在菜园的基地。后薛愚又聘请当时刚刚回国的王序、楼之岑等著名学者,不断壮大北医药学系的师资队伍。建立了药学实验室,添置了仪器设备,扩张了图书馆,使药学系的规模不断扩大。薛愚还根据国家建设的需要改变了以前一揽子的教学状况,分设了生药学、药物化学、药品检验学三个专业,培养各类人才,其中许多人都已经成为建设中国药学事业的骨干。①

在课程设置方面,薛愚建议应增加实验课时,加强基础理论知识学习,实行"学分"制,增开选修课,添设"药政管理""医德教育"等学科,使课程设置更加科学合理,更加注重药学教育的实用性。

薛愚的"三三制"办学思想曾指出,在药学机构上,应使学校、药房、药厂三大机构互相联合,相辅相成,目前许多药学院校都是按照薛愚提出的机构设置发展的。同时,药学专业应细分为药化、生药、药理三大类别。以北医为例,在办学历史上对专业的设置有过一些调整,

---

① 顾芸在"纪念薛愚教授诞辰 120 周年座谈会"上的讲话。

学制也有过一些变化,但是药化、生药和药理到现在为止都是北医药学院的传统强势学科,徐萍评价说:"北医药学院现在有药学二级学科7个,但是我们其中有三个是国家重点学科,这三个重点学科就是药化、生药和药理,也是薛先生当初打下的底子,所以,应该说薛先生的药学教育思想对我们药学界有很大的影响。"[①]

3.3 对药学教育的建议

薛愚认为,现行一般药学教育是机械地学习苏联,教学计划课程种类过多,基础科学和理论科学不够,因而使学生负担过重,学习无重点,更谈不上具有初步科学研究的能力,应有所改变;1983年,薛愚拟定《对我国药学教育的设想》一文,对中国药学教育的领导机构、学校的建设、专业的设置、教学内容与考试制度的改革等方面内容提出了宝贵的意见和建议,对中国的药学事业提出了较长远的规划和建设性的意见,引起药学界的广泛重视。

> 薛愚自述:党的十一届三中全会总结了历史的经验,制定了一系列方针政策,推动了科学事业的发展。药学和其他学科一样,重新走上了健康发展

---

① 徐萍在"纪念薛愚教授诞辰120周年座谈会"上的讲话。

的道路。药学工作人员、专家教授，频频出国参观学习访问，"取人之长，补我之短"，在报刊上作了不少有参考价值的报道。从这些报道中，获得不少教益。1983年，我在《药学通报》上曾发表了一篇《对我国药学教育的设想》的文章，根据世界药学先进国家的药学教育及我国的实际情况，提出了以下建议供参考。

（一）在领导机构内设立药学教育委员会。

（二）扩大药学教育场所，从多方面加速培养人才。

（三）有条件的药学院校，成立研究所或专门实验室，培养高级药学人才。

（四）根据国家需要，设置不同专业，注重学生的基础理论知识和实验技能方面的教育。

（五）高级药学教育实行"学分"制，打破学年制，多设选修课，不需要法定教材，以利于专家、教授发挥自己的特长。

（六）专科以下的学校，有统一教材，不设选修课，但可参加新药讲座。

（七）药学院校，包括专科学校宜独立存在。

（八）应加设药物管理、社会药学、药学史及药学道德等课程。

（九）加强医院药房及街道药房的设备，使药师有用武之地，安心工作。[①]

薛愚认为，我国高等院校药学系数量仍然太少，质量也偏低，体现出对药学工作仍缺乏相应的重视，存在认识上的误区。[②] 薛愚所提的这些问题，是从旧中国始一直限制中国药学事业发展的历史性问题，一针见血，体现出对药学发展的深刻了解和深切关心。

薛愚自述：1985年，中华人民共和国《药品管理法》公布之际，我与孙定人同志协作在《中国医院药学杂志》（5卷7期，44页）发表了《我们要药我们要好药》的文章，表示拥护《药品管理法》。我认为保证药品质量十分重要，是关系到人民生命安全的大事，应加强内部的检查，即"内检"与"外查"相结合。为了确保药品的内在质量，我提出以下建议：

（一）成立药品生产委员会：由各种专业的专家组成，包括药学、化学、医生、工程师等，对合

[①] 薛愚口述，王广生整理：《我走过的路》，九三学社中央研究室编：《中国科学家回忆录（第二辑）》，北京：学苑出版社，1990年，第82页。
[②] 薛愚：《对我国药学教育的设想》，《药学通报》，1983年第18卷第2期，第67—69页。

成药物的原料、工艺、设备、生产环境、条件、包装、贮运等项目进行检查，政府机构例如药品检定所及用药机构例如医院药房等，也有药品检查权。

对传统中药、新研制的天然药物，在药物的品种、生产工艺、剂型、赋型剂等各个方面也要经过生产机构、政府机构、使用机构等多层次的严格检查。

（二）成立药品质量审批委员会：药品生产经过"内检""外查"和质量审批以后，可发给生产许可证，但药品仍然要随时进行检查，发现不合格药品，可随时停止其生产，或撤销其"专利"。

（三）成立"三致"委员会：药品的"致癌""致畸"和"致变"的作用，关系到用药者的安全，甚至延及后代子孙，必须引起重视。对药品的这些作用，应进行严格的审查。[1]

1985年，薛愚与孙定人共同发表文章《我们要药 我们要好药——热烈拥护〈中华人民共和国药品管理法〉》，对药学教育事业提出重要建议：

3.3.1 建议成立药学教育委员会

建议成立药学教育委员会，以解决开会讨论药学问

---

[1] 薛愚口述，王广生整理：《我走过的路》，九三学社中央研究室编：《中国科学家回忆录（第二辑）》，北京：学苑出版社，1990年，第83页。

题不知由哪个部门负责以及"有医无药"或医药混淆的乱象。

3.3.2 建议建立药物研究所或研究室

建议有条件的院校建立研究所、研究室，并应能够授予硕士、博士学位，为培养更多药学领域高端人才填补人才缺口。

3.3.3 执业资格审查

毕业生需通过药师考试方能执行药师职务，保证药学工作人员的素质。

此外，薛愚关于"医药协调、同步并进"的建议获严济慈批示："经过修改的药政法草案比前一稿好多了，希望这次常委会能审议通过，现在对药学重视不够，药师应该同医师一样受到尊重，药学的作用同医学的作用是分不开的，应该将药学的地位提高到医学一样，药政法应该明确药剂人员的职称。要提高药师的社会地位和待遇，鼓励学生报考药学专业，发展中西药的研究工作。"

4. 个人学术成就

4.1 中药研究

薛愚是我国较早应用现代化学方法研究中药的学者之一。1932年在法国，薛愚从醉鱼草中提得醉鱼草素甲及醉鱼草素乙，并分别测定其化学结构，研究其理化性质。薛愚在《新中国的药物研究》一文中回顾新中国成立以来整个药学行业的研究进展时说："在我国，药物研究工作主要是结合制药生产、防治危害人民健康严重的疾病，以及发掘和发扬祖国的科学文化遗产——中药而进行的。"并对药学和中药学的发展方向提出了建议。

4.1.1 中药挥发性成分研究

薛愚在清华大学和齐鲁大学任教期间，进行了茶叶、人头发、川芎、汉木鳖子等中草药化学成分的研究，他所做的中药材中挥发油成分含量测定的结果，在之后很长一段时间内都作为相关研究的实验资料被引用。同时，薛愚还设计了简易的挥发油含量测定器，被普遍认为优于 Cocking 与 Middleton 的测定器（科金及米德尔顿氏测定器），具有操作简便、省时、效率高等优点。

1954 年前后，薛愚在北京医学院任教时，进行了 60 余种中药的挥发油含量测定及理化性质鉴定的研究，并整理总结实验结果送交北京医学院学报编辑部（因他被错划为"右派"的缘故，未予发表且底稿未退并丢失）。

4.1.2 中药含量测定研究

薛愚在中药含量测定方法的研究方面，总结了对中药有效成分、合成药物和抗生素的含量,以及各类药物的毒性和疗效等的测定方法,如:比色、电位滴定、极谱分析、光电比色、色层分离、纸层析离、毛管分析和生物测定法等,[①]将分析化学应用于中药研究中,通过化学、物理、生物等方法,对中药含量进行测定,这些方法在中药研究中至今多有沿用。

4.2 合成药物研究

薛愚认为,限制我国药物生产和新药物寻找的制约因素主要是:基本有机工业落后,制药所必需的原料及合成药物的中间体缺乏,故,"合成药物的研究工作,是结合我国制药原料和工业生产条件等具体情况进行研究的,使已知的药物在我国能顺利地进行生产,已使过去药物几乎完全仰给于外国的情况,转变为80%的药物按价格能够自给自足,为我国制药工业在第二个五年计划内使药物基本上达到完全自给自足打下良好而稳固的基础"。[②]

[①] 薛愚:《新中国的药物研究》,《药学通报》第4卷第10期,第436—439页。
[②] 薛愚一直强调研究适合我国原料供应情况的合成药生产,这不论是对和平时期保障人民用药还是战争时期应对药品管制都是非常重要的,因此发展基础有机工业是当时药学发展的一个重要环节。不过,同时也应看到,1952年我国自主合成治血吸虫病的非金属化合物氨苯氧烷类化合物,而在国外,该类化合物疗效的相关论文1955年才发表。

4.3 专著及论文

4.3.1 出版专著

《普通化学定性分析实验教程》，成都：正中出版社，1941年

1938年，薛愚编著的《普通化学定性分析实验教程》，由成都正中出版社出版并再版数次。该教程主要是帮助学生进一步理解理论知识，丰富对基础化学的感性认识，掌握定性分析的基本知识和化学实验的基本方法和技能，培养学生正确的实验习惯和实事求是的科研态度，提高分析问题和解决问题的能力。内容上，该书收集了普通化学及分析化学领域中的一些基本化学实验，并包括部分有机化学、应用化学及军事化学方面的实验。

实验教程的编写，与薛愚一贯注重实际效果的教育理念是完全一致的。理论研究的最终目的是投入生产，不能够在实验中生产的药品在工厂中更加不可能获得，而定性实验是所有以生产为目的的实验的基础。在今天的药学课程设置中，实验课所占有的学时与理论课相当，很大程度上得益于薛愚对实际操作的重视。

《中国炼丹药化学史》（未出版）

1964年，薛愚完成近25万字的《中国炼丹药化学

史》一书。该书旨在发现中国古代化学研究进展，以便结合现代化学理论和技术，发展适合中国实际情况的化学研究。中国古代对物质存在方式的认识，与现代化学理论有着一定的相似性和相通性。通过对炼丹术化学的研究，有助于恢复、再现许多古代用药经验方法，并利用化学理论加以验证和改造。可惜受"文革"影响未能出版。

《中国药学史料》，北京：人民卫生出版社，1979年

《中国药学史料》，1979年出版。该书主要整理研究中国药学史，深入了解我国药学发展的历史过程，试图发掘发展规律，对我国社会主义医药事业的发展具有指导作用。

新中国成立以来，我国医药史的研究有一定的发展，但从出版情况来看，药学史书籍却非常匮乏，不足以梳理药学发展情况。在此背景下，薛愚编撰出版了《中国药学史料》。该书内容丰富，脉络清楚，在一些有争议的问题上提出了自己的观点，具有填补空白的重要意义，常被药学史、科技史研究者所引用。但该书只收载了下迄1949年的中国药学发展史，新中国成立后的药学发展情况未见收载。且由于是该领域内首部著作，

也存在一些待完善之处。① 但须承认，这是在我国药学史领域具有划时代意义的一部著作。

《中国药学会史略》，北京：中国医药科技出版社，1987年

《中国药学会史略》，1987年出版。该书收载了中国药学会自1907年建会②起至1986年近80年的学术活动史实，反映了中国药学会的变迁与发展经过，为研究我国药学会发展的历史沿革也提供了宝贵的资料。

《实用有机药物化学》《医用有机化学》，上海：商务印书馆，1959年

有机药物化学除了与药物的化学合成息息相关，药物化学中的许多原理也是从有机化学发展而来，迄今仍保留着有机化学的印记。近年来，生命科学和信息科学介入新药创制，在策略、技术和方法上实际上也都与传

---

① 金生：《读〈中国药学史料〉第三编》（薛愚主编，人民卫生出版社1984年出版），《药学通报》，1986年第21卷第12期，第750-752页。文中说，近代药学史分期问题，似以医史学界重大事件分期，而不以史学界分期更妥，对所提及"东方药学""西方药学"也为清晰定义，易引起误解。但薛愚一贯认为药学与国家安全息息相关，且中国药学之发展确有异于西方，受战局和政局影响极大，故笔者认为以史学分期更为妥当。文中还提到关于薛愚书中"东方""西方"表述不清楚等问题，具有一定研究价值。
② 中国药学会于1907年由留日药科学生王焕文、伍晟、曾贞、胡晴崖、鲍燝、赵燏黄和蔡钟杰创立于日本东京。另有说法认为成立时间应按照正式成立组织并且具有完备的组织章程和组织结构为准，即1908年的第一次会议为准，在此之前为召集过程。

统药物化学相融合,虽然新药研究的模式已经改变,但有机化学仍是药物化学重要的基石。

1941年上海商务印书馆出版的《实用有机药物化学》和1951年上海商务印书馆出版的《医用有机化学》,分别从"医""药"两个角度对有机化学进行系统讨论,与薛愚"医药不分家""医药并重"的思想一致。

其中,《实用有机药物化学》一书,对日常重要药物的制法、性质、鉴定及效用等进行详述,具有较强的实用价值,不仅可以作为教科书,也可作为制药工业方面的参考书,对中国早期药物化学的发展起了奠基作用。

《医用有机化学》一书,是薛愚集8年教授医科学生有机化学的经验,取材于巴氏(G. Banges)等的医用有机化学及有机化学的书籍,并补充了维生素类、微生物产物等方面的内容编辑而成(宋之琪,《薛愚传》,《中国现代医学家传(第二卷)》,P47),是中国第一部医药院校专用的有机化学教科书。该书除详述有机化学的一般理论外,还尽量结合中国的实际,介绍国内有关有机化合物及天然资源等内容,曾先后再版6次。

注:薛愚编撰之著作,尚有《化学元素史》亡佚;未完成专著《中国药学教育史》及《治疗心血管疾病药物化学》,因薛愚病故未完成及出版。

参与编撰《中华人民共和国药典》

1949年11月，薛愚作为药学界专家参与编撰《中华人民共和国药典》。时任华东区卫生部宫乃泉部长根据中央卫生部的指示提出，"要结合国情，编制一部具有民族化、科学化、大众化的药典。"会议确定了药典收载品种的原则，即疗效比较确切、医疗常用、具有一定的检测方法能控制质量、国内能生产或可能生产的药品尽量收载。李宗恩、张孝骞、薛愚、林启寿等30人进行了座谈，讨论药典收载品种的遴选原则和推荐品种等。

由于国民党政府遗留下来的医药工业基础太差，药厂生产的原料药极少，新中国成立初期我国制药工业以制剂加工品和少量成药生产为主。在这种情形下，药典编纂只能参考英、美、日等国药典，并根据原国民党政府准备编制第2版《中华药典》尚未完成的部分草案作为基础起草，草稿分批印发给委员和有关单位征求意见。[①]

4.3.2 发表论文

1931年，桑叶与蚕茧之分析．科学，1931，5（2）：37－42．

1936年，醋化醉鱼草碱素之研究．暨南学报，1936，1（1）：229－244．

---

① 袁士诚：《话说药典》，《药物与人》，1997年第10卷第5期，第7–9页。

1942年，茶的化学．科学世界，1942，11（3）：161－178．

1942年，茶的药理．科学世界，1942，11（4）：225－234．

1943年，汉木鳖子之研究．中国药学会会志，1943，1（1）：11－16．（与林启寿合著）

1943年，整理川药．科学世界，1943，12（1）：55－60．

1943年，论药学教育．科学世界，1943，12（5）：233－238．

1944年，草药人头发之初步研究．中国药学会会志，1944，1（1）：8－12．（与石瑞荣合著）

1944年，川芎之研究．中国药学会会志，1944，2（1）：3037．（与何国英合著）

1947年，再论药学教育．医药学，1947，1（6）：9－11．

1949年，三论药学教育．北华药讯，1949，1（4）：1．

1949年，迎接伟大的新时代．北华药讯，1949，2（2）：1．

1950年，药学建设之我见．北华药讯，1950，2（2）：24－28．

1950年，向苏联学习药学建设．北华药讯，1950，

2（4）：71－78.

1953年，捷克斯洛伐克药学工作者怎样建立起来他们的药学事业完成药物自给的任务（出席维也纳世界医学会议参观捷克苏联报告之一）．中国药学杂志，1953，11：427-429.

1953年，学习苏联整理中药（出席维也纳世界医学会议参观捷克苏联报告之二）．中国药学杂志，1953，12：475-478.

1953年，学习苏联研究草药的经验．江西中医药，1953，03：5-8.

1954年，捷克斯洛伐克的药学教育．中国药学杂志，1954，01：35-37.

1954年，中国药学文摘一、引论．中国药学杂志，1954，01：27-31.

1954年，参加世界医学会议纪要．科学通报，1954，01：70-71.

1954年，引论（二）．中国药学杂志，1954，02：69-71.

1954年，中药研究中色层分离法的应用（二）常山．药学学报，1954，02：113-120.（与林启寿、韩桂秋合著）

1954年，我所看到的苏联药学研究与教育工作．科学通报，1954，02：20-22.

1954年，引论（四）.中国药学杂志，1954，03：110-113.

1954年，中国药学文摘二、文献内容摘要（一）.中国药学杂志，1954，06：246-248.

1954年，用实际行动拥护人民自己的宪法.中国药学杂志，1954，07：269-271.

1954年，中国药学文摘二、文献内容摘要（二）.中国药学杂志，1954，07：298-300.

1954年，中国药学文摘二、文献内容摘要（三）.中国药学杂志，1954，08：267-270.

1954年，中国药学文摘二、文献内容摘要（四）.中国药学杂志，1954，09：328-331.

1954年，中国药学文摘二、文献内容摘要（五）.中国药学杂志，1954，10：437-438.

1954年，用实际行动来拥护中苏会谈公报.中国药学杂志，1954，11：467-468.

1954年，中国药学文摘二、文献内容摘要（六）.中国药学杂志，1954，11：488-491.

1954年，对新制订的药学院教学计划的认识.中国药学杂志，1954，12：524-525.

1954年，怎样认识中药和研究中药.药学通报，

1954，12：9-13.

1955年，中国药学文摘二、文献内容摘要（七）．中国药学杂志，1954，12：549-550.

1955年，中国药学文摘二、文献内容摘要（八）．中国药学杂志，1955，02：75-76.

1955年，中国药学文摘二、文献内容摘要（九）．中国药学杂志，1955，03：121-122.

1955年，整理和研究祖国科学文化遗产——中药．中国药学杂志，1955，3（1）：5-9.

1955年，对于抗生素研究和教育工作的意见．中国药学杂志，1955，04：151-155.（与马誉徵，刘培楠合著）

1955年，中国药学文摘二、文献内容摘要（十）．中国药学杂志，1955，04：173-174.

1955年，巴基斯坦科学促进会第七届年会．科学通报，1955，05：68-70.

1955年，中国药学文摘二、文献内容摘要（十一）．中国药学杂志，1955，05：214-215.

1955年，中国药学文摘二、文献内容摘要（十二）．中国药学杂志，1955，06：270-271.

1955年，中国药学文摘二、文献内容摘要（十三）．中国药学杂志，1955，07：310-311.

1955年,团结在中国共产党和毛泽东主席的周围为实现"发展国民经济的第一个五年计划"而努力.中国药学杂志,1955,09:386-389.

1955年,中国药学文摘二、文献内容摘要(一四).中国药学杂志,1955,11:518-519.

1955年,中国药学文摘二、文献内容摘要(一五).中国药学杂志,1955,12:561-562.

1956年,中国药学文摘二、文献内容摘要(一六).中国药学杂志,1956,01:35-37.

1956年,中国药学文摘二、文献内容摘要(一七).中国药学杂志,1956,04:172.

1956年,中国药学文摘二、文献内容摘要(一八).中国药学杂志,1956,05:150.

1956年,中国药学文摘二、文献内容摘要(一九).中国药学杂志,1956,06:180.

1956年,中国药学文摘.中国药学杂志,1956,08:369-370.

1956年,对于一般药学教学计划的几点意见.中国药学杂志,1956,10:465-467.

1956年,我国药物研究工作的进展.人民军医,1956,10:83-85.

1956年,新中国的药物研究.中国药学杂志,

1956，10：436-440.

1956年，中国药学文摘二、文献内容摘要（二〇）．中国药学杂志，1956，12：553-555.

1957年，中国药学文摘二、文献内容摘要（二一）．中国药学杂志，1957，01：28.

1957年，大胆揭露，协助反右．中国药学杂志，1957，06：242-243.

1982年，中国药学会成立七十五周年有感．中国药学杂志，1982，12：3.

1983年，对我国药学教育的设想．中国药学杂志，1983，02：3-6.

1985年，我们要药我们要好药——热烈拥护《中华人民共和国药品管理法》．中国医院药学杂志，1985，07：46-48．（与孙定人合著）

1986年，中国药学会成立前后存在的几个问题．中国药学杂志，1986，03：180-182．（与宋之琪合著）

1986年，我国药学教育史料拾遗．中国药学杂志，1986，10：630-632.

参考文献

专　著

1. 陈民，青莱藻：《中华民国史资料丛稿》，北京：文史资料出版社，1981年。

2. 崔月犁，韦功浩：《中国当代医学家荟萃（第一卷）》，吉林科学技术出版社，1987年。

3. 岱峻：《风过华西坝》，南京：江苏文艺出版社，2013年。

4. 高华：《红太阳是怎样升起的——延安整风运动的来龙去脉》，香港：中文大学出版社，2000年。

5. 何虎生：《毛泽东初进中南海》，北京：中共党史出版社，2008年。

6. 九三学社中央研究室编：《九三学社简史》，北京：学苑出版社，2005年。

7. 李时岳：《近代中国反洋教运动》，北京：人民出版社，1958年。

8. 李维汉：《回忆与研究》，北京：中共党史资料出版社，1986年。

9. 罗卓夫，孙敬尧：《北京医科大学的八十年》，北京：北京医科大学、中国协和医科大学联合出版社，1992年。

10. 马嘶：《紫骝斋日记》，深圳：海天出版社，2013年。

11. 穆欣：《办〈光明日报〉十年自述》，北京：中央党史出版社，1994年。

12. 齐鲁大学校友会：《齐鲁大学八十八年》，中国出版集团现代教育出版社，2010年。

13. 《齐大心声》科学版第八卷，1928年第12期。

14. 山东省档案馆，私立齐鲁大学档案：J109-01-101. 教育部立案：私立大学一览。

15. 单世联：《读李维汉〈回忆与研究〉》，《单世联文集》，和讯读书专栏馆。

16. 王世铎：《九三学社史话》，北京：社会科学文献出版社，2015年。

17. 王奇生：《党员、党权与党争》，北京：华文出版社，2010年。

18. 王学珍，郭建荣主编：《北京大学史料（第4卷）(1946-1948)》，北京：北京大学出版社，2000年。

19. 王钱国忠，钟守华：《李约瑟大典》（下），北京：中国科学技术出版社，2012年。

20. 薛愚：《入党申请书》，1981年10月5日，薛愚档案，北大医学部档案室藏。

21. 薛启亮主编，李瑗分卷主编：《中国民主党派史：九三学社卷》，河北：河北人民出版社，2001年。

22. 夏鼐：《夏鼐日记·卷6 1959—1963》，上海：华东师范大学出版社，2001年。

23. 袁翰青：《袁翰青文集》，北京：科学技术文献出版社，2001年。

24. 杨尚昆：《追忆领袖战友同志》，北京：中央文献出版社，2001年。

25. 雨儿，合金：《北大向左，清华向右》，北京：北京大学出版社，2013年。

26. 张謇：《张季子九录·自治：卷4》，上海：中华书局，1931年。

27. 赵靖：《穆藕初文集》，北京：北京大学出版社，1995年。

28. 张树军：《图文共和国年轮1949—1959》，石家庄：河北人民出版社，2009年。

29. 周一平：《毛泽东生平研究史》，北京：中共党史出版社，2006年。

30. 朱正：《1957年夏季：从百家争鸣到两家争鸣》，郑州：河南人民出版社，1998年。

31. 中共中央文献研究室编：《毛泽东年谱（1893—1949）》下卷，北京：中央文献出版社，2013年。

论　文

1. 白本：《先师仰弥高，后学共垂范——纪念药学教育家薛愚教授诞辰100周年》，《药学教育》，1994年第10卷第4期。

2. 车吉心，梁自絜，任孚先：《鸿文中学》，《齐鲁文化大辞典（教育）》，济南：山东教育出版社，1989年。

3. 陈新谦：《我国药学期刊简史》，《药学通报》，1982年第17卷第10期。

4. 陈新谦：《记解放前的药科"改院"斗争》，《药学通报》，1984年第19卷第11期。

5. 陈新谦：《我所知道的薛愚教授》，《民主与科学》，1996年第5期。

6. 陈新谦：《新谦绝句稿存》，中华诗词出版社，

2005年。

7. 陈超远，王玉：《访薛愚教授》，襄阳县政协文史资料委员会编：《襄阳文史资料第五辑：襄阳民国人物》，湖北襄樊日报印刷厂，1990年。

8. 陈新：《党外高级知识分子的导师诤友》，http://www.bj93.gov.cn，九三学社北京大学第二委员会，2014年12月23日。

9. 曹月：《教会大学的中国化研究》，硕士学位论文，陕西师范大学，2013年。

10. 戴立春：《中国第一所独立高等药科学校——国立药学专科学校》，《中国药学杂志》，1990年第25卷第12期。

11. 岱峻，严友良：《华西坝上的另一所"西南联大"》，《四川党的建设（城市版）》，2013年第9期。

12. 大学院编：《大学院公报》，《近代中国史料丛刊续辑》，台北：台湾文海出版社，1928年。

13. 董华祖：《鸿文书院二十年史略》，《襄阳文史资料（第二辑）》，中国人民政治协商会议湖北省襄樊市委员会文史工作组，1984年。

14. 范硕：《"文革"初期的叶剑英》（下），《纵横》，1999年第9期。

15. 管文娟：《从鸿文中学看教会学校在襄樊的历史

发展》,《襄樊学院学报》,2005年第6期。

16. 耿云志:《胡适年谱》,福州:福建教育出版社,2012年。

17. 葛庭燧:《热爱祖国,献身科学》,《院士成才启示录》(上),广州:广东科技出版社,2003年第1期。

18. 顾颉刚:《顾颉刚日记·第四卷》1938—1942,联经出版事业股份有限公司,2007年。

19. 郝近大,陈新谦:《10年回顾——纪念药史专业委员会成立10周年》,《中国药学杂志》,1994年第29卷第8期。

20. 胡治安:《知名民主人士的中共党籍问题》,中国艺术研究院编:《炎黄春秋》,《炎黄春秋》杂志社,2011年第8期。

21. 黄炎培:《黄炎培教育论著选》,北京:人民教育出版社,1993年。

22. 黄琳:《九三学社北京市委组织发展55年》,北京市政协文史和学习委员会,中共北京市委统战部编:《北京市民主党派工商联史料选编》(下),北京:北京出版社,2009年。

23. 《红专》1985年第9期。

24. 黄永昌:《沈阳药学院简介》,《中国高等医学教育》,1990年第4期。

25. 金生:《读〈中国药学史料〉第三编》(薛愚主编,人民卫生出版社 1983 年出版),《药学通报》,1986年第 21 卷第 12 期。

26. 季元龙:《爱国传统源远流长——读〈中国科学家回忆录〉第一、二辑》,《民主与科学》,1990 年期。

27. 焦英:《回忆鲁北鸿文中学地下党工作》,中共北京市委教育工作委员会编:《亲历抗战 北京教育界老同志抗战回忆录》,中国广播电视出版社,2005 年。

28. 季羡林:《站在胡适之先生墓前》,中国作协创研部编:《1999 年中国散文精选》,武汉:长江文艺出版社,2000 年。

29. 江沛等:《中央国家机关和民主党派中央机关摘掉一批确已改好的右派分子的帽子》,《人民日报》,1959 年 12 月 5 日。

30.《九三社讯》(一九五〇年度全国工作会议专号)1951 年第 1 期。

31. 九三学社北京市委宣传研究部:《社北京市委历次代表大会及历年重要政治活动简介》,http://www.bj93.gov.cn,2006 年 12 月 12 日。

32. 陆费逵:《中华实业界宣言书》,《中华实业界》,1914 年 1 月。

33. 陆杰华:《在纪念薛愚教授诞辰 120 周年座谈会

上的讲话》。

34. 李娟：《华西坝教会五大学联合办学研究》，硕士学位论文，西南大学，2010年。

35. 李树喜：《记忆的明灯永亮——老医药学家薛愚怀念叶剑英同志》，《光明日报》1986年10月31日。

36. 李忠：《近代中国"教育救国"与"实业救国"的互动》，《西南大学学报（社会科学版）》，2011年第37卷，第4期。

37. 李约瑟，李大斐：《李约瑟游记》，贵阳：贵阳人民出版社，1999年。

38. 刘浩浩：《江南时报》2014年12月2日。

39. 孟谦：《新中国的卫生事业在党的领导下胜利前进》，《药学通报》，1957年11月8日。

40. 马崇俊：《中国第一个药学家的爱国情结——第六届全国政协委员薛愚纪事》，《贵阳文史》，2009年第3期。

41. 马克锋：《打"孔家店"与"打倒孔家店"辨析》，《中国人民大学学报》，2011年第2期。

42. 彭瑞骢，孟谭，张大庆：《医学院的灵魂之旅》，《书屋》2010年第11期。

43. 庞贵山口述，李运生整理：《薛愚家史及其童年》，襄阳县政协文史资料委员会编：《襄阳文史资料第五辑：襄阳民国人物》，湖北襄樊日报印刷厂，1990年。

44. 潘琦：《在全国科学大会开幕式上的讲话》，《邓小平大辞典》，南宁：广西人民出版社，1998年。

45. 《全国高等院校介绍》编辑小组：《全国高等院校介绍（医药院校）》，北京：科学普及出版社，1983年。

46. 《清华今夏无官费出洋》，《申报》1925年6月25日。

47. 冉雪峰：《关于中药研究的几点意见》，《中医杂志》1957年第4期。

48. 宋之琪：《薛愚传》，《中国现代医学家传（第二卷）》，长沙：湖南科学技术出版社，1989年。

49. 孙久全：《自古志士多才子丹心一片照汗青——马适安烈士传略》，襄阳县政协文史资料委员会编：《襄阳文史资料第五辑：襄阳民国人物》，湖北襄樊日报印刷厂，1990年。

50. 孙久全：《矫矫惟有松与柏——记马适安烈士》，《北京党史》1990年第5期（总第64期）。

51. 胜英：《实业救国悬谈》，《东方杂志》，1910年第6期。

52. 苏寿桐：《汪精卫》，《中外历史名人传略：中国近现代部分》，河南人民出版社，1984年。

53. 天津市档案馆：《天津商会档案汇编（1903—1911）》上册，天津：天津人民出版社，1989年。

54. 田颂九主编：《第十四次全国会员代表大会及会后相关活动》，《中国药学会百年史》，北京：中国人口出版社，2008年。

55. 魏鉴明：《中国药学会召开会议揭发批判薛愚的反动言行》，《药学通报》，1957年第5卷11期。

56. 王颂：《民国时期九三学社政治主张的历史考察》，硕士学位论文，大连理工大学，2010年。

57. 王春林：《国共内战中的国民政府、地方当局与流亡学生：以1948年北平七五事件为中心》，《南京大学学报（哲学·人文科学·社会科学）》2012年第1期。

58. 许植方：《中国化学家对药物化学的贡献（续）天然药物》，《化学世界》第10卷。

59. 薛愚：《春假旅行淄川博山铁山参观工业见闻》，《科学》，1923年第12期。

60. 薛愚：《秀才造反》，《中建》，1938年第9期。

61. 薛愚，洪盈：《用简单器具测定挥发油之含量》，《中国化学杂志》，1941年第8卷第1期。

62. 薛愚，丁儒乾：《研究四川产芳香生药：（1）各种生药所含挥发油含量》，《中国化学杂志》，1941年第8卷第1期。

63. 薛愚：《1943年的科学和科学家》，《科学世界》，第12卷第1期，1943年2月。

64. 薛愚：《参加世界医学会议纪要》，《科学通报》，1954年1月。

65. 薛愚：《整理和研究祖国科学文化遗产》，《药学通报》，1955年1月。

66. 薛愚：《新中国的药物研究》，《药学通报》，1956年第4卷第10期。

67. 薛愚：《对于一般药学教学计划的几点意见》，《药学通报》，1956年第10期。

68. 薛愚：《九三学社第一届全国社员代表大会代表资格审查委员会关于代表资格的审查报告》，九三学社中央委员会秘书处编：《九三学社第一届全国社员代表大会汇刊》，1956年2月。

69. 薛愚：《对我国药学教育的设想》，《药学通报》，1983年第18卷第2期。

70. 薛愚，孙定人：《我们要药我们要好药——热烈拥护〈中华人民共和国药品管理法〉》，《中国医院药学杂志》，1985年第5卷第7期。

71. 薛愚：《坎坷的少儿时》，北京大学中国名人丛书编委会：《脚印——中国名人谈少儿时代》，长春：北方妇女儿童出版社，1990年。

72. 薛愚口述，王广生整理：《我走过的路》，九三学社中央研究室编：《中国科学家回忆录（第二辑）》，北京：学苑出版社，1990年。

73. 薛愚：《谈雪岩》，毕愿清编：《张雪岩史料选编》，1991年6月。

74. 薛愚：《回忆在西北农学院任教时的民主革命生活》，西北农林科技大学档案馆编：《西北农林大学民主革命回忆文集》，咸阳：西北农林科技大学出版社，2005年。

75. 许进：《许德珩、劳君展夫妇与九三学社》，《中共党史资料》，2006年第2期。

76. 徐保安：《非民族情境与民族主义诉求》，《齐大心声》，1924年4月第1卷第1期。

77. 徐光荣：《一代宗师化学家——张大煜传》，北京：科学出版社，2007年。

78. 邢贲思：《我们的统一战线也进入了一个新的历史发展阶段》，《〈邓小平文选〉大辞典》，北京：中共中央党校出版社，1994年。

79. 袁士诚：《话说药典》，《药物与人》，1997年第10卷第5期。

80. 杨阳，田琳：《董曦晢》，中华人民共和国民政部编：《中华著名烈士》（第五卷），中央文献出版社，2000年。

81. 《药学通报》编辑部：《中国药学会召开会议揭

发批判薛愚的反动言行》,《药学通报》,1957 年第 5 卷第 11 期。

82.《药学通报》编辑部:《本刊在整风初期所犯错误的检查》,《药学通报》,1957 年第 5 卷第 11 期。

83.《叶剑英传》编写组:《叶剑英传》,《当代中国人物传记丛书》,北京:当代中国出版社,2006 年。

84. 严济慈:《深切悼念德珩同志》,《民主与科学》,1990 年第 3 期。

85. (明) 张居正:《答宣大巡抚吴环洲策黄酋》,王延梯主编:《中国名言辞典》,山东:山东大学出版社,1985 年。

86. 张新军:《各民主党派组织反右斗争进度悬殊》,《图文共和国年轮 1949—1959》,石家庄:河北人民出版社,2009 年。

87. 刘海藩、白占群主编:《各民主党派撤销被定为右派分子者的领导职务》,《历史的丰碑:中华人民共和国国史全鉴政治篇》,中央文献出版社,2006 年。

88. 中国社会科学院近代史研究所中华民国史研究室:《致胡适》(傅斯年,1947 年 3 月 28 日),《胡适来往书信选》下册,北京:社会科学文献出版社,2013 年。

89. 曾景忠,梁之彦:《蒋经国自述》,北京:团结出版社,2005 年。

90. 郑志峰，冶芸：《北大民主教授群研究（1945—1949）》，《社会科学家》，2013年第1期

91. 郑志峰：《重建社会重心：战后自由知识分子群体研究（1945—1949）》，博士学位论，华东师范大学，2008年5月。

92. 张应吾，于超莫：《中华人民共和国科学技术大事记（1949—1988）》，科技文献出版社，1989年1月。

93. 张英侠：《从牧童到教授——忆薛愚》，襄阳县政协文史资料委员会编：《襄阳文史资料第五辑：襄阳民国人物》，湖北襄樊日报印刷厂，1990年。

94. 张中华：《献给伯父》，《张雪岩史料选编》，1991年6月。

95. 张登德：《20世纪50年代中国对外文化交流的特点》，《当代中国史研究》，2014年11月，第21卷第6期。

后 记

薛愚先生的一生几乎伴随着近代中国的每一次重大变迁。风雨飘摇的旧中国对薛愚产生重大影响,反过来薛愚先生通过一生对"民主"与"科学"的不懈追求,也为祖国做出了一定的贡献。其间,薛愚先生也被迫卷入了时代的洪流,受到了许多不公正的待遇,可以说,薛愚先生是被时代造就的人,也受时代所困,所有这些因素共同造就了他这个人。

薛愚先生从乡村放牛娃奋斗成为著作等身、桃李芬芳的药学家、药学教育家,他的研究、教学工作与国家和人民的利益紧密相关,是爱国科学工作者的典范。张居正曾言,审度时宜,虑定而动,天下无不可为之事。薛愚先生对学术方向的选择、在教育改革上的坚持,都是基于这种"虑定而动"。这种民主党派成员的责任感和使命感,也是广大九三人学习的楷模。

薛愚先生的许多教育观点深刻而独到,即使放在今天仍然具有重要的理论价值和指导意义。不仅是他的才华和远见,他对学生思想、言论的开放态度,同样令人敬佩。薛愚先生的教育生涯历经坎坷,但他总是兢兢业业，一次又一次地顶住压力逆流而上，为中国药学事业的发展以及药学教育事业奉献了巨大的光和热。

薛愚先生一生从未间断对"民主""科学"的追求。在历次面对历史巨变和政治抉择时，他总是为了国家和人民的利益牺牲自我，从不动摇，表现出一个杰出的爱国知识分子的清醒头脑和坚定立场。

新中国成立以后，中国共产党也走过一些弯路，薛愚先生这样的知识分子也难以置身事外，他们不断受到冲击，被迫放慢了学术上的脚步，生活上也受到一些不公正的对待。但薛愚先生表现得坚强、豁达，很少怨天尤人，也不灰心气馁。在被迫停止教学和研究的数年里，他仍然不辍笔耕，著书立说，为我国药学教育事业提供了诸多宝贵的经验和建议。在获得平反之后，更是积极投身科研与教育事业，贡献了自己的全部力量。

通过回忆薛愚先生的一生，我们获得了宝贵的机会，去发现和继承老一辈科学工作者身上的民主科学精神、百折不挠的气度和兼济天下的责任感、使命感。以薛愚先生为代表的广大药学及药学教育工作者，他们不畏艰险，不仅在个人学术领域取得辉煌成就，也为我国药学事业和药学教育事业的发展做出了巨大贡献。晚年的薛愚先生，更积极参加政治协商会议，为国家发展建言献策，为药学事业开拓进取，为九三学社无私奉献，

后 记

是我国药学领域和九三学社组织共同的精神财富。①

薛愚先生是钻研进取、献身教育的杰出教育家，作为学生，我们从他的身上，不仅获得学术上的指引，更能够学习到一种坦荡正直，严于律己的高尚品质；而作为九三学社的一分子，薛愚先生一生追求真理、仗义执言，他与中国共产党、与九三学社风雨同舟的爱国爱党之情操、民主自由之精神，亦是我辈追求"民主"与"科学"漫长征程上的一盏明灯。整理薛愚先生的伟业，对我自己来说，也是一次涤荡心灵、提升境界之旅。追思先贤，感其言行，回顾前辈卓越的品行和风骨，自我鞭策、鞭策后人，② 也是撰文回忆薛愚先生应有之义。

本文部分图片及文件资料由薛愚的学生王广生提供，社北京市委干部彭龙萱做了大量前期资料的整理工作，在此一并表示感谢。

孔瑶竹

2016年11月

---

① 吴明在"纪念薛愚教授诞辰 120 周年座谈会"上的主持词。
② 陆杰华在"纪念薛愚教授诞辰 120 周年座谈会"上的讲话。